新版 日蓮仏法と池田大作の思想

松岡幹夫

第三文明社

はじめに

「創価学会とは何か」――戦後日本で、ことあるごとに繰り返される、古くて新しい問いの一つである。

本書は、創価学会第三代会長の池田大作氏（現在は創価学会名誉会長）の思想を取り上げ、その構造を解明すべく執筆された。創価学会は日本の鎌倉時代の仏教僧・日蓮《にちれん》を信奉《しんぽう》する仏教教団であり、現代の日本社会では立正佼成会《りっしょうこうせいかい》や霊友会《れいゆうかい》等と同じく法華《ほっけ》系の新宗教と見なされている。

新宗教の指導者の思想を論じた書は、世間ではなかなかまともに扱われない。書店の店頭で、立正佼成会の庭野日敬《にわのにっきょう》開祖、もしくは生長《せいちょう》の家《いえ》の谷口雅春《たにぐちまさはる》初代総裁の思想を本格的に論じた本を見かけたら、真っ先に何を思うだろうか。努めて学問的に論じられていたとしても、まず教団のプロパガンダではないかと勘《かん》ぐるのが普通であろう。

池田会長の思想を論じた本書も、こうした嫌疑《けんぎ》をかけられる運命にある。それでも私が小著の刊行を決意したのは、一つには国際的な池田思想研究の広がりがあるからだ。日本と違って海外諸国では、池田会長は宗教家だけでなく思想家としてもよく知られている。国際社会における池田会長は宗教の枠《わく》にとらわれず、「人間主義」を掲げる民間人として、イデオロギーを超《こ》えて長年行動し、世界中の政治家、有識者、文化人等と幅広く交流を結んできた。具体例を挙げるなら、元ソ連大統領のM・ゴルバチョフもその一人である。

ゴルバチョフは二〇〇七年に来日した際、日本の経済界の代表を前に「日本人は池田会長を過小評価している。それは間違っているのではないか」「池田会長とは対談集も発刊し、世界で読まれています。皆さんは、その対談集を読まれたのですか」と語気《ごき》を強め、居並ぶ財界人たちを驚かせたという。逆に言えば、日本ではことほど左様《さよう》に、思想家としての池田会長の顔が隠されているわけである。

急成長した戦後教団のカリスマというイメージが余りに強すぎるのか。はたまたイエスですら「預言者《よげんしゃ》が尊敬されないのは、その郷里と親族と家族のところだけである」(「マルコ福音書《ふくいんしょ》」、『新約聖書　福音書』岩波文庫、二三〜二四頁)と嘆《なげ》いた、あの近親憎悪《きんしんぞうお》的な反応のゆえか。はっきりしたことはわからない。いずれにしても、〝新宗教の指導者は迷信的、俗物的なものだ〟とする暗黙《あんもく》の了解が今の日本にあるとしたら問題である。それは、白衣を着て聴診器を首にかけた人であれば名医も藪《やぶ》医者も同じだ、とするに等しい錯誤《さくご》を犯している。

池田会長は日中の国交回復に尽力した一人と言われるが、現在、中国国内には北京大学、湖南《こなん》師範大学、中山《ちゅうざん》大学等に池田思想を考える研究所、センター、研究会があり、毎年、数十本以上の池田研究の論文が作られ、発表されているという。近年は、中国の各地で「池田大作思想国際学術シンポジウム」などが開催されている。中国以外に目を向けると、アメリカのボストンに「池田国際対話センター」がある。そこでは、近郊のハーバード大学などから研究者が集《つど》って毎年のように「池田フォーラム」が開催されている。また南米アルゼンチンにあるローマス・デ・サモーラ大学の東洋哲学研究所は「池田哲学普及常設委員会」を設置し、講演会やセミナーを継続的に行っている。さらにインドにあっては、国際詩人アカデミーが「池田大作博士国際詩歌《しいか》センター」を開設し、ガンジー非暴力開発センターも「池田価値創造センター」を設置した。

これら池田思想研究の諸機関は、各国で社会的に重要な位置を占《し》める大学や学術団体が関係したものである。民間の怪《あや》しげな団体が特定の利害関係から作った研究所の類《たぐ》いとは違う。それを前提に言うと、かくも国際的な規模で正式に思想研究の対象とされるに至った日本の新宗教の指導者を、私は今のところ、池田会長を措《お》いて他には知らない。

池田会長については、以前から独裁的なイメージが世に広められてきた。それがまた、池田思想の存在価値を疑う声につながっている。以前、私が懇談した某評論家は〝池田大作氏は、会員から過度に尊敬されている。学会全体が一種の個人崇拝《すうはい》に陥《おちい》っているのではないか〟と懸念を示していた。創価学会を外から見つめる識者の中には、同様な思いを抱く人が結構いるに違いない。

池田会長の就任から、今年（二〇一八年）で五十八年が経った。半世紀以上の長きにわたり、日本最大の宗教教団である創価学会のあらゆる活動は、池田会長のもとで一糸乱れずに展開されてきた。一般世間の目には、これがいかにも今日の民主主義社会にそぐわない姿に映る。私たち日本人は、戦時中の「滅私奉公《めっしほうこう》」の反動からか、「滅公奉私」的な個人主義を徹底して精神に刷《す》り込まれてきた。そうした戦後日本の精神性が、池田会長を「師」と仰《あお》いで数百万人が団結する学会の世界に何かしら違和感を覚えるのは、ある意味で仕方がないことだろう。

かくいう筆者の私も、民主主義的な価値観の中で育ち、どちらかと言うと個人主義的な考え方が強い人間である。けれどもしかし、特定の個人を多くの人々が熱心に崇敬《すうけい》する、という信仰の形態それ自体が問題であるとは思わない。キリスト教徒はイエスを崇拝し、イスラム教徒はムハンマドの預言に信伏《しんぷく》し、儒学者は孔子を賛美する。『福音書』はイエスの言行録で埋め尽くされ、『コーラン』はムハンマドが語るアッラーの託宣《たくせん》で満ち、『論語』は孔子の教えのオンパレードである。誰もそれをおかしいとは言わない。ところが、創価学会の機関紙に毎日のように池田会長の記事が載るだけで文句をつける部外者がいるのはどういうことか。

世界宗教の創唱者たちと池田会長とでは違うだろう、と冷笑する人は、ではどこがどう違うのか、論理的に比較・検証して公《おおやけ》に問うべきである。その際、資料は公開資料を基本に置くべきだ。作家の佐藤優《まさる》氏が指摘したように、創価学会のような巨大教団は公開資料でウソをつけない。そんなことをすれば、たちまち社会的に抹殺《まっさつ》されてしまう。反対に、学会離反者の証言などは、騒ぎを起こすことが目的である場合、誇張やウソがむしろ欠かせない味付けとなる。

ともかく、不確かな印象論を根拠に、池田会長に対する学会員の心情を云々《うんぬん》するのは、少なくとも理知的な態度ではないと思う。創価学会を批判する人々が疑問視しているのは、結局、個人崇拝という形態よりも池田会長その人なのだろう。

たとえば、誰かが坂本龍馬や福沢諭吉をテーマとした展示会を開いたとしよう。それを「個人崇拝でよくない」などと非難する声は、まず出ないと思われる。ところが、池田会長の平和行動等の展示会を行うとなると、そうはいかない。どこが違うのかと言うと、第一に池田会長の功績は福沢諭吉のそれほど一般に認知されておらず、第二に福沢諭吉と違って池田会長は今も生きて社会的影響力を持っており、第三に創価学会の組織による池田会長の功績の展示は自画自賛的で鼻もちならない、といった感じであろう。一々の問題に深入りはしないが、はっきり言えるのは、どれ一つとして創価学会による池田会長の宣揚《せんよう》を非難する論理的根拠にはならない、ということだ。

世間に認知されていようがいまいが、また生きていようと死んでいようと、そして自画自賛であれ自画他賛であれ、評価すべき人物は称《たた》えられるべきであり、評価に値しない人物は称えられるべきではない。本来、それだけの話である。池田会長の功績に関しても、問題はあくまで池田会長の功績の内実であろう。世間が認めてないとか、まだ生きているからとか、自画自賛だからとかいう点にこだわるのでは、要するに感情の次元である。冷静な議論とは言えない。

さて、戦後の創価学会論の特徴は、だいたい次のようにまとめられよう。第一に、それは長らく否定論と肯定論の両極に分裂してきた。第二に、肯定論の多くは創価学会関係者の論であった。第三に、池田会長のリーダーシップや政治参加のあり方に対する批判、信仰の排他性の指摘など、およそ従来の学会論は教団の社会的なあり方を問うものだった。創価学会の思想性を学問的に解明しようとする動きは少なかった。以上の三点である。

ただし、こうした動向にも近年、若干の変化が現れつつある。まず、批判でも称賛でもない学会論が目につき始めた。また、創価学会の協力を受けながら教団の形態を宗教社会学的に研究する動きも始まり、B・ウィルソンとK・ドベラーレの『タイム　トゥ　チャント――イギリス創価学会の社会学的考察』(紀伊國屋書店)、P・ハモンドとD・マハチェクによる『アメリカの創価学会――適応と転換をめぐる社会学的考察』(同前)、大西克明『本門佛立講《ほんもんぶつりゅうこう》と創価学会の社会学的研究――宗教的排他性と現世主義』(論創社)、猪瀬優理『信仰はどのように継承されるか――創価学会にみる次世代育成』(北海道大学出版会)、秋庭裕『アメリカ創価学会〈SGI―USA〉

の55年』（新曜社）、川端亮・稲葉圭信『アメリカ創価学会における異体同心――二段階の現地化』（同前）等が次々に出版されている。

しかしながら、これらは、いずれも創価学会を社会学的な視点から、すなわち「外側」から論じたにとどまる。「外側」の視点は、「内側」の視点をともなわないと往々にして誤解を生む。本書が創価学会の内在的論理を考察するゆえんは、そこにある。

筆者の私は、僧籍を持ち、長年創価学会と共に歩んできた。創価学会について、「内側」と「外側」の双方を感じ取る立場にあった。痛感したのは、学者の論も含めて、世間の学会評があまりに「内側」に無知であることだ。先頃、現役の創価学会員である点をアピールして「内側」からの創価学会研究を掲げる書物が出版された。ところが、著者の思考は「外側」そのものだった。資料の表面的な解釈が目立ち、著者自身が告白しているように現場の学会員へのヒアリングもほとんどない。何よりも、創価学会の内側の論理と言える「教学」に関して突っ込んだ議論がまったく見られなかった。部外者が知らない資料を取り上げただけで「内側」に立つと称するようでは、詐欺《さぎ》的な手法と言われても仕方がないだろう。

そういうことではなく、創価学会の内側の論理をきちんと捉《とら》え、なおかつそれを仏教用語でなく普遍的な言葉で表現し、社会に説明しなければならない。それでこそ、社会と学会が共に語るための真の足場となる。私は、そう強く思っていた。こうして三十代も半ばになった頃、一度は出家のために断念した研究者の道に戻り、再び大学院で学び始めたのである。

現代の学問は高度に細分化されている。その中で、私は周囲からの謗《そし》りを覚悟しつつ、あえて自分の専攻を狭く限定しなかった。創価思想の本格的な研究を可能にするため、幅広く基礎を固める必要があった。学問人として、仏教、日蓮仏教、日蓮正宗論、日本思想史、社会哲学の各分野で、一定の専門性を持った論考を発表してきたつもりである。

そうしたプロセスを経て、私の創価思想論を初めて世に問うたのが、二〇一〇年に出版された本書であった。このたび、改訂の機会に恵まれ、その後の成果を加味できたのは望外の喜びである。版元である第三文明社の関係者各位に心より御礼を申し上げたい。

本書中に引用する人名は敬称を略した。ただし、創価学会の三代会長については、本書の読者の多くが学会員であろうことに配慮し、「牧口初代会長」「戸田第二代会長」「池田会長」等と表現している。これは、いわば読者に対する礼儀である。また、三代会長と同様、日蓮にも敬称をつけるべきかもしれない。しかしながら、創価学会で用いる「日蓮大聖人」の敬称を使うと、今度は学会員以外の読者にかなりの違和感を与える。日蓮については歴史的人物でもあり、あえて敬称略で書く。

基本文献となる『妙法蓮華経』『無量義経』（鳩摩羅什《くまらじゅう》訳）や『大般涅槃経《だいはつねはんぎょう》』（北本）、日蓮の遺文に関しては、一般読者の便宜のため、一部を除いて現代語に改めた。なお、日蓮文書の引用に際しては、堀日亨《ほりにちこう》編『日蓮大聖人御書全集』（創価学会、一九五二年、二〇一六年第二七三刷）を用い、御書と略してページ数とともに記した。

また、引用文中の明らかな誤りは修正し、諸文献を原文のまま引用する場合も、難解な表現には適宜注釈等を入れ、＝の下に記した。

最後に述べておきたいことがある。「仏法の力を教えるというのは、たとえば、千年も前に、原子力のことを教えたり、ラジオやテレビのことを説明するようなものなんです」と、かつて池田会長は周囲に語ったと言う。現代の哲学思想は仏教に接近し始めているが、まだ表面を触っただけの感が否めない。注目されているのは近代文明の延長線上に捉えられた仏教であって、仏教それ自体とは言い難い。また、仏教それ自体の思想性も、仏教史において段階的、重層的に深められている。人類の文明が仏教の終着点に目覚めるのは、幾重《いくえ》にもパラダイム転換を経てからであろう。もし日蓮仏法がその終着点であるなら、池田会長が言うように現代人の理解をはるかに超えているはずである。

私は、自分なりに真剣に池田会長の思想を探究してきた。その結果、垣間見ただけでも、池田思想の深さははかりしれなかった。突き抜けすぎて平凡に見えるほどである。その画期的な意義を、浅学非才を顧《かえり》みず、様々な角度から説明しようと努力した。だが、一般に受け入れられたという感触は一度もなかった。私の力量不足はもとより、前代未聞の思想性がそうさせたのだと思う。数多くの世界的な人物が池田思想を讃嘆しているにもかかわらず、現代の思想界の潮流となり得ないのは、ひとえに「早すぎる」からであろう。

池田会長が、ある意味で「早すぎる思想家」だとすれば、その意義を論じる作業も現世では報われない覚悟が求められる。それでも、自分でつかんだ池田思想の価値を世に伝えたい。これが、今も昔も変わらぬ私の思いである。

二〇一八年三月

松岡　幹夫

〔新版〕日蓮仏法と池田大作の思想

目次

装丁・本文デザイン／阿部照子（テルズオフィス）

序章

創価学会研究の現状と課題

「思想」を忘れた創価学会論

かなり前から、私は日本の学者たちによる創価学会研究のあり方に疑問を抱いてきた。それと言うのも、彼らの大半が創価学会の「思想」について、ほとんど無知に等しい状態で論を進め、様々な評価を行っているからである。一例を挙げよう。売れっ子の宗教学者が書いた、とある創価学会論の本をひもとくと、次のような一節に出くわす。

日蓮《にちれん》は、最初、法然《ほうねん》念仏宗を厳しく批判し、念仏宗の流行が国を危うくしていると主張したが、迫害を受けるなかで、次第に他の信仰についても批判的な立場をとるようになった。こうした日蓮の教えをもとに、創価学会は、日蓮正宗の信仰はすべて正しく、他の宗教や宗派の教えはすべて間違っているとする単純な二分法を強調した……そうした信仰上の排他的な性格をもつかぎり、他の宗教や宗派に対して不寛容な姿勢を取らざるを得ない。それで果たして平和に貢献できるのだろうか。

(島田裕巳『創価学会の実力』朝日新聞社、一七二〜一七三頁)

著者の島田は、創価学会の平和運動の一番の弱点が信仰上の排他性であると言う。どうしてそう断定できるのか。島田は、その理由を日蓮の「単純な二分法」の正義に求めた。二分法の正義は、善悪二元論であって排他的である。これ自体は正しい。しかしながら、日蓮その人の宗教観は島田が考えるほど「単純」ではない。
そもそも善悪二元論は、ユダヤ・キリスト教的な一神教に見られるものである。多神教的な性格を持つ仏教にはあてはまらない。日本仏教には「本地垂迹《ほんじすいじゃく》」の思想的伝統がある。日本古来の神々を仏（本地）の化身《けしん》（垂迹）とする思想である。日本の仏教は、この思想の上に、土着の神道を包摂《ほうせつ》しながら「神仏習合《しんぶつしゅうごう》」（日本の神祇《じんぎ》信仰と仏教の融合）という宗教共存の形態を作り上げた。

もちろん、日蓮にも本地垂迹の思想がある。日本の神々を「諸天善神《しょてんぜんじん》」として尊重している。さらに、他宗教や他宗派に対しても、じつは包容的な態度を示している。中国の孔子や老子を「仏（＝釈尊）の御使」（『下山御消息《しもやまごしょうそく》』、御書三四五頁）と意義づけ、真言宗や念仏宗が崇《あが》める大日如《だいにちにょ》来《らい》や阿弥陀《あみだ》如来を「釈尊の所従（＝家来）」（『法華取要抄《ほっけしゅようしょう》』、御書三三三頁）として認めている。日蓮の思想的本質はまことに寛容である。

では、なぜ日蓮は他宗を批判したのか。それは、日蓮でなく他宗の側が排他的だったからだ。たとえば、中国や日本の念仏者たちは、『法華経《ほけきょう》』を含む諸経を「千人に一人も成仏できない（千中無一《せんちゅうむいち》）」などとして排斥《はいせき》した。日蓮は、これを排他的な「謗法《ほうぼう》」の行為と見なした。ゆえに、寛容の立場から反論したのである。

日蓮は、一切の思想・宗教に究極の真理を認めていた。それが知られざる実像である。日蓮が教義の基盤とした天台《てんだい》教学は「一切諸法は皆な妙《みょう》ならざること莫《な》く、一色一香《いっしきいっこう》（＝あらゆる物質）も中道に非《あら》ざること無し。衆生《しゅじょう》の情《じょう》、妙を隔《へだ》つるのみ」（『法華玄義（上）』第三文明選書、一三八頁）などとして、一切の思想・宗教の完全な無差別、平等を説く。この一切平等観に立った上で、日蓮は諸宗の偏《かたよ》った教えと戦った。日蓮の折伏《しゃくぶく》は、仏教的な差別や排除との戦いを意味していた。日蓮自身は、絶対的平等、絶対的寛容の宗教者であった。それが『法華経』の思想だからである。

したがって、日蓮は「単純な二分法」を振りかざす善悪二元論者などではまったくない。創価学会がかつて属していた富士大石寺《たいせきじ》の門流にも、元々偏狭《へんきょう》な善悪二元論などなかった。大石寺九世の日有《にちう》は、学問修行のためなら他宗の袈裟《けさ》を着て他宗の勤めを行ってもよいとする教団内規（『化儀抄《けぎしょう》』）を定めている（『富士宗学要集』第一巻、六八頁、要旨）。江戸時代には、大石寺派が他派と合同で学問所を作り、そこで自門の僧侶を育成したという歴史もある。

結局、島田の見解については、日蓮的な折伏の論理構造に無知であり、それゆえに致命的な誤解を生じている点を指摘すべきであろう。現代の宗教研究者の間には、教団の内在的理解を軽視する風潮がある。価値中立的な態度が宗教研究の基本であることを、私も知らないわけではない。しかし、教義の思想的な本質を知る努力が不十分なまま、教団の組織形態や信仰活動ばかりを熱心に分析するのはいかがなものかと思う。

熱心な創価学会員は、「一念三千」「観心本尊《かんじんのほんぞん》」「三大秘法」「凡夫即極《ぼんぷそくごく》」「煩悩即菩提《ぼんのうそくぼだい》」「仏法即

世法」といった日蓮仏法の教義を学びながら、日々の信仰に励んでいる。では、こうした難解な教義の意味を、いったい何人の学者がきちんと把握して学会を論じているのか。甚《はなは》だ疑問である。他人の思想信条をまじめに知ろうとせず、その行動面だけで評価を行うのは、いかにも不適切である。

不健全な理性による学会研究

そして、さらに言えば、創価学会の思想を本当につかむには、学問の論理をいったん括弧《かっこ》に入れ、仏教の論理をありのままに受け入れる姿勢がなくてはならない。これは仏教研究一般に通じる話だが、理性を超《こ》えた真理を説く仏教の核心を、純粋な意味で学問的に把握しようとする態度には、かなりの無理がある。

創価学会の思想基盤には、言うまでもなく仏教の哲学がある。その仏教哲学は、理性的な思考が私たちを迷いの認識へと導く危険性をまことに理路整然と指摘している。たとえば、人間の生存を、私たちの理性は「過去」「現在」「未来」に分類し、そのどこかに力点を置いたりする。ところが、原始仏典の『ダンマパダ』では「前を捨てよ。後を捨てよ。中間を棄《す》てよ」（『ブッダの真理のことば　感興のことば』中村元訳、岩波文庫、五九頁。以下、原則として経典の引用に際してのみ訳者名を記す）と説き、そうした区別への執着が誤りであることを示そうとする。

仏教を哲学と呼ぶのは、恐らく正しい。だが、仏教哲学における理性の立ち位置は、西洋哲学のそれと異なる。すなわち、仏教哲学は超理性的に理性を用いる。この点を深く自覚した上で仏教を論じている人が、現代の学問人の中にどれほどいようか。近代の学問が採用する科学的認識は、「前／後」「自／他」「同／異」等々の区別に貫かれている。しかし仏教では、区別がもたらす概念への固執をまさに迷いの思考（分別智《ふんべつち》）と見なす。区別を使うこと自体は構わないが、区別に執着すれば、もはや真に自由な思考（無分別智）ではないから迷いとする。

にもかかわらず、仏教を学問的に研究する人たちは、他ならぬ仏教が迷いと断ずる〝区別の思考〟に立って仏教を再構築してきた。いわゆる「仏教の近代化」である。それが仏教史の解明に役立った点は、歓迎すべきであろう。だが、教義の解釈までも理性の手に委《ゆだ》ねることで、学問研究の限界が顕《あら》わになってしまった。仏教の教義は、理性でわかるものではない。理性でわかるのは表面的な概念でしかない。釈尊も、日蓮も、学者でなく修行者となって悟りを開いた。仏教の本質は、体全体で、全生命でつかみ取るものである。

もっとも、このように仏教と学問が対立した状態は、双方にとっていいことではない。学問は仏教の真実を解明しないと意味がないし、仏教は学問を活用できないと反理性の烙印《らくいん》を押されてしまう。仏教と学問は、どこかで折り合わねばならない。

では、両者が折り合うには、どうすればよいか。第一に必要なのは、学問人が「健全な理性」

を取り戻すことであろう。近代の宗教学や仏教学が、ややもすると科学的実証主義や歴史主義に偏りすぎた点を反省し、再度、理性使用の限界を謙虚《けんきょ》に見つめ直すことである。カントが理性能力を批判して不可知の領域に関しては沈黙を守ったように、仏教研究者も理性使用の健全なあり方を——むろんカントとは違った視点から——自らに問いかけ、まずは熟考すべきである。

そして、仏教の側は、学問の成果を取り込みつつ、それを超えた宗教的直観を示さないといけない。これが第二に必要である。反理性でなく超理性の立場に立つことである。学問に振り回される無知の仏教から、学問を生かす智慧の仏教への転換である。現代の仏教界では、智慧の衰退が理性の支配をもたらしている。「智慧の復権」が急務である。仏法者が智慧を磨き、その智慧の立場から学問を摂取《せっしゅ》する努力が求められている。

学問が「健全な理性」を持ち、仏教が「智慧の復権」を果たせば、両者は理想的な関係を結び、調和するであろう。鍵を握るのは、やはり「健全な理性」である。過去の創価学会研究を見ると、まことに「不健全な理性」が横行《おうこう》している。

戦後、創価学会の教義の非科学性が声高《こわだか》に語られたことがあった。切り口は多様であるが、とりわけ戸田城聖第二代会長の「生命論」に対する批判には科学万能主義的な傲慢《ごうまん》がにじみ出ていた。

宗教学者の日隈威徳《ひぐまたけのり》は、大乗仏教の空観《くうがん》（一切の存在に固定的な実体はないとする観方）に基づき「永遠の生命」「宇宙即生命」を唱えた戸田会長の生命論を、「素朴な観念論のやき直しにすぎない」「どうみても理論的とはいえない」「およそアカデミズムの哲学界からは問題にされない、いわば『生活の哲学』であった」（『戸田城聖―創価学会―』新人物往来社、一四七頁、一五一頁）などと酷評した。また、左翼陣営に属する中川一《はじめ》等は「『生命は肉体にも精神にも還元できない』という創価学会の主張は、生命を抽象化するこころみからうまれたものであり、『唯物論《ゆいぶつろん》を克服している』どころか、いたって古めかしく単純な観念論にすぎない」（『公明党・創価学会批判』新日本出版社、一五八頁）と切り捨てている。どちらも、唯物論的な立場から創価学会の生命論を観念論と決めつけ、頑《かたく》なに否定するのみであった。生命は物質的とも精神的とも言えない、という仏教的な論理には、まったく耳を貸そうとしない。明らかに宗教を迷信と見なす傲慢な姿勢があった。ヒュームやカントの不可知論に見られるような、近代の理性が本来持っていた自省的な謙虚さが、そこには微塵《みじん》も感じられない。

三代会長の事績

さて、本書の主題は池田会長の思想を解明することにある。最初に、創価学会の三代会長の事績に触れておきたい。

二〇一七年十一月、創価学会は「会憲《かいけん》」を制定し、初代から三代に至る「三代会長」を「この会の広宣流布《こうせんるふ》の永遠の師匠」（第一章第三条）と正式に定めた。「はじめに」でも記したが、創価学会は仏教僧の日蓮を信奉《しんぽう》する在家仏教者の団体であり、教育者の牧口常三郎氏が一九三〇年に創立した「創価教育学会」を淵源《えんげん》とする。

牧口氏は、生活者の視点に立った実践的な思想家であり、人道的な教育者でもあった。彼が創始した創価教育学会は、共存共栄の理念ゆえに、第二次世界大戦中、日本の軍国主義と対立した。一九四三年七月、同会の会長である牧口氏や理事長の戸田城外（城聖）氏等の主要幹部は、時の官憲の手によって逮捕、投獄されるに至る。牧口会長は、牢獄の中でも信念を貫くが、一九四四年の十一月、老衰と極度の栄養失調のために七十三歳で獄死《ごくし》した。一方、牧口会長の弟子である戸田理事長は、獄中での宗教体験を通じて「仏」の正体と自己の使命を知るに及んだ。この戸田理事長が、衰弱《すいじゃく》の極みにありながら何とか生きて獄門《ごくもん》を出たのは、日本の敗戦前夜の一九四五年七月であった。

戦後の戸田理事長は、「創価教育学会」を「創価学会」と改称、自らも「戸田城聖」と改名して本格的な布教活動を開始する。そして一九五一年五月、同会の第二代会長に就任し、一九五八年四月に逝去するまでの七年足らずの間に、七十五万世帯もの会員増加を成し遂げた。

この急成長を陰で支えたのが、戸田会長の右腕として活躍した池田大作青年であった。戸田会長亡き後、池田青年は学会組織をさらに飛躍的に増大させ、一九六〇年の五月には三十二歳の若さで創価学会の第三代会長に就任する。在職期間は十九年間であり、それ以降は前述のごとく、同会の名誉会長並びにSGI（創価学会インタナショナル）会長の立場にいる。

指導者としての池田会長の卓越《たくえつ》した能力は、終生《しゅうせい》、創価学会を罵倒《ばとう》的に非難し続けた政治評論家の藤原弘達《ふじわらひろたつ》ですら「現在の日本を見渡したところ、昭和生まれの若い指導者として、良きにつけ悪《あ》しきにつけ池田大作クラスの人物はそうざらにはいない。七百万世帯、一千万人余の大集団という未曽有《みぞう》の宗教集団を組織したところの才能、手腕というものは、それなりに大したもんだとはいえるだろう」（『創価学会を斬る』日新報道、一六五頁）と認めざるを得ないほどであった。池田会長の指揮のもと、創価学会は発展に発展を重ね、ついに会員数一千万を数えるに至る。日本以外の国における会員数も増加の一途をたどり、今では海外百九十二カ国・地域に会員を擁《よう》するとされる（創価学会公式サイトによる）。

しかも、池田会長の手腕は単なる教勢の拡大だけに向けられたわけではなかった。急激な組織拡大と並行して、池田会長は、創価学会の運動に政治的、社会的、文化的な広がりを持たせた。一九六二年に「東洋学術研究所」（現東洋哲学研究所）、一九六三年に「民主音楽協会」を創立、一九六四年には日本初の宗教政党である「公明党」を結成している。加えて一九六八年に「創価中学校・高等学校」、一九七一年に「創価大学」、一九七三年に「創価女子中学校・高等学校」（現関西創価中学校・高等学校）、一九七八年に「東京創価小学校」、一九八二年に「関西創価小学校」、一九八五年に「創価女子短期大学」、二〇〇一年にはアメリカのカリフォルニア州に「アメリカ創価大学」と、教育機関を次々と創立した。この他にも、札幌、香港、シンガポール、マレーシア、ブラジル、韓国の地に創価の名を冠した幼稚園を開設している。

池田会長その人の社会的活動も、非常に活発であり、一九七〇年にＥＥＣ（現在のＥＵ）の創始者であるクーデンホーフ＝カレルギーと、一九七二、七三年には著名な歴史家のＡ・Ｊ・トインビーと本格的な対談を行うなど、幅広く国内外の知識人や政治的要人と対話を重ねてきた。現在までに、世界各国の大学や学術機関から池田会長に対し、三百を超える名誉学術称号が授与されている。このことは、池田会長の対話運動が、いかに世界的な注目を集めているかを物語っていよう。

池田思想の独自性

創価学会が日本を代表する宗教となり、世界中から注目を集めるに至ったゆえんは、一にかかって池田会長の類《たぐ》いまれなる人間的な力にあったと言わねばならない。当然、池田会長の言説を抜きにして創価学会の思想を語ることはできない。だが、従来の学会研究を振り返ると、池田会長の思想に本格的に論及したものは意外に少ない。それと言うのも、多くの研究者たちが、創価学会の思想的基盤を、日蓮の仏教・牧口の価値論・戸田の生命論の三つに求め、池田会長の思想はそれらの発展形にすぎないと考えたからであった。

ここで、創価学会の思想研究の歴史を概観してみよう。一九五〇年代は、左翼イデオロギーの知識人たちが学会の台頭を「妖怪《ようかい》の出現」と騒ぎ立てるなど、ヒステリックな学会批判の時代であった。六〇年代に入ると、学問的な側面から、牧口初代会長の価値論を研究する傾向が生じる。次いで、戸田第二代会長の生命論に注目した研究も現れた。また、日蓮仏法と創価思想の関連性を考察する動きが、ちらほら出てくる。基本的には、そこまでである。本格的な創価学会の思想研究と呼べるものは、まだない。池田思想の研究に至っては、ほぼ手つかずと言ってよかろう。

なるほど、創価思想の骨格が日蓮仏法・牧口価値論・戸田生命論にあることは否定できない。池田会長の思想が、この三つの基礎の上に築かれたのも確かである。

しかしながら、池田思想には、それ独自の特徴がある。それは「人間論」である。池田青年が戸田会長に初めて会った際、真っ先に質問したのは「正しい人生とは何か」であったという。池田会長の思想は「人間」の探究から出発している。それが、創価学会の信仰を通じて思想上の血肉を与えられ、裸の人間同士が打ち合う真剣な実践の中で鍛えられ、日々の思索によって次第に深められながら、今日「人間主義」と称される一つの実践的な思想を生み出したのである。

仏教的な視点から見ると、価値創造の実践能力を問う牧口価値論は、仏教の智慧を志向している。牧口初代会長において、価値の創造とは関係性の創造であった。煩悩を打ち破った仏の智慧は、すべてを生かす力となり、幸福な生活に向かう関係性を創造していく。牧口会長の価値論は、仏教の智慧を生活化しようとする思想である。

また、戸田第二代会長の生命論は、仏教の真理の現代化と言える。「ある」「ない」の二分法で捉《とら》え切れない生命——これこそが仏の真相、宇宙の真相であると、戸田会長は見定めた。彼の生命論は、「中道」「縁起《えんぎ》」「空」等と言い表されてきた仏教の真理の現代的な表現である。

そして、池田会長の人間主義は、仏教の慈悲《じひ》を社会化するものではないかと思う。池田会長が提唱する「宇宙的ヒューマニズム」は、宇宙と一体の人間が奏《かな》でる「大きな個人主義」である。一切の他者と切り離せない「大きな個人」は、自分のかかわる社会を慈悲で潤《うるお》す。池田会長の人間論は、仏教の「慈悲」を社会理念化するものと考えられよう。

こうして見ると、池田思想は牧口価値論や戸田生命論の枝葉《しよう》などではない。仏教の実践哲学を構成する「智慧」「真理」「慈悲」の三側面を、創価思想は、現代的に価値論（智慧）・生命論（真理）・人間論（慈悲）として展開する。牧口価値論、戸田生命論、池田人間論は、仏教哲学に対して、それぞれ違った面から光を当てたものと言ってよく、いずれも独自の思想的価値を有《ゆう》するのである。もちろん、仏教において智慧・真理・慈悲は一体であるから、三代会長の独自性は強調点の違いである。池田思想にも仏教の智慧や真理が脈打っているのは言うまでもない。

池田思想を研究する意義は、こうして明らかになってくる。すなわち、人間存在の宇宙的な広がりを唱えつつ社会のあり方を論じる池田会長の人間論は、創価思想の社会哲学につながるであろう。これに対し、牧口価値論は人間の実践を主題化した創価思想の倫理学であり、戸田生命論は創価思想の哲学それ自体であると言えないだろうか。私自身はそう考え、池田思想に関しては主に社会哲学的な視点から研究を行ってきた。

本書では、池田思想の世界観、人間観、仏教観、宗教観等を扱う。これらは池田会長の思想から社会哲学的なものを導き出すための試みである。本書の主たる目的を、そこに置きたいと思う。

第1章

池田思想の五つの特徴

序章で、創価思想における池田思想の位置づけを述べてみた。池田思想は、創価思想の社会哲学的な展開である。

西洋の近代思想との比較において仏教の社会哲学を考究する中で、私は以前から、近代を〝超《こ》えよう〟というより〝生かそう〟とする池田思想の独創性を強く感じていた。

「EUの父」とも呼ばれる二十世紀の政治家クーデンホーフ＝カレルギーは、池田会長と対談した折に「今後のヨーロッパを支配する可能性がある唯一の古い宗教は、仏教のみでしょう。それも古い形のままの仏教ではなく、二十世紀の息吹をそなえた仏教でしょう」（『池田大作全集』第一〇二巻、四五頁）と語った。ヨーロッパ的な知をまったく新たな光に照らして蘇生《そせい》させる何か――カレルギーはそれを、すでに現代仏教の重要な一角を占《し》めつつあった創価学会の指導者の姿に見て取ったのかもしれない。本章では、池田思想がいかなる特徴を有《ゆう》するのかを簡潔に示そう。

1　生命の復権

生命の全体性

池田大作という人物を語ろうとすると、ある種の思考の混乱に陥《おちい》る。池田会長があまりに多面的なので、どこを捉《とら》えて語ればいいのか、わからなくなるのだ。宗教組織の指導者、仏教者、文学者、哲学者、教育家、政策提言者、写真家、社会事業家、平和運動家、環境活動家、民間外交家、芸術愛好家、文化運動の推進者——かくも多彩な顔を持った人間は、高度に専門分化された現代社会では極めて稀《まれ》である。「私は、人生において、これほどまでに多面性に富《と》んだ人格者にお会いしたことがありません」（インド・プルバンチャル大学、パタンジャリ副総長、東洋哲学研究所編『世界が見た池田大作』第三文明社、一七七頁）という驚嘆《きょうたん》の声は、池田会長の行動の足跡を知った人の偽《いつわ》らざる思いであろう。会長に対する社会的評価が、称賛と批判の両極に分かれ、いまだ定まらないのも、一つにはその多面性が常識を遙《はる》かに超えているからに違いない。

池田会長は、自ら全智全能の天才たらんとしているのか。それは違うと思う。池田会長の言説を追う限り、天才主義的な傾向は認められない。むしろ日頃から、自分が平凡な庶民《しょみん》であることを強調している。大国の指導者と会見しても一民間人の立場を標榜《ひょうぼう》し、最高学府から名誉称号を授《さず》かる際には庶民の代表に対する栄誉として受けるのが常であった。

私見を述べれば、池田会長の多面的な活躍は、根本的には「生命の復権」を目指す強い意志から来ているように思われる。池田会長は、A・J・トインビーとの対談の中で、生命の全体性についてこう説明する。

知性、理性、感情は、この生命自体の表面の部分であって、生命全体ではありません。知性や理性、感情は、この全体的生命を守り、そのより崇高《すうこう》な発現《はつげん》のために奉仕すべきものです。
（『池田大作全集』第三巻、二九八頁）

人間の意識は、無意識の大海に浮かぶ氷山の一角にすぎない。仏教心理学ではそう洞察《どうさつ》する。意識の領域にある知性・理性・感情なども、無意識を含む生命の全体性から見れば、表層の働きである。だから、それらは生命に奉仕すべき立場だ、と池田会長は力説する。

知識人も民衆である

この生命の全体性に眼を開くと、知的な思想家も、合理的な科学者も、感性に生きる芸術家も、等しく生命への奉仕者、具体的には生命活動である生活への奉仕者でなくてはならないことがわかる。池田会長は、トインビーとの対談で、知識人と生活の本来的な関係について説明を試みる。

本来、知識人とは民衆の生活の場を舞台にして初めて、その知識なり知性を役立てうるものです。したがって、もし一般民衆を根っこにたとえるならば、知識人はあくまでもそこから咲き出る花でなければなりません。
（同前、一三八頁）

仏教の縁起《えんぎ》思想は、私たちが関係的にのみ存在することを明かす。それはまた、現実には人と人との関係性の集合体である民衆として生活する、ということに他ならない。知識人も、個人である前に民衆として生活している。これが仏教から見た存在の道理である。池田会長は、関係性の集合体たる民衆を木の根に、関係性の中で輝く知識人を根から咲き出た花に、それぞれたとえている。民衆は縁起の現実態であり、知識人は縁起における個性である。そう言えるかもしれない。民衆生活の場にこそ究極の真理がある。池田会長の信念はそこにある。してみれば、池田会長の本質は、知識人というより民衆＝生活者である点に求められよう。池田会長の多面的活動は、孤高の高みを目指す営みなどではなく、「生命」「生活」という原点の全体性に生き抜いた証しなのではあるまいか。会長は、生命の全体性に徹する仏教者として、また縁起の理を体現する生活者として、知性であれ、理性であれ、感情であれ、あらゆる精神活動を自在に生かすべく、多彩な活動を行ってきたわけである。池田会長の活動の多面性は、ひとえに生命の全体性への信仰に生き抜き、常に民衆と共に歩んだ必然の結果であると言ってよい。言論の上からだけでなく、自らの活動を通しても、池田会長は「生命の復権」を唱えてやまないのである。

医療や学問の世界を見ればわかるように、現代文明において専門家の権力は強大である。それは、行き過ぎると、人間の生活の場を侵食し、次第に生命の全体性を蝕《むしば》む。それゆえ、生命を復権させ、専門家の権力を健全化しなければならない。池田会長が自ら示そうとしたのは、「生命の復権」による健全な専門人の姿であった。民衆の哲学者、民衆の文学者、民衆の芸術家、民衆の外交家――これらは、生命の全体性に根ざした健全な専門人のあり方に他ならない。池田会長は、生命から出発する健全な専門人のあり方を、身をもって主張してきたのである。

理性を偏重した西洋文明

また、特に思想面から言えば、池田会長の主張は西洋近代の理性信仰からの脱却を意味していよう。周知のごとく、二十世紀に入った頃から、西洋文明の自己批判がなされるようになった。ドイツの歴史哲学者であるO・シュペングラーは文明の栄枯盛衰《えいこせいすい》説を立て、西洋文明がまさに没落期《ぼつらくき》にあることを唱えた。その影響を受けたトインビーは、諸文明の比較研究に取り組み、やがて西洋に代わり世界文明を育《はぐく》みうる精神性を東洋に求めた。宗教論では人間の自己中心性（self-centeredness）の克服という観点から諸宗教を検討し、大乗仏教に期待を寄せて、晩年に池田会長と対談集を編《あ》んでいる。

西洋文明の限界とは、取りも直さず近代的理性の限界であろう。西洋では、近代に入って無知蒙昧《むちもうまい》な大衆を理性的にする「啓蒙《けいもう》」の運動が始まった。M・ホルクハイマーとT・W・アドルノの『啓蒙の弁証法』によれば、この啓蒙は世界を「呪術《じゅじゅつ》」（神や霊などの力を利用して意図的に目的を達成しようとする行為）から解放すべくプログラムされていた。ところが、それが計算的思考を強調し、産業社会が発達するにつれ、深刻な問題が生じてくる。計算的思考の道具となった理性が、人間にも容赦《ようしゃ》なく画一化や二者択一を迫ったのだ。こうして道具的な理性による暴力が始まる。人類は「啓蒙」の名の下に、新たな野蛮《やばん》に落ち込んでいく。

ナチズムの暴虐《ぼうぎゃく》を目《ま》の当《あ》たりにしたホルクハイマーとアドルノが描き出そうとしたのは、いわば近代的理性の暴走であった。しかも彼らは、この理性の暴走を極めて理性的に説明し、問題点を指摘した。そうすることで、理性の自己批判能力の健在を示そうとしたのだろう。彼らの主張は批判的社会理論と呼ばれ、フランクフルト学派の名称を得ている。彼らが唱えるのは、要するに理性の立て直しである。それが最善の道なのか。池田思想の視座に立つと、さらにその奥にあるものが見えてくる。すなわち、暴走する理性よりも、それを許す全体的生命の衰退こそが禍《わざわい》の源なのだ。したがって、理性の立て直しよりも「生命の復権」が根本的な解決策になってくる。

啓蒙する理性は暴走した。では、もっと感情や直観を重視すべきなのか。そうとも言えないだろう。盲目的な感情や独断的な直観は、理性以上に暴走する。暴走は啓蒙的理性に固有の問題ではない。理性にせよ、感情にせよ、直観にせよ、生命の全体性から離れて一人歩きした時に暴走するのである。啓蒙的理性も、元々は生命の全体性のうちにあった。その限り、人間に対する暴力や抑圧はもたらさなかったはずだ。全体的生命の中で理性・感情・直観が調和していれば、論理の冷たさを感情の温《ぬく》もりがカバーし、数学的装置と化した思考を直観的飛躍が打ち破る、といった形で理性の暴走が阻止されるからである。

ところが、近代の啓蒙主義者たちは、生命の全体性から理性だけを切り取って熱心に使用し続けた。そうなると、理性は感情や直観の領域を侵犯《しんぱん》する。素朴な感情は理性の論理に駆逐《くちく》され、宗教的直観も理性に非科学的との烙印《らくいん》を押される。むろん、感情や直観が消えてなくなることはない。理性に屈服しながらも、背後にいて道具的・無目的な理性を操《あやつ》ろうとする。理性が暴走する時には、感情や直観もいびつな形で後押しする。これは決して調和ではない。対立の中で起きる、歪《ゆが》んだ結合である。そうして理性の横暴《おうぼう》が目に余るようになると、今度は自己批判する理性なるものが登場し、道具的理性に「野蛮」の宣告を下す。

しかし、この自己批判する理性とて真の救世主ではない。男女差別や人種差別の撤廃《てっぱい》等々、近代の啓蒙的理性には人間を野蛮から解放してきた面が多々ある。にもかかわらず、これを軽視して負の遺産ばかりを指摘する態度は新たな理性の横暴ではないだろうか。そのように攻撃的な理性に頼って、私たちは文明の健全さを回復できるのか。甚《はなは》だ疑問である。

結局、一切の元凶《げんきょう》は、理性の偏重による人間生命の不調和にある。本来は協調すべき理性・感情・直観が、理性の偏重によって互いに対立するようになった。その結果、理性が感情を支配する冷酷な社会、感情が理性を操るファシズム、あるいは直観が理性を暴走させる宗教テロ、といった様々な近代文明の病が生まれたわけである。

私は、西洋近代の啓蒙それ自体を悪いとは思わない。生命の全体性が損《そこ》なわれなければ、啓蒙のプログラムは健全に機能したであろう。必要なのは、あくまでも「生命の復権」である。それも、理性が理性を批判するのではなく、生命が生命の力を取り戻して復権するのである。創価思想で「生命力」の増強による全人性の回復を唱えるのは、この意味からである。理性のあり方にこだわる批判的社会理論は、いまだ生命の部分観に立つにすぎない。

生命の全体性に生きる仏教者は、理性、感情、直観、欲望等のどの心の働きにもこだわらない。すべてを自由自在に生かそうとする。そこでは、理性、感情、直観、欲望などが調和的に躍動してやまない。池田会長は、自由自在な全体的生命の視座から近代の理性を再生させようとする。「生命の復権」は、まさしく「理性の復権」につながるのである。

2　自由自在の主体性

理性を使いこなす

人間が生命の全体性に生きる。それは取りも直さず、人間が本物の主体性を回復することである。

近代に入ってから、人類はどこまでも理性に執着してきた。理性への執着は、人間が理性に振り回されている状態である。人間が生命の全体性に生きるならば、どんな時も理性に支配されることはない。逆に理性を支配し、主体的に理性を使いこなせるはずである。仏教倫理の要《かなめ》となる「中道」は、じつはこの主体性の理想を説いている。理性にもこだわらず、感情にもこだわらず、何ものにもこだわらず、自由自在の主体性を持つのが、中道の生き方である。そして、この自由自在の主体性を、仏教では「智慧」と呼ぶ。仏教の理想は「自由自在の主体性」の確立である。

仏教と言えば、瞑想《めいそう》に代表されるように静寂《せいじゃく》の宗教と見られがちである。しかし、瞑想は悟りを目指す修行にすぎない。悟りの境地は「静」にして「動」である。「無我」「縁起」「中道」という仏教の根本教理は、何ものにもとらわれない無執着の悟りを示している。本当に無執着な人は、「静」にも「動」にも執着しない。「静」も自在、「動」も自在、そこには「静／動」の二分法を超える能動性がある。その意味で、仏教は極めて活動的、主体的な宗教と言える。つまり、自由自在の主体性を説く宗教なのである。仏教を基盤に置く池田思想のキーワードも「自由」の一語に尽きる。

大乗経典では、自由自在の主体性が、はっきりと示されている。たとえば、『八千頌般若経《はっせんじゅはんにゃきょう》』に「彼は何らの存在にも執著しません。また執著さるべき何らの存在もありません。彼は執著もするであろうし、解脱《げだつ》もするであろうが、彼は永遠の平安（涅槃《ねはん》）をも考えません」（平川彰訳、中村元編『大乗仏典』三〇八頁）とある。『大般涅槃経《だいはつねはんぎょう》』梵行品《ぼんぎょうぼん》にも、執着しないことが障害なき自由

（無礙《むげ》自在）である（『国訳一切経』涅槃部一、三二四頁）、と説かれている。

仏教は「生かす自由」

仏教の自由自在は、あらゆる固定的な見方から離れることによって、かえってすべてを我がものとする。単に執着しないという考えではなく、執着するも自在、執着しないも自在、解脱するも自在、解脱しないも自在、といった形で心の執着を排除する。だから、私たちが通常考える「自由」とは違う。

一般的に言う自由は、他からの干渉を受けない自由にせよ、自律としての自由にせよ、不自由を忌《い》み嫌《きら》い、排除する。ところが仏教の自由自在では不自由を嫌わない。不自由を被《こうむ》っても自在である。自由と共に、進んで不自由をも楽しみ、何事も価値あるものに変えていく。私は、この強靱《きょうじん》な自由を「生かす自由」と呼んでいる。自由自在の主体性とは「生かす自由」のことである。

「生かす自由」は、じつは身近な所にある。超人的な境地ではない。いわば生活の智慧である。生活するために、人はどんな環境にも適応しようとする。与えられた環境の中で、智慧を使って生きる。そこで、自由であれ、不自由であれ、自在に生かそうとする。「苦あれば楽あり」「負けるが勝ち」「急がば回れ」——生活の智慧から生まれた言葉は、どれも味わい深い。すべてを自由自在に生かして使う、柔軟なたくましさが感じ取られる。

自由自在の主体性は、このように日常生活のうちに見られる。とは言え、言葉で説明するのは難しい。それは意識の対象とならず、常に意識する側にある。あらゆる概念の網《あみ》をすり抜ける。どこまでも能動的な何かである。これを捉え切れるのは、宗教的な直観のみであろう。自由自在の主体性は、身近にあるにもかかわらず、高次の宗教体験を通じてしか確証されない。それは、やはり言葉でわかるものではない。生命で知るべきものである。その意味で、直観が大事になる。

生命的自律

したがって、人類が自由自在の主体性に目覚めるためには、理性よりも直観の質を高めるべきだと、池田会長は強調する。フランスの美術史家R・ユイグとの対談では「人間の進歩は理性によるのではなく、理性を操作する直観の深化《しんか》とその質的向上による」(『池田大作全集』第五巻、三七一頁)と述べている。ここに言う「直観」とは全生命的な直観であろう。すなわち仏教的な直観、生命の全体性から発する直観である。そのように直観の質を高めていけば、新たな「智慧の文明」が創出されるであろう。

池田会長は、理性でなく智慧こそが真実の人間の主体性である、と訴えてやまない。世界的な大企業(パナソニック)の創業者として知られる松下幸之助《まつしたこうのすけ》から「知《ち》・情《じょう》・意《い》の調和」について質問された際には、こう答えている。

知・情・意のそれぞれに動かされ、生命の大海をただよう小舟のように、揺れ動くのではない。〝大我《たいが》〟に立脚した主体的生命が、これらの三つの要素を創造と発展の方向にコントロールし、また、統一しつつも、生命全体としては昇華《しょうか》しゆく姿こそが、真実の主体性の獲得であり、絶えざる生命の創造であり、まことの円満な調和をなしうる生命状態といえるのではないでしょうか。

（『池田大作全集』第八巻、五五頁）

「〝大我〟に立脚した主体的生命」と述べられているが、まさに自由自在な智慧の主体性のことであろう。それは全生命的な働きである。ゆえに、知性、感情、意志といった精神活動を調和的に働かせ、生かしていくことができる。生命的な自律がここにある。

池田会長は、宗教的な禁欲主義者でもなければ、哲学上の「理性的自律」論者でもない。「生命的自律」という、第三の道を提示する仏教者である。それは、人間が人間らしく無限の自由を得るための思想であり、宗教者だけでなく世俗的な人々にも受け入れられている。

「世俗化論」で著名な宗教社会学者のB・ウィルソンらは、二十世紀の末に、池田会長が指導するSGIのイギリス組織に関する調査研究を実施した。その結論としてウィルソンらが記したのは、「今日の一般的な経済的社会的自由の風潮」とSGIに見られる「道徳律を放棄し、信奉者《しんぽうしゃ》が自由に彼ら自身の責任の取り方を発見できるような一般的で抽象的な倫理的原則を支持することとが符合し、結果的にＳＧＩが現代イギリスの世俗的なエートスを実質上支持している、ということであった（『タイム　トゥ　チャント』紀伊國屋書店、二三二頁）。彼らの研究結果は、どこまでも自由を求める現代のイギリス人が、その自由志向の延長線上で人生全体に関しても自己責任を取るべくＳＧＩの信仰を選択した、という実態を克明に描写している。イギリスのＳＧＩメンバーたちは、現代社会の自由の先に仏教の自由自在があると感じて信仰に入った、ということになろう。

自由自在の主体性の思想は、宗教的でありながら、世俗主義とも矛盾なく結びつくのである。さらにまた、これはどのイデオロギーにも属していない。自由自在の主体性は、イデオロギーを生み出す人間生命の働きの中にある。だから、どんなイデオロギーでも生かそうとする。池田会長は、あらゆるイデオロギーを生かす自由自在の主体性のあり方を、自らの行動で示してみせた。唯物論者《ゆいぶつろん》とも自由主義者とも神学者とも進んで対話を行い、しかも心から共鳴し合える思想家、それが池田会長である。自由自在の主体性は、ありとあらゆる思想に新たな光を当て、それぞれの存在価値を最大限に高めようとする。

3　すべてを生かす

池田思想のキーワード

生命の全体性から出発し、自由自在の主体性を発揮する。その時、人間は「すべてを生かす」ことができると、池田会長は考える。

自由自在な智慧の人は、何の執着も持っていない。自分に執着せず、他人に執着しない。そして、執着しないことにも執着しない。とにかく一つのものにこだわらない。だから、決定的な対立を招かない。結局、すべてを生かすのである。「すべてを生かす」という池田思想の実践的指針は、仏教の基本思想である無執着の教えを現代的に表現したものである。

池田会長は、日蓮《にちれん》の仏法に、すべてを生かそうとする思想性がある点を、折に触れて強調してきた。一九九六年四月、池田会長はハワイ大学東西宗教研究所のD・チャペル所長（当時）と会談したが、その中に次のような発言が見られる。

仏法では「序分《じょぶん》・正宗分《しょうしゅうぶん》・流通分《るつうぶん》」、また「要《よう》・略《りゃく》・広《こう》」等と説きます。そのなかに、一切の知識、一切の善論を包含《ほうがん》し、時に応じ、状況に応じて、最も価値的に表現するわけです。大海のごとく、「すべてを生かす」のが仏法です。

（『聖教新聞』一九九六年四月二十五日付）

随所に耳慣れない日蓮仏法の教義が出てくる。相手のチャペル所長は中国仏教の研究者であり、恐らく意味はつかめただろう。池田会長が言わんとしたのは、仏法が大海のようにすべてを生かす深みを持つ、ということだ。日蓮仏法の思想的な寛容性を、そのように説明したわけである。「すべてを生かす」は、池田会長の人生論の基調でもある。以下は、創価学会員を対象とする指導や講義に見られるものである。

仏界が基底の人生は、過去・現在の九界（＝地獄から菩薩《ぼさつ》までの九つの生命のカテゴリー）の生活を全部、生かしながら、希望の未来へと進める。

（『池田大作全集』第三〇巻、四一三頁）

妙法は「活《かつ》の法門」である。すべてが無駄なく活《い》かされていく。

（池田大作『新・人間革命』第一二巻、三九頁）

あらゆる人を活かしていくのが、仏法なのである。

（『池田大作全集』第九七巻、三六九頁）

御本尊には一切を生かしていく力がある。「活の法門」です。

（『池田大作全集』第三一巻、四三六頁）

歴史上の、あらゆる偉人の英知も、人間を励まし、幸福にしゆく智慧の一分として、自在に現代に活かし、実生活のうえに活かし、価値創造していくことができる。

（『池田大作全集』第一三七巻、二六〇頁）

法華経《ほけきょう》、そして日蓮大聖人の仏法は、「活の法門」と言われるように、すべてを生かしていく蘇生の宗教です。

（『池田大作全集』第三四巻、一五九頁）

信心が根本にあれば、すべてを生かすことができる。

（『聖教新聞』二〇〇六年八月七日付）

まさに枚挙《まいきょ》に暇《いとま》がない。「すべてを生かす」は、池田思想のキーワードであることがよくわかるだろう。

日蓮仏法には、昔から排他的、独善的とのレッテルが貼られてきた。後で詳しく述べるが、それは誤解である。池田思想でも、日蓮仏法を決して排他的な思想と見ない。反対に、日蓮仏法こそ「すべてを生かす」寛容の宗教であると主張する。万人を尊敬し、万物を生かし、東西万般の思想を活用しながら、社会の繁栄に貢献する。それが真の日蓮仏法者だと、池田会長は訴えてやまない。

強き生命力ですべてを生かす

「すべてを生かす」という考え方は、一般的には前向きな人生を送るための発想法とされる。社会的な成功者、人生相談に力を注ぐ知識人や宗教家等が好んで用いる言葉でもある。池田思想の「すべてを生かす」がそれらと異なる点は何だろうか。

第一に、神や仏よりも人間が主体となる点が挙げられよう。一般の「すべてを生かす」論は、〝人生の背後に働く大きな力に逆らわず、与えられた運命を積極的に生きれば、すべてが生きてくる〟などと唱えることが多い。ところが池田思想によると、これはまだ消極的な生き方である。池田会長が訴えているのは、「自らの運命を従え、自らの魂《たましい》を自在に指揮していく」（『「生老病死と人生」を語る』聖教新聞社、七二頁）という意味での積極的な生き方である。つまり、「運命からの自由」を説くのである。そうなれば、もはや運命に翻弄《ほんろう》されず、自在に運命を生かしていける。創価学会では、これを「宿命転換」と言う。

「法華経では、時間的にも空間的にも、無限、無辺の生命の広がりが開示されるとともに、しかもその広がりは、一個の生命の『今』の一瞬に包摂《ほうせつ》されゆくという生命の自在性を説き明かして」いる、と池田会長は強調する（『池田大作全集』第二巻、二八〇〜二八一頁）。そのように根源的な自由自在の生命を自覚した人間、すなわち仏は、絶望的な苦しみさえも悠々《ゆうゆう》と生かす。「我らの法理は　闇《やみ》を光に変える武器だ。苦しい圧迫こそが　強固な光栄ある　自由の自身を創る力だ」

（『詩集　平和の旗』聖教新聞社、三九二頁）と池田会長は謳《うた》う。人間が苦しみをも自由に楽しみ、その苦しみが人間の自由をさらに鍛え上げる。これが、池田思想的な「すべてを生かす」世界なのである。

池田会長は、人間の根源的な主体性を信じる。ゆえに、一般的に言われる「運命への積極性」をも超えて「運命からの自由」観に立ち、まったく新たに、自由自在としての「すべてを生かす」を提唱していると考えられよう。

また、池田思想の「すべてを生かす」論は、苦しみ自体を楽しめる人生を理想としている。これも大きな特徴である。普通に考えれば、苦しみはどこまで行っても苦しみである。だから、苦しみを生かす人生とは、苦しみをバネにして幸福をつかむ生き方を言う。苦しみ自体は、あくまで否定されている。ところが、池田思想の場合は違う。池田思想で「苦しみを生かす」と言う時、そこには苦しみを前進への原動力にする姿勢にとどまらず、苦しみに即して歓喜を味わう「苦即歓喜」の境地が含意《がんい》されている。

池田会長は言う。悩める人の人生がでこぼこ道を難行《なんぎょう》苦行《くぎょう》して進む苦しみの過程であるとすれば、仏の境地を開いた人の人生はハイウエーを最高の車で爽快《そうかい》に疾走《しっそう》するようなものだ。どちらにも道を歩む苦労はあるが、後者にはその苦労を悠々と楽しむ生命の余裕、大なる生命力がある、と（『池田大作全集』第三〇巻、四九五頁、要約）。この生命力とは自由自在の力を意味する。

私たちは、生命力が強ければ強いほど自由自在になり、すべてを生かして楽しんでいける。人生行路の様々な苦しみを眼下に見下ろし、ハイウエーをドライブするように悠々と生きていける。池田会長が人生の指標に掲げる「すべてを生かす」は、どんな苦しみも楽しむ偉大な生命力を強調している。

パラダイムを変える思想

以上のような「すべてを生かす」は、これまでありそうでなかった考え方である。革命的な思想とさえ言える。この思想が浸透していくと、人類の文明は根本的に変革されるであろう。それは現代人の思考の基盤、すなわちパラダイムの転換を引き起こすように思われる。

と言っても、決して近代文明の打倒を目指す思想ではない。今日、進歩的な仏教徒は、西洋が生み出した近代文明に対して批判的である。彼らの主張は、欧米のポスト・モダン（後・近代）の知識人たちから喝采《かっさい》を浴びた。これに対し、「すべてを生かす」を掲げる創価学会の仏教はポスト・モダンを唱えない。むしろモダン＝近代を生かそうとする。アメリカの創価学会を調査研究したP・ハモンドとD・マハチェクは、その結論の中で「大多数の改宗者は、以前とほとんど同じように世界を見続けたのであり、おそらく、創価学会の仏教というレンズを通して、世界がいっそうはっきりと見えるようになっただけなのである」（『アメリカの創価学会』紀伊國屋書店、二二九頁）と記している。近代を生かそうとする創価学会の現実を捉えた研究として興味深い。

池田思想は、モダンにもポスト・モダンにも執着しない。その中道を行く。近代的な自由や平等の理念も、ポスト・モダン的な多様性の尊重も、生命の全体性において肯定する。どちらも生かそうとするから、偏《かたよ》らず中道である。「近代を生かす」とは中道の意である。「ポスト・モダンを生かす」も中道の意である。中道はすべてを生かす。そしてこれは、生命の全体性が有する力なのである。つまり、池田思想は、生命の全体性に立脚しつつ中道を歩み、すべてを生かそうとする。そうして近代の是非をめぐる論争の場を、次第にすべての思想を活用する場に変えようとする。

「すべてを生かす」は、宗教間対話の場においても力を発揮するだろう。あらゆる宗教は人間の生命が作り出したものだと、池田会長は力説する。宗派性ではなく、人間に真実を見る立場を取る。だから、人間生命という原点に立ち戻れば、必ずわかり合える。これが池田会長の信念であった。

「仏教徒である前に、人間である。イスラム教徒である前に、人間である。キリスト教徒である前に、人間である。対話を通して、人間性という共通の大地に目を向け、友情が生まれれば、そこから互いの長所も見えてくる。学び合おうとする心も生まれるのだ」（『池田大作　名言100選』中央公論新社、二二〇頁）――事実、池田会長は、文明間、宗教間の平和的共存を願う対話を長年にわたって推進してきた。

池田会長の言う「人間」とは、人種、国籍、性別、職業、社会的地位等々、ありとあらゆる外的な側面を除去した時に見えてくる、生命のままに生きる素朴な存在である。いわゆる生活者であり、庶民、民衆である。素朴に生活する人間ほど生命の全体性に忠実な存在はない。そして、民衆は、皆で一緒になって生活し、仏法に言う縁起（関係性）の世界を素直に生きている。生活者、民衆は、じつに仏法的な存在と言えよう。

ゆえに、池田会長にとっては、いかなる宗教の信徒であれ、生活する人間というだけで、すでに尊極なのである。また、尊極なる民衆に長く広く支持されてきた世界の大宗教には、それ相応に偉大な智慧があるとも考えている。池田会長が宗教間対話に力を注いできたゆえんは、宗教の世界でも人間の連帯を築き上げるためである。池田会長が信じる「人間」とは、宗派性を超えた宗教の本質である。

「すべてを生かす」への挑戦は、政治の領域にも及ぶ。創価学会では「すべてを生かす」政治の理想を「個人の幸福と社会の繁栄の一致」と表現する。八方《はっぽう》美人などと非難されても、信念を曲げることはない。「すべてを生かす」という理想のために、右でも左でも生かして使う。これが政治における「すべてを生かす」道である。池田会長が創立した公明党は、その意味から中道政治を掲げ、日本の政界で半世紀以上も奮闘を重ねてきた。

その他、教育や学問の分野でも、「すべてを生かす」は大きな変革をもたらすだろう。

すべてを生かす精神は、ありとあらゆる分野にかかわろうとする。必然的に、多彩な人材を育成する教育に力が注がれる。そこで育成されるのは、生命的な全体知に立って専門の部分知を生かし、人類のために役立てていける人材である。換言すれば、価値を創造できる専門人、智慧ある専門人である。池田会長は、智慧ある専門人を育成すべく「価値創造の教育」「人間教育」を掲げ、創価学園や創価大学等において実践に移してきた。それは「知識の教育」から「智慧の教育」への変革を図る挑戦だったとも言える。

学問の変革については、まだこれといった主張は見られない。ただし、今後、大胆な学問のパラダイム転換を先導する可能性は秘めている。たとえば、先行する学説を否定して新たな学説を打ち立てる、という弁証法的な「進歩の図式」から、あらゆる思想を生かして調和させる「活用の図式」への転換が唱えられるかもしれない。

ともあれ、「すべてを生かす」は、池田会長の弛《たゆ》まぬ努力によって現代社会の隅々《すみずみ》に根を張りめぐらせつつある。近現代の文明における人間の行動原理は、「理性」と「欲望」であった。池田思想では、これを「智慧」と「慈悲《じひ》」に代えようとする。「すべてを生かす」は、智慧と慈悲の原理と言い得る。智慧が理性を打倒し、慈悲が欲望を駆逐するのではない。智慧は理性を円満に働かせ、慈悲は欲望を健全に使う。この新しい仏教は、近代を打倒すべく歴史の表舞台に登場したわけではない。それは近代の恩恵を受けながらポスト・モダンの訴えにも耳を傾ける生活者――本来的に中道である「人間」――の代弁者として姿を現した、注目すべき思想現象なのである。

4　変化の信仰

宿命と社会

ここまで述べてきたように、池田思想は、自由自在にすべてを生かす人間生命の全体性を信奉する。自由自在にすべてを生かすと言っても、そう簡単なことではない。どうしても欲望や感情に振り回される。すぐに一つの考えにとらわれる。そして、身近な人をうまく生かすことさえできない。私たちの日常は、だいたいそんなところだろう。

しかしながら、どんな人間も無限の可能性を持ち、よりよく変化していけると、池田会長は信じて疑わない。私は、これを「変化の信仰」と呼ぶ。

池田思想における「変化の信仰」を最も端的《たんてき》に言い表した言葉が「人間革命」である。人間革命は、第二次世界大戦後、個人の精神的自立を重視した東京大学の南原繁《なんばらしげる》総長によって本格的に提唱された。元々は、社会的、経済的な革命の反省を踏まえ、人間の精神革命を強調した言葉である。池田会長の恩師にあたる戸田城聖会長は、これを仏教的に読み替えた。個人の宿命からの自立、すなわち宿命転換を人間革命と表現したのである。戸田会長は、自らの半生を綴《つづ》った小説の題名も『人間革命』としている。池田会長は、戸田著『人間革命』の続編を同名のタイトルで執筆したが、その池田著『人間革命』第一巻の序言に示された次の一文は、いまや創価学会の社会運動の一大スローガンになったと言ってもよい。

一人の人間における偉大な人間革命は、やがて一国の宿命の転換をも成し遂げ、さらに全人類の宿命の転換をも可能にする。

(『池田大作全集』第一四四巻、一七～一八頁)

池田思想は人間の「宿命」を真正面から見据える。人間から自由を奪い、社会の共生を妨《さまた》げているもの。それは実際には横暴な権力者であったり、不公平な社会だったりする。だがしかし、フランス革命の暴力性に始まり、ワイマールの民主主義から台頭したナチスの全体主義、そして近年の世界を覆《おお》った弱肉強食の新自由主義と、私たちは、社会改革が必ずしもバラ色の未来を約束するものではないことを思い知らされてきた。真の敵は社会体制ではない。人間の心の闇である。善き社会の土台は人間の善き心である。ゆえに、体制よりも心の変革こそが根本的な問題である。

ところが、心の変革は、簡単に見えてこれほど難しいものもない。どんなに決意して心を入れ替えても、やがて元に戻ってしまう。これは、心の世界が意識だけで成り立っていないからだ。唯識《ゆいしき》学派の仏教心理学によると、理性・感情・欲望といった意識面の底に広大な無意識の領域があり、そこには宿命的なものが秘蔵されていると言う。私たちの行為が意識だけで規定されていないとすれば、無意識の領域を含めて人間を道徳的に自律させる手立てが要請されてくる。

さらにまた、宿命は、無意識からの働きかけのみならず、制度的、技術的な力が及ばない自然災害や事故、病気等となって現れることもある。たとえば、法律で移動の自由が保障されていても、災害や事故に遭《あ》って寝たきりにでもなれば、その自由は無きに等しい。ベッドから動けない病人は、数百年前、主人の領地に押し込められていた奴隷《どれい》と、行動の自由において大差がない。宿命は、しばしば社会制度の壁を突き破って人権を蹂躙《じゅうりん》する。現代の社会科学者たちは、かくも冷厳《れいげん》な宿命の問題を、等閑《とうかん》に付《ふ》すか宗教に任せるかして社会の周辺へと追いやり、社会の制度設計ばかりに熱を上げている。この実情を変えない限り、私たちの人権はガラス張りのショーウインドーのごとく、もろいままであろう。

「変化の信仰」は大乗仏教の精神

いまや根本的な問いは、いかに宿命を変えるかである。池田会長は、宿命の問題から説き起こして社会の理想を論ずる姿勢を崩さない。そして特筆すべきは、宿命を変える大規模な社会運動を現実に起こしてきたことである。何百万人もの民衆に宿命転換への勇気を与え、日本社会を活性化させる一方で、数千人に及ぶ世界各界の要人たちとも人類の宿命転換を真剣に語り合ってきた。このような仏教者は、歴史上、池田会長しかいない。

仏教と社会をつなぎ、宿命に翻弄《ほんろう》されない人権の確立を目指した、初めての仏教者――それが池田会長なのである。会長は、ローマクラブの創始者A・ペッチェイとの対談集の中に収めた論文「人間革命」において、人間の変革のために仏教信仰が必要な理由を次のように説明している。

深層心理学等によって明らかにされているように、私たちの心の奥底には、自分でも意識できない無意識の世界が広がっています。そこに秘められ、折に触れて噴き出してくる衝動の力は、理性的な判断力ではとうてい抑えられない、強力なものです。この意識下の世界まで変えなければ、本当の人間の変革は達成されないでしょう。

この意識下の世界の変革のために、私は仏教の信仰の実践が必要であると考えています。仏教の信仰実践は、たんに意識下の世界の変革ばかりでなく、さらに、その奥にあるその人の宿業《しゅくごう》までも変革できる生命の力が得られると教えているのです。

(『池田大作全集』第四巻、三五〇〜三五一頁)

ここに「宿業」とあるように、仏教では宿命を「業」と捉える。業とは、自らが過去になした様々な行為の影響が心の奥底に沈潜《ちんせん》したものと言えよう。業の思想は、輪廻《りんね》思想とともに古代インドのウパニシャッド哲学において育まれ、仏教がこれを受容したとされる。いわゆる「善因楽《ぜんいんらっ》果《か》、悪因苦果《あくいんくか》」の道徳的教説を導くのだが、初期の仏教では部派仏教のアビダルマ（論書）がそうだったように、業が有情《うじょう》のすべてのあり方を決定づけるとは見ない。また仏教の伝統においては、「懺悔滅罪《ざんげめつざい》」や「追善回向《ついぜんえこう》」等、自業自得の原則を超える実践法も確立されている。いわんや大乗仏教が解き明かす自由自在の主体性を得た仏ともなれば、決定的な業報《ごうほう》からも自由でなければならないだろう。

したがって池田思想では、仏教の宿業論を決定論的に見る態度は取らず、むしろ宿業を転換できる信仰を説く。そして、各人の宿業の転換が環境や制度に対する人間の自由自在の主体性を確立せしめ、これによって自《おの》ずと調和と共生の世界が築かれゆくことを展望するのである。

池田会長が「変化の信仰」を掲げ、宿業の転換をともなう人間革命と、それによる人間中心の社会変革を目指していることを、私が理解した範囲で述べてみた。ここで、「変化」に対する、かくも前向きな見方が、果たして仏教にあるのか、と疑問を持った人もいよう。日本では、「諸《しょ》行無常《ぎょうむじょう》」という仏教語が人生の虚《むな》しさの代名詞になっている。一般的に言うと、仏教は変化を嘆《なげ》いてきた印象が強い。

しかし、それは仏教の一面のみを捉えた見解が幅を利かせた結果であると思う。我（アートマン）を否定する原始仏教の「無我」も、無執着のあり方としての大乗仏教の「空」も、一切の事物に実体はないと教えている。これを単に虚無《きょむ》論的に受け取れば、なるほど変化を嘆く思想である。

だが、見方を変えて、実体がないから自由に変われる、とするとどうか。嘆きではなく、むしろ希望がわいてくるだろう。空にして縁起があると説いた竜樹《りゅうじゅ》の『中論』、一色一香《いっしきいっこう》の事物をそのまま中道の真理の現れと見た天台智顗《てんだいちぎ》、「立正安国《りっしょうあんこく》」を願って現世の変革を唱えた日蓮、そして『空』だから、どんな自分にでもなれる」（『池田大作全集』第三〇巻、三七三頁）と主張する池田会長――いずれも変化を肯定する、もっと言えば変化を喜ぶ仏教者たちである。

仏教史には、このように事物の変化を前向きに捉える思想系譜もある。あきらめから希望へ、希望から人間革命へ、人間革命から自由自在へ、自由自在から犠牲なき社会へ、そして世界の恒久平和へ――。池田会長は、仏教の基本教理に忠実でありながらも、従来の仏教的な社会運動には見られない、活力に満ちた社会改革への道筋を示すのである。

私は今、変化の可能性を信じる池田思想の特徴を明らかにした。けだし、「変化の信仰」を持たない人にとっては、普遍的な人間の尊厳観も絵に描いた餅《もち》にすぎないだろう。血も涙もない殺人鬼や、欲望のままに生きる利己主義者のいったいどこに、人間の尊厳を見出せようか。私たちの理性も感情も、彼らを人間扱いしないのが道理である。

しかし、「変化の信仰」を持つ人――変化への希望を信仰にまで高めた人――は違う。その人は、いかなる悪人も人間である以上、まともな人間に変わる可能性があると信じて疑わない。どんな人にも変化の可能性がある。この自覚によってのみ、私たちは普遍的な人間の尊厳を知ることができよう。『法華経』には、釈尊の過去世の修行が種々語られるが、その中に「常《じょう》不《ふ》軽《きょう》菩薩」の修行がある。この菩薩は、思想の混濁《こんだく》した時代と場所に生き、誤った信仰にとらわれた人々を覚醒《かくせい》させようとする。だが、論争は挑まず、ただ彼らを真摯《しんし》に尊敬する行動を繰り返した。そこで、唱えるごとく語り続けた言葉は「私は深くあなた方を敬《うやま》う。少しも軽蔑《けいべつ》しない。理由は何か。あなた方は皆、菩薩道を行じて仏となることができるからである（我深敬汝等。不敢軽慢。所以者何。汝等皆行菩薩道。当得作仏）」であった。どんな人でも必ず菩薩道を行じて仏となる。こうした確信は、まさしく「変化の信仰」と言うしかない。

大乗仏典の『涅槃経』にも、同じ信仰が見られる。そこでは、成仏の種子を自ら断《た》った極悪人を意味する「一闡提《いっせんだい》」の仏性の有無をめぐって、一見、錯綜《さくそう》した諸説が語られる。だが、全体を通して強く印象づけられるのは「一闡提も悟りを求める心を起こせば、もはや一闡提ではない」（『国訳一切経』涅槃部二、四四五頁、通解）という、変化への揺るぎなき信仰である。「変化の信仰」は、一切衆生《しゅじょう》の成仏を祈り願う、大乗仏教の精神そのものなのである。池田思想の人間革命論は、この大乗的精神を受け継いだ上で、さらに社会変革と世界平和まで視野に入れた、ダイナミックで包括的《ほうかつてき》な実践哲学と言い得る。

5　智慧に生きる

理想と智慧

ところで、以上に述べた「変化の信仰」は、人間の智慧への信頼につながるだろう。様々な社会問題についても、現実主義的な議論ばかりでなく、まず理想を目指して智慧を尽くす姿勢が生じてくるに違いない。池田会長は、半世紀以上も前から「個人の幸福と社会の繁栄の一致」という理想社会のヴィジョンを掲げ、その実現に挑戦する立場を鮮明にしてきた。

一見、空想的なヴィジョンに思えるが、そうではない。これは、与えられた現実の中で合理的な結論を出そうとする従来の社会理論に安易に与《くみ》せず、人間の智慧の力を信じて理想を放棄しない、日蓮仏法者の信念の表明なのである。

たとえば、四人までしか乗れない救命ボートに五人が乗らねばならないとしよう。その場合、合理的に選ばれた一人が犠牲になるべきか、それとも全員が平等にボートを降りて溺《おぼ》れ死ぬか、といった議論が倫理学者等の間でよくなされる。これに関して、智慧の仏法者は、少なくとも一人が犠牲になるという前提自体を受け入れない。何とか五人全員がボートに乗る方法はないのか、他のボートは見つけられないのか、交代で一人ずつボートを降りながら岸に到達できないのか、等々と必死で努力する。その結果、やむなく一人が犠牲になったとしても、最初からそれを規範的に定めておくことはしない。それが智慧の仏法者の考え方である。「個人の幸福と社会の繁栄の一致」という創価思想の理念は、じつにそうした意味において唱えられてきたと見てよい。これを一種の哲学的立場と考えるなら、智慧の社会哲学とでも呼ぼうか。

実際、今までの社会哲学は、環境の限定性を前提として社会のあるべき姿を論ずる嫌いがあった。「最大多数の最大幸福」という功利主義の社会原理や、最も不遇な立場にある人に最大の利益を与える限りにおいて社会的・経済的な不平等を認めるJ・ロールズの「格差原理」などは、いずれも環境の限定性を念頭に置いた理性的な配分の議論である。

諸理論を自在に活用する

だが、しかし、生きた現実の環境においては、人間が環境を改変すべく智慧を働かせ、営々と努力を続けている。地球上の食糧生産の限界なども、バイオ技術の発達等によって変化している。ならば、社会の原理を考える際にも、人間の努力が刻一刻と変化をもたらしている生きた環境に即して議論されるべきではあるまいか。従来のあらゆる理論を捨て去れと言うのではない。その反対である。不断に環境を変えゆく智慧の人は、その時々の状況に最も適した学説理論を参考にしながら、むしろそれを自在に活用するに違いない。池田会長は、智慧の意義について「知識を正しく統御《とうぎょ》し、生かしていくのは知恵の働きである」（前掲書『池田大作　名言100選』一六五頁）

と述べている。智慧に生きる人は、人類が生み出した一切の知的財産を自由自在に生かし、用いていく。

譬《たと》えて言うなら、智慧の人は医師、諸学説は種々の薬剤のようなものである。医師は、目の前の患者に最もふさわしい薬剤Aを選んで処方する。だが、Aにこだわることはない。患者の病状は刻一刻と変化する。医師はその変化に対応しながら、ある時は薬剤B、ある時にはC、また別の時には再びAを、というように臨機応変の処置を行う。あたかもそのように、智慧の人は生きた環境の変化に合わせて、時に功利主義的な主張をすることもあれば、一転してロールズ的な正義論を支持する場合もあり、また別の時にはアリストテレス的な徳論の重要性を力説したりもする。「万人の幸福」という理想を放棄せず、限界に挑戦する中で諸学説を自在に用いる。そのような意味で、智慧の努力を永遠に続けるのである。

智慧の社会哲学は、理論と人間の位置関係を逆転させることが、ここに明らかであろう。それは人間を理論の呪縛《じゅばく》から解放し、理論を使う主人の座へと誘《いざな》う。つまり、人間に対し、理論に従わず理論を従えよ、と説き勧める。無原則的にも聞こえるが、智慧の社会哲学には「すべてを生かす」という根本基準が厳《げん》としてある。

また、既存の諸理論を従えると言っても、それらを軽視するわけではない。かえって諸理論の提唱者の「心」を汲《く》み取るから、理論の厳格な適用には必ずしもこだわらないのである。いかに卓抜《たくばつ》な理論であろうと、〝社会を善くしたい〟という提唱者の「心」を忘れて杓子定規《しゃくしじょうぎ》に用いられるなら、私たちを窮屈《きゅうくつ》にするだけだろう。

思うに、私たちは、こうした観点から、古今の偉大な思想遺産を柔軟に取り扱う必要があるのではなかろうか。古来、賢人、聖人と称された人物の思想には、まさに生きた心、智慧が躍動している。書物の字面《じづら》にこだわっていては、本意を損なうだけである。

孔子は「民《たみ》はこれに由《よ》らしむべし。これを知らしむべからず」(『論語』岩波文庫、一五七頁)と説いた。民衆を政道に従わせることはできてもその内容を知らせるのは難しい、といった意味に取れよう。これを愚民《ぐみん》思想の一種と批判する向きもあるが、古代中国の社会状況に合わせた孔子の智慧の指南と見れば、そうとも言い切れない。

孔子の理想は、現代の民主主義者と同じく人民の幸福の実現にあった。ただ、孔子の時代の民衆に、現代人のような一定の政治的成熟を求めることなど、もとより不可能である。したがって孔子は、彼が生きた状況の中で人民の幸福を願い、智慧を尽くし、その時代と場所において、あるべき政治の道を示したと見るべきである。「民はこれに由らしむべし」という思想を生み出した孔子の心それ自体は、もし現代に現れたならば民主主義の理念を支持するだろう。

智慧の社会哲学では、このように見ることで広く古今の叡智《えいち》を尊重し、その真価を光り輝かせていくのである。

第2章

池田思想に対する偏見を正す

前章で、池田思想の特徴を五つの角度から論じた。各論に移る前に、従来見られた池田思想への批判に対し、私自身の考えを示しておきたい。

今日、池田思想の研究は、池田会長自身が国際的に幅広く活動してきたこともあって、海外諸国で年々活発化している。一方、日本国内においては、序章で述べたように思想を忘れた創価学会論が目につき、池田思想を本格的に研究する動きはあまり見られなかった。海外の池田研究の勢いに後押しされるように、近年、日本でも池田思想を研究する気運が出てきたが、池田思想に関するいくつかの根強い偏見が、いまだに研究の障害となっている感は否めない。

学問と仏教の問題

作者の死

最初に、学問的な偏見を取り上げよう。これは文献学にかかわる問題である。近代の文献学的な仏教学に傾倒する人たちは、池田思想が用いる日蓮《にちれん》文書の一部——とりわけ『御義口伝《おんぎくでん》』『百六箇抄《ひゃくろっかしょう》』『本因妙抄《ほんいんみょうしょう》』等の口伝書、相伝書《そうでんしょ》の類い《たぐ》——を学問的に分析して偽作《ぎさく》の疑いをかけ、偽作の可能性が高い文献を基《もと》にした思想はおよそ正当な研究対象たり得ないと主張している。文献学的な史料の真偽論は、近代以降の日蓮研究にまことに大きな影響を与えている。

ちなみに、現代の思想界では、この文献学のあり方自体を揺るがす事態が起き始めている。長い間、歴史学者や文献学者は、史料となる文書が作者のものだと思い込んできた。ところが、フランスでポスト・モダンの思想運動が起き、言語学が発展し、テキスト論で「作者の死」などが言われ始めてから、「文章＝作者」といった単純な図式は通用しなくなった。「作者というのは、おそらくわれわれの社会によって生みだされた近代の登場人物である。われわれの社会が中世から抜け出し、イギリスの経験主義、フランスの合理主義、宗教改革の個人的信仰を知り、個人の威信、あるいはもっと高尚《こうしょう》に言えば、《人格》の威信を発見するにつれて生みだされたのだ」（『物語の構造分析』みすず書房、八〇頁）と、R・バルトは説明する。史料の作者を文献学的に考察する真偽論も、こうした中では決定的な意味を失いつつある。

ただ、それにもかかわらず、仏教学においては史料の真偽論が今も中核的な位置を占《し》めている。日蓮研究も例外ではない。むしろ文献学の権威は高まるばかりである。

学問的合理性と仏教的合理性――理性と智慧

私は、現代の文献学的な日蓮研究の成果を、日蓮仏法者が誠実に受け入れるべきだと考えている。その上で、文献学的に日蓮作とされる文書に加えて、信仰的に日蓮作と考えられる文書も、日蓮仏法の聖典であると規定したい。文献学的には日蓮作と言えなくても、信仰的に見て日蓮本人にしか書けないような思想性を持つ文書がある。『御義口伝』『百六箇抄』『本因妙抄』等がそうである。これらは、学問的な合理性ではなく、仏教信仰の論理、言うなれば仏教的合理性の上から日蓮仏法の聖典と認定される。

文献学的に日蓮作とされる文書も、信仰的に日蓮作とされる文書も、ともに日蓮仏法とするのが私の考え方である。現状では、様々な「日蓮仏法」の解釈があろう。たとえば、文献学的に日蓮の思想と言えないがその歴史的発展と見られるものを指して日蓮仏法と呼ぶ人がいるかもしれない。この場合、日蓮の思想と門弟たちが形成した思想を立て分け、前者を日蓮個人の思想、後者を日蓮仏法などと区別するだろう。近代的な「個人」の観念が背景にあるわけだが、仏教的に人間を「関係」として捉え直すと、日蓮と門弟たちを簡単に区別できなくなる。また、信仰実践において、日蓮その人の教えでないとされた日蓮仏法を果たして純粋に信じ切れるのかという問題もある。検討すべき課題は多い。

近代の啓蒙合理主義に宗教がどう応答すべきか。これは宗教の違いを超《こ》えた普遍的なテーマであろう。キリスト教のプロテスタント神学などは、十八世紀半ば頃からこのテーマと格闘している。その過程で、教会の教理に忠実な正統主義神学を批判し、近代の学問的方法を取り入れた自由主義神学が生まれた。ところが、自由主義神学が理性的に教会の教理を批判すればするほど、キリスト教の信仰が否定され、教えの道徳化が進行する。その一方で、もはや科学と矛盾する正統主義に帰るわけにもいかない。こうして二十世紀に入ると、自由主義神学に対抗しつつも近代的な観点を持った新正統主義（弁証法神学、危機神学とも呼ばれる）が登場した。提唱者としてK・バルト、P・ティリッヒ、E・ブルンナー、R・ブルトマンらが知られ、今も大きな影響力を持っている。

この神学の歩みを踏まえ、現代の仏教界を見るとどうだろうか。最新の学問的成果を取り込み、仏教を現代化しようとする動きが真っ先に目につく。いわば自由主義神学的な潮流である。この潮流の高まりが、やがて仏教の信仰的な危機をもたらすのは歴史の必然と言ってよい。いずれは仏教界においても、伝統と現代をつなぐ新正統主義的な立場が模索されることになろう。ただ、それはもちろん、キリスト教神学と違った仏教独特の論理に基づくものでなければならない。

その意味からも、学問的合理性と仏教的合理性の違いをまず論じておこう。両者は、理性を使う点では共通するけれども、決定的に異なる点がある。それは、学問的合理性が理性を使うのに対し、仏教的合理性は智慧を使う、という点である。前章で述べたように、智慧は自由自在の主体性である。理性は対象を区別するが、自由自在な智慧は区別に執着しない。区別しながら区別を超える。智慧は理性を含みつつ理性を超える。そこに仏教的な合理性がある。

静止画の論理と動画の論理

たとえば、学問的合理性は、論理学の法則——同一律・矛盾律・排中律《はいちゅうりつ》——に従って「Aは Aである」「Aは非Aではない」と区別する。ところが、仏教的合理性は、この区別を認めながら超える。すなわち、「AはAでもあり、非Aでもある」と論じる。この論理は「Aか非Aのどちらかしかない」とする排中律と異なるので「容中律」などと呼ばれる。

現実には、物事はAか非Aのどちらかである。「Aかつ非A」という仏教的合理性は、現実離れした論理に聞こえるかもしれない。しかし、真実は逆である。むしろ仏教的合理性こそが現実的なのである。

わかりやすい譬《たと》えで説明しよう。インターネットは現代人の生活に欠かせないものだ。ネット上には様々な静止画像や動画が溢れている。そこで、ある人の表情を静止画像で捉《とら》えた場合と、動画で捉えた場合との認識の違いを考えてみよう。その人が笑っていたとすれば、静止画像は笑顔を認識する。一方、動画は笑顔の認識のみで終わらない。長時間の動画になればなるほど、その人が怒ったり、シラケたり、泣いたりと様々な表情を見せるのを捉えていく。つまり、静止画像が単に「笑顔」と認識しても、動画は「笑顔」でも「怒った顔」でも「シラケ顔」でも「泣き顔」でもあると認識する。学問的合理性と仏教的合理性の違いは、これと似ている。つまり、学問的合理性は「静止画の論理」、仏教的合理性は「動画の論理」である。静止画よりも動画の方が、現実の世界をよりリアルに捉えている。あたかもそのように、学問的合理性よりも仏教的合理性の方が、じつは豊かな現実に即した論理なのである。

ただし、仏教的合理性は五感を超えて現実を捉える。現代医学の超音波によるエコー検査のように、仏教の智慧の眼は肉眼で捉えられない現実を映し出す。それによれば、私は私であり、あなたでもある。智慧の眼で動画的に捉えると、自他は区別できて区別できない。これを「自他不二《じたふに》」と言う。

親子関係を考えると、ヒントになるかもしれない。男女二人の親から子供という別の人格が現れる。肉眼で見れば親子は別の存在でも、最初から動画的に見ていくと元々は別と言えない。仏の智慧はさらに、時空の限定を超えた異次元的な視座からも動画的に現実を照らし出す。そこでは親子に限らず、全人類、引いては万物が不二である。

『法華経』は「永遠の釈尊」の直説

さて、この動画的な論理、「自他不二」を見る仏教的合理性に立って文献学的な問題を考え直してみたい。

「自他不二」は、時間と空間の枠を超えた異次元的な事実と言えよう。考えてみれば、「不二」「即」などの言葉で言い表される大乗仏教の世界観には明らかに異次元的な面がある。そこでは、時代も国もまったく異なる師と弟子が直《じか》に出会い、永遠に共に生きることができる。卓越《たくえつ》した仏弟子はそのように異次元的な世界に入り、時空の限定を超えて師の教えを聞く。そして、師の教えに導かれ、師の思想を自らの表現で伝える。それは、師弟不二の説法と言うことができる。『法華《ほけ》経《きょう》』の如来寿量品《にょらいじゅりょうほん》に「我常在此　娑婆《しゃば》世界　説法教化《せっぽうきょうけ》」（仏は常にこの娑婆世界で説法教化する）とあるのは、一つには仏が数多《あまた》の弟子を通じて永遠に活動する意でもあろう。

『法華経』などの大乗経典は、文献学的には釈尊の死後、数百年経ってから段階的に成立していったとの推定がある。学問的合理性に従えば、大乗経典は釈尊の直説《じきせつ》とは言えない。しかしながら、仏教的合理性に立てば、大乗経典は釈尊の直説である。時空を超えた「永遠の釈尊」の直説である。

時空の限定性を超えると、「永遠の釈尊」の説法が聞こえてくる。その直説を記したのが大乗経典である。中でも、『法華経』は真に永遠なる釈尊の教えであると、日蓮仏法では見る。キリスト教の聖書はイエスの死後に編纂《へんさん》されたが、その一字一句は神の霊感《れいかん》によって書かれたとする説——逐語《ちくご》霊感説——がある。大乗経典の成立に関しても、逐語霊感説的な見方は必要となろう。

もっとも、神と人間を区別するキリスト教と違って、大乗仏教は仏と人間の不二を説く。不二とは「二にして二ならず」の関係を言う。師と弟子は同じで違う。この師弟が互いの違いを残しつつ一体で法を説いたのが大乗経典であると、私は考える。そこには弟子の個性や時代性が反映されているが、核心的な思想は師の教えそのものである。こう考えると、逐語霊感説というより師弟合作説《がっさく》と呼ぶべきだろうか。

むろん、「永遠の釈尊」の説法を記したとは言えない経典もある。そうなると、偽作である。では、直説と偽作をどう見分けるのか。この問いに対して、私はいまだ確たる答えを持たない。しかしながら、日蓮仏法者は、これに頭を悩ませる必要はないと思っている。なぜなら、日蓮仏法において「永遠の釈尊」の説法を聞いたとされる中国の天台智顗《てんだいちぎ》が、一切の経典を「五時八教」に整理・分類しているからだ。そこで論じられた経典は、すべて釈尊の直説と受け止めればよい。日蓮仏法の文献（『当体義抄《とうたいぎしょう》』『立正観抄《りっしょうかんしょう》』）によれば、天台智顗は霊鷲山《りょうじゅせん》で『法華経』の説法を聴《ちょう》聞《もん》した薬王菩薩《やくおうぼさつ》の化身《けしん》であるとされる。

智顗が分類の根拠とした『無量義経』などは、今日の文献学では中国で作られた偽経と見られている。それでも、智顗が認めた経典である以上、日蓮仏法者はそれを直説と捉えるべきである。智顗の判断は、異次元的な「永遠の釈尊」の説法を踏まえている。日蓮仏法者は信仰の直観においてそう受け止めなければならない。これを護教的《ごきょうてき》と批判する人は、学問と信仰を同じ次元に置く錯誤《さくご》を犯しているのである。

「五時」をどう捉えるか

ここで、五時八教の「五時」について少しく論じておく。日蓮は、天台智顗の五時教判《きょうはん》を採用した。五時とは、釈尊がその生涯において華厳《けごん》・阿含《あごん》・方等《ほうどう》・般若《はんにゃ》・法華涅槃《ほっけねはん》の順に説法したとするもので、今日の学問研究では歴史的事実でないとされている。「華厳」「方等」「般若」「法華涅槃」に属する大乗経典群は、釈尊の滅後、数百年経って現れ、初期仏典のように暗唱によって伝承された形跡もないことなどから、釈尊本人の説ではないとされるのである。

この問題に関する私見を述べたい。中国仏教の教判論は、諸々の経典から釈尊の説法に関する断片的な情報を集め、参考にしている。天台宗の五時教判も、その流れを汲《く》んでいる。五時それぞれの説時や期間、場所は、そうして定められている。ところが、五時の説法を吟味《ぎんみ》すると、そこに現実世界の説法とそうでないものとの二種があることに気づかされる。

まず第一の華厳時であるが、釈尊は成道した後、二十一日間『華厳経』を説いたという。この『華厳経』では、釈尊が毘盧舎那仏《びるしゃなぶつ》の身を現して成道の場を動かないまま忉利天《とうりてん》など七処八会《しちしょはちえ》で説法するが、自ら言葉を発することはなく、その神通力を受けた菩薩たちが法を説いたとされる。釈尊自身の言葉によらない、異次元的な説法の形が、ここに見て取れよう。

これに対し、第二の阿含時における釈尊の説法は、概《おおむ》ね歴史的な行為として記述されている。すなわち、初転法輪《しょてんぼうりん》が行われた鹿野苑《ろくやおん》を中心に十二年間、釈尊が『長阿含経』などの四阿含やそれに類する教えを説いたという。「阿含（āgama）」とは「伝承された教え」を指し、歴史上の釈尊の言葉を内容とする。それは滅後に口承で伝えられ、やがて文字化された。文献学者には、これが最も歴史的な事実に近いものと映る。

第三は方等時である。方等経とは大乗経典を意味する。釈尊は、阿含時に続いて十六年間（一説には八年間）にわたり、『大集経《だいじっきょう》』『維摩経《ゆいまきょう》』『阿弥陀経《あみだきょう》』『勝鬘経《しょうまんぎょう》』『楞伽経《りょうがきょう》』等々の諸大乗経典を説き、阿含の小乗教に執着する声聞《しょうもん》の弟子たちを糾弾《きゅうだん》して、大乗の教えに向けさせたという。この方等時の説法には、異次元的な性格が色濃く現れている。たとえば、『大集経』は、欲界《よっかい》と色界《しきかい》の中間にある大宝坊《だいほうぼう》で、広く十方《じっぽう》の仏・菩薩を集めて説かれている。また、『維摩経』を読むと、仏の神力によって多くの傘を一つの巨大な傘に変じ、それで三千大千世界を覆《おお》ったなどとある。こういったことは現実に起こり得ない。異次元的な釈尊の説法と見るしかないであろう。

第四の般若時は、釈尊が霊鷲山などで十四年間（一説には二十二年間）、種々の般若経典を説き、般若の空を教えて小乗と大乗の区別への執着を取り除いた時期とされる。般若時における釈尊もまた、異次元的に描かれる面がある。いわゆる『大品般若経《だいぼんはんにゃきょう》』の序品を例に取ると、釈尊は瞑想《めいそう》に入って三千大千国土を大光明で照らし、広長《こうちょう》の舌相《ぜっそう》で覆い、さらに神通力で六種に震動させる。その後も超現実的な描写が続くのだが、ここに見られるのは現実世界の説法ではない。

最後の第五時が法華涅槃時である。説かれたのは『無量義経』『法華経』『観普賢経《かんふげんぎょう》』の法華三部経と『涅槃経』である。釈尊は、晩年の八年間、霊鷲山と虚空会《こくうえ》の二処三会《にしょさんえ》で『法華経』を説き、入滅直前に拘尸那《クシナ》城の沙羅双樹《さらそうじゅ》で『涅槃経』を説いたとする。『法華経』において、小乗・大乗を超えて一切衆生《しゅじょう》が成仏できる真実の教えを示し、『涅槃経』において、『法華経』の教えを補足したという。法華涅槃時の説法が異次元的なのは、何よりも『法華経』の虚空会に明らかである。『法華経』の説法の途中で、釈尊は霊鷲山から空中に出現した巨大な宝塔へと座を移動し、いわゆる虚空会の説法が始まる。歴史的事実と言えず、したがって現実世界の説法ではない。紛れもなく異次元的な説法なのである。

さて、これらのことから何が言えるだろうか。仏教思想上の重大テーマゆえに、安易に結論を出すつもりはない。ただ、天台の五時教判が、現実世界の説法よりも、むしろ異次元的な説法を中心に組み立てられている、という点は指摘せざるを得ない。基本的に言えば、五時の中で歴史的な検討に適する説法は阿含時に属する初期仏典のみである。華厳、方等、般若、法華涅槃の各時における諸大乗経典には、総じて異次元的な性格が顕著に見て取れる。

そして、大乗経典の異次元性を考慮すると、歴史的な釈尊との関連性が乏しいからといって、大乗は後世の創作であるということにはならない。その現実離れした描写が示すように、異次元的な大乗の説法は時間的にも空間的にも自在である。釈尊が入滅して数百年を経た頃から、長い期間にわたって大乗経典を作った人たちは、思想の伝承や先行経典を踏まえて釈尊の悟りに迫る中で、異次元的な大乗の説法を体験し、新たな経典にまとめていったのかもしれない。

創価学会では、戸田第二代会長が『法華経』の異次元的な説法を釈尊己心《こしん》の儀式と解釈している。後述するが、戸田会長は時空の限定を超えた『法華経』の世界を自ら体験したという。それは、いわゆる一念三千（瞬間の生命〔一念〕に森羅万象《しんらばんしょう》〔三千〕が収まっていること）の世界である。戸田会長の見解に従えば、釈尊は己心の生命世界で大乗を説き、己心の弟子を教化したことになろう。結局、歴史的に展開してきた大乗経典も、釈尊自身の説法と捉えるわけである。一切経を釈尊の一生にあてはめるのは、創価学会の信仰において正当な態度と言えるだろう。

なお、五時教判に関連して、正像末《しょうぞうまつ》の三時（仏教の歴史観に基づく正法《しょうほう》・像法《ぞうほう》・末法《まっぽう》の時代区分）についても一言する。紙数の関係上、詳論は避けるが、日蓮は、仏法が乱れて災害も多発した時代の中で、『法華経』や『大集経』に予言された仏法隠没《おんもつ》を生命で実感した。その上で、仏滅年代や三時に関する諸説を検討し、平安時代以降に一般化した三時説に立って自身の末法出現を宣言した。日蓮の末法意識は、何よりも生命の実感から生まれている。三時の時代区分には、経典合作者や論師等の見解が反映されていよう。三時説の本意は、あくまで仏教衰退の流れにある。これを生命で感受することが肝要であり、歴史的な時代区分は副次的な問題と見てよい。

『御義口伝』の考察

ともあれ、『法華経』は「永遠の釈尊」の直説であると、私は理解する。次に、日蓮の文書について考察しよう。日蓮文書には、日蓮作と称していても、文献学的に日蓮本人の作と見なされないものがある。その中には『御義口伝』等、創価学会が重視する相伝書も含まれている。

私は、日蓮系の僧籍を持つ学問人である。同じような境遇《きょうぐう》の人たちが「信仰は信仰」「学問は学問」と割り切り、いわばダブル・スタンダードで仏教と向き合う状況を見て、常々不幸なことだと思ってきた。仏教を学問化して解決をはかる人もいるが、ベクトルが逆であろう。仏法者ならば、むしろ学問を仏教化すべきではないか。その意識に立ち、私は、日蓮文書に関する信仰の論理を、学問の成果を取り込む形で説明してみたい。具体例として、『御義口伝』を取り上げる。

『御義口伝』は、日蓮の法華経講義を弟子の日興《にっこう》が筆録《ひつろく》し、弘安元（一二七八）年正月一日に完成したものとされる。日蓮が所持した『法華経』の行間や余白に様々な経典や論釈の要文を書き込んだ『注法華経』が、今に伝わる。この『注法華経』を元にした日蓮の講義の筆録を『御義口伝』と見る向きもあるが、およそ両者の内容は一致しない。ただ、「法華経の行者」を自任した日蓮が、弟子たちに『法華経』の講義を行ったと推測するのは極めて自然である。日興以外にも、弟子の日向《にこう》が日蓮の法華経講義を『御講聞書《おこうききがき》』として記録したとされ、今に伝えられている。

したがって、日蓮の法華経講義が『御義口伝』の素材となった可能性は高いと言えよう。この可能性は、近代に入って『御義口伝』の偽作説を唱えた立正大学教授の執行海秀《しぎょうかいしゅう》ですら否定していない。執行は、本書の成立を論じる中で「聖祖（＝日蓮のこと）が法華経を講述《こうじゅつ》せられた時に、かかる思想があるといつて、中古天台の法華経思想を紹介せられたものが雑記せられ、それが後整理せられた際、あたかも聖祖の思想ででもあつたかのやうに転化せらるるに至つたのではなからうかといふ推測も許される」（『御義口伝の研究』山喜房佛書林、九二頁）と述べている。『御義口伝』偽作論者の執行も、本書の淵源《えんげん》に日蓮の法華経講義がある可能性は認めざるを得なかった。

さて、偽作論が出るほどだから、『御義口伝』の原本（真蹟《しんせき》）は不明である。原本を写したもの、すなわち写本は複数ある。最古のものは八品《はっぽん》派の僧・日経の写本で、奥書《おくがき》を見ると日蓮の滅後二百五十八年にあたる天文八（一五三九）年五月に書写されている。次いで、日蓮滅後二百九十年の元亀二（一五七一）年二月に完成した写本がある。これは、上巻が富士大石寺《たいせきじ》、下巻が京都要法寺《ようぼうじ》に所蔵されている。その後、江戸時代に入ると木版《もくはん》印刷の要法寺版が刊行されている。

他方、『御義口伝』を引用した書物は、最古の写本よりも古くからある。日蓮宗の本迹一致《ほんじゃくいっち》派に属する円明日澄の『法華経啓運抄』は、日蓮滅後二百十一年の明応元（一四九二）年に著されているが、「御義云」などとして、かなり多くの文を『御義口伝』から引用している。『日蓮聖人註画讃』という絵巻《えまき》による日蓮伝の作者でもある日澄は、『御義口伝』を日蓮直説と見て重視したことがうかがえる。また、本迹勝劣《しょうれつ》派の日興門流では、日蓮滅後二百七十七年にあたる永禄元（一五五八）年十二月に要法寺の日辰《にっしん》が著した『負薪記』の中に「日興記」とあり、これが『御義口伝』を指すとする見解がある。

要するに、『御義口伝』は、日蓮滅後、二百年を過ぎてから引用され始め、写本が現れてくる。

偽書説の根拠の一つはこれである。しかし、最初の日蓮遺文の集成である『録内《ろくない》御書』も、その実際の成立は日蓮の滅後百年を過ぎて以降と推定されている。日蓮の入滅から百年後のものは信頼でき、二百年後のものは信頼できない、そう断定する確実な根拠はあるのか。ましてや、『御義口伝』は古来、深秘《じんぴ》の口伝書とされてきたという。もしそうなら、他の日蓮遺文と違って密《ひそ》かに伝承されたわけであり、世に現れたのが遅いのはむしろ当然であろう。実際、江戸時代には、日興以外の門流でも『御義口伝』は何の問題もなく尊重されていた。日講《にっこう》、日好《にちこう》、日導《にちどう》、日輝《にちき》等々近世の教学者は皆、本書を御書として取り扱っている。

　かくして、『御義口伝』の成立にかかわる偽書説は決定的なものと言えないと、私は考える。ならば、本書の内容面はどうか。日蓮教学の研究者によれば、本書の本文や奥書には、日蓮の時代にふさわしくない記述が散見《さんけん》されるという。たとえば、本文の宝塔品の箇所に『科註《かちゅう》』が引用されるが、該当する『科註』は日蓮入滅の年から十三年後に成立しているからおかしい、という批判がある。同様に、本書の奥書に「六老僧《ろくろうそう》の所望《しょもう》に依て」云々《うんぬん》とあり、日蓮が入滅直前に定めた「六老僧」の名が本書完成の弘安元年に使われている、との指摘もある。さらには、本文中に「無作三身《むささんじん》」「当家」「三大秘法」等の用語が見られるが、これらも日蓮在世に使われるはずがないと批判者は言う。

　以上の批判に対する、私自身の見解を述べよう。神学論争のような教学談義は本意ではない。

答えは素朴である。これらは、いずれも後世に付加された可能性が考えられる。日蓮の講義録を後世の弟子たちが充実させ、時代に合わせて展開する。まさしく師弟合作である。それで何の問題があろうか。

『法華経』も、時空の限定を超えた釈尊己心の説法を後世の仏教者が聴聞し、その時代に合わせて展開した師弟合作の経典である。それは、何よりも「永遠の釈尊」の力と言わねばならない。『御義口伝』もそうである。日興をはじめ様々な弟子たちが師の日蓮の教えに迫りつつ、本書の充実に努めたことだろう。ただ師の教えを永遠ならしめる営みであって、変質でも逸脱《いつだつ》でもない。そのことはまた、日蓮本人が時空の限定を超えて説法を続ける姿でもある。『御義口伝』は「永遠の日蓮」の直説なのである。単に日蓮思想の歴史的発展とするにとどまらない、もっと直接的な意義があると、私は捉えている。『御義口伝』の編纂者は、「永遠の日蓮」の力に動かされ、知らずのうちに日蓮己心の生命世界に入ったのではなかろうか。

ついでながら、「無作三身」が中古天台的な汎神論《はんしんろん》であって日蓮の本仏釈尊中心の考え方と違う、といった思想的批判もある。何を言っても自由だが、自分の解釈で師説の真偽を決めるのは、本末転倒《ほんまつてんとう》ではなかろうか。師の教えに自分を合わせるのが本筋なのに、自分の説に師の教えを合わせようとし、合わなければ偽作と断ずるのは転倒と言うほかない。たとえ、それが学問的な史料批判に基づくとしても、である。

日蓮本人の『観心本尊抄《かんじんのほんぞんしょう》』に示される「十界互具」の法理は、衆生と仏の無差別・平等を教えている。衆生と仏を本質的に区別しない。にもかかわらず、日蓮門下の執行海秀は、日蓮本人の思想が本仏中心、『御義口伝』が衆生中心、と二項対立的に区別し、後者を偽作と断じた。執行は、近代の二項対立的な思考で仏の悟りの智慧を歪曲《わいきょく》している。『御義口伝』の思想は、本仏中心にして衆生中心でもある。十界互具の法理に照らして当然のことである。それゆえに、本仏を凡夫《ぼんぷ》僧《そう》とする。仏教的合理性に照らさなければ、この道理は明らかに見えてこない。

『御義口伝』と三代会長

『御義口伝』は、学問的合理性から見ると、歴史的日蓮の講義録ではない可能性もある。しかし、仏教的合理性に立てば、まさしく師弟不二の生命世界でなされた「永遠の日蓮」の直説である。この二つの見方は、共に尊重されねばならない。学問的合理性が仏教的合理性を否定したり、またその逆であったりしてはならない。以上が、私の考え方である。

ここで問題として残るのは、師弟のあり方であろう。師弟不二の合作と言うが、本書に手を加えた人が日蓮の教えを正しく継承していると、私たちはどうやって知るのか。

結局、これは人間的な権威によるしかなかろう。それも、仏法の世界で認められた人間的権威である。創価学会員で言えば、創価学会の歴史を通じて確立された人間的権威である。具体的には、牧口常三郎、戸田城聖、池田大作という三代会長の人間的権威となる。三代会長は、学会の会憲で「永遠の師匠」と定められている。

創価学会にあって、三代会長は日蓮と直結した存在である。だから、三代会長が認めた『御義口伝』『百六箇抄』等の相伝書類は正統な日蓮文書となる。また、学問的に後世の付加とされる箇所、すなわち後加文については、三代会長の日蓮直結の権威において取捨選択することができる。これらは、教団の内在的論理となるが、学問的成果を踏まえた上で主張するのなら、対外的にも通用する見識であろう。

西洋の文献学は、写本をグループ化して写本間の影響関係や優劣を検討したり、多くの写本の中から最良の写本を底本《ていほん》にして校訂《こうてい》したり、といったことを行う。後者の最良写本法は、日蓮遺文の研究でもよく用いられる。そうして得られた学問的成果は尊重されるべきである。学問を包容できない宗教に、絶対の真理を語る資格はない。大乗仏教の論書『中論』は、世俗の真理に依存せずして究極の真理は説き明かせないと言う。学問は世俗の真理である。現代の仏教は、学問的成果を前提に真理を説かねばならない。

その上で言うが、およそ信仰は時空の限定を超えて異次元的な世界に向かう営みである。そこは学問の力が及ばない領域となる。ゆえに、宗教文書の真偽にかかわる最終の判定は、信仰の権威者が下さなければならない。日蓮文書の真偽論においても、最後は学問的成果を踏まえた聖賢《せいけん》の決定が求められる。いかに大学者であっても、時空の限定を超えた「永遠の日蓮」による文書を見極めることはできない。それができるのは、日蓮に直結した実践者や教学者だけである。

この前提のもとで、次に三代会長が『御義口伝』をどのように扱ったかを見ていきたい。牧口初代会長は、日蓮正宗の信徒団体として創価教育学会を結成した。当時、学会にも宗門にも、独自の日蓮の聖典、いわゆる「御書」はなかった。牧口会長が所持していたのは、一冊本の霊艮閣《りょうごんかく》版『日蓮聖人御遺文』（通称『縮刷遺文』、二分冊化される前のもの）だった。そして、第二次世界大戦中に牧口会長が投獄された際、その尋問《じんもん》調書を作成するために使用されたのが『日蓮聖人御遺文』の普及版（漢文体の御書を書き下している。高佐貫長編、本化聖典普及会、一九三一年発行）だったという。これには「御口伝」として『御義口伝』『御講聞書』が収録されている。実際、尋問調書の中に「日蓮聖人の御義口伝には」（『牧口常三郎全集』第十巻、一九一頁）との記述が見られる。

牧口会長は、軍部政府に対し、日蓮仏法による国家諫暁《かんぎょう》を試みた。その結果、治安維持法違反と不敬罪の容疑で逮捕され、獄中で逝去した。仏法のために殉教《じゅんきょう》したわけであり、『法華経』を弘めて数々の大難を忍んだ日蓮と、まさしく師弟不二の実践を貫いたと言える。その牧口会長が、「日蓮聖人の御義口伝」と明言した事実を、まじめな創価学会員なら重く受け止めるはずである。

創価学会における『御義口伝』の意義は、第二代の戸田会長に至って、より重大なものとなる。牧口会長と共に軍部政府の弾圧《だんあつ》を受け、投獄された戸田理事長（当時）は、そこで不思議な宗教体験を重ねた。独房の中で一人、唱題しながら『法華経』の解明に取り組み、まず思索の果てに「仏とは生命なり」と悟達《ごだつ》する。そして、我が生命を仏と発見したことから、自分にも『法華経』の真理がわかるはずだと鬼気《きき》迫る様相《ようそう》で唱題を行い、ついに『法華経』の異次元的な世界に参入した。『法華経』の従地涌出品《じゅうじゆじゅっぽん》で、虚空会の宝塔に座した釈尊は、大地から無数の「地涌《じゆ》の菩薩」を呼び出す。日蓮は、自らがその筆頭の上行《じょうぎょう》菩薩であり、釈尊から直接、悪世末法の妙法流布を任されたことを自覚した。その日蓮と同じく、戸田理事長も『法華経』の世界を体験した。彼もまた、地涌の菩薩の一人として虚空会に現れ、本仏釈尊から上行日蓮が付嘱《ふぞく》を受けた場にいたことを獄中で思い出したという。出獄後に出した自伝的小説『人間革命』には、この時の宗教体験が次のように描かれている。

法華経二十八品の内の従地涌出品にある、「是《こ》の諸《もろもろ》の菩薩（中略）地より出で已《おわ》って、各《おのおの》虚空の、七宝《しっぽう》の妙塔の多宝《たほう》如来、釈迦牟尼仏《しゃかむにぶつ》の所に詣《もう》ず。到り已って、二世尊に向いたてまつって……」彼は経文通りの世界にいることを意識している。

巌《がん》さん（＝戸田理事長をモデルとする主人公）はこの大衆の中の一人であって、永遠の昔の法華経の会座《えざ》に連《つら》なっているのであり、大聖人（＝日蓮のこと）が三大秘法抄で仰せられている、「此の三大秘法は二千余年の当初《そのかみ》・地涌千界の上首《じょうしゅ》として日蓮慥《たし》かに教主大覚世尊より口決相承《くけつそうじょう》せしなり……」というお言葉が、彼の胸へ彫り込まれてでもいたように、この時、ありありと浮出してきた。

これは、嘘《うそ》ではない！　自分は、今、ここにいるんだ！

（『戸田城聖全集』第八巻、五一七〜五一八頁）

強烈な宗教体験であろう。戸田理事長は『法華経』の永遠の世界を体験し、戦後の会長就任後、自分が地涌の菩薩として釈尊と日蓮が向き合う場に立ち会ったと公言した。「それは荘厳な儀式でありました。口でいわれません」（『戸田城聖全集』第六巻、五三〇頁）とも語っている。荘厳無比な生命世界において自分は釈尊・日蓮と共にいた――彼は、そうはっきりと宣言したのである。『法華経』の舞台は不可思議な世界である。しかし、戸田会長は、これを非科学的なものとは捉えなかった。空想的とも言える虚空会の儀式は「観心のうえに展開された儀式」すなわち釈迦の生命世界における儀式であり、この会座に集《つど》った無数の仏菩薩、二乗、人天《にんてん》等は「釈迦己心の衆生」「釈迦己心の十界」であると論じた（同前、二七五頁）。

『法華経』が説き示そうとしたのは一念三千の法理とされる。一念三千の世界観に基づけば、私たちの瞬間の心には宇宙万物が具《そな》わる。一人の生命にすべてがある。これを悟った仏の生命には、すべてが事実としてある。その内なる広大無辺の世界で繰り広げられたのが『法華経』の儀式であった。荒唐無稽《こうとうむけい》とも思える虚空会の儀式は、釈尊己心の出来事を説明するための譬喩《ひゆ》に他ならない。この場合、譬喩と言っても教訓が本意ではない。それが指し示すのは生命世界のリアリティーである。釈尊と弟子たちは、一念三千という異次元的な生命世界に厳と存在している。私たちもまた、そこに存在している。獄中の戸田理事長は、このことを全人格的に覚知《かくち》した。創価学会では、そのように理解されている。

二十世紀に活躍したプロテスタント神学者のR・ブルトマンは、新約聖書に説かれる大地・天界・下界の三階層が科学的思考によらない過去の神話的世界像であり、キリストの復活も史的事実ではないと述べて、聖書の「非神話化」を唱えた。彼によれば、新約聖書の神話論はキリスト教独自のものではなく、ユダヤ的黙示《もくし》文学やグノーシス的救済神話の影響による。この点からも、新約聖書を非神話化し、むしろ宣教《せんきょう》の言のうちに人間の実存の意味を読み取るべきだと主張する。

キリストの復活について言えば、われわれは宣教の言において復活のキリストに出会う。宣教の言は、われわれにキリストの死と復活を終末論的な「いま」として信じさせ、われわれ自身への理解への可能性を開く。すなわち、キリストと共に十字架につけられ、よみがえる者として自己を理解させようとする（『新約聖書と神話論』新教出版社、八八～九〇頁、要約）。そのように、復活の意味を「宣教のキリスト」との出会いによる新たな自己理解として捉えるのがブルトマンの解釈である。神話は本来、実存論的な解釈を欲しており、非神話化は新約聖書の内部ですでに行われている、とも彼は言う（同前、二七頁、三一頁）。徹底した史料批判と実存論的解釈によって新約聖書を非神話化し、現代人が納得できるキリスト教信仰を模索した神学者がブルトマンであった。

これと類比的に考えると、戸田会長も『法華経』の神話的な表現を再解釈したと言えよう。だが、それは『法華経』の「非神話化」というよりも「異次元化」であったように思われる。つまり、『法華経』の神話的な表現を、一念三千論の上から異次元的な生命世界の事実として捉え直したと見られる。『法華経』の神話的な記述には、明らかに古代インド神話の影響がうかがえる。そこで展開される厳粛《げんしゅく》な虚空会の儀式は、私たちに鋭く実存的な問いも投げかけるだろう。しかし、何よりそれは、いかなる想像も及ばぬ不可思議な生命世界の描写だったに違いない。虚空会の儀式とは、生命世界の譬喩的な表現と言える。そして、戸田会長は、信仰の極まりにおいて間違いなくそこにいた、と強く証言した。すなわち、「永遠の釈尊」「永遠の日蓮」を我が生命のうちに体験し、「永遠の戸田城聖」を、さらには「永遠の創価学会」を、深く自覚したのである。

この戸田会長が『御義口伝』を日蓮の直説と仰ぎ、拝したことは、創価学会の信仰にとって決定的な意味を持つだろう。戸田会長は、生命の世界において「永遠の日蓮」と不二である。その人が『御義口伝』を日蓮の直説と認め、どこまでも尊重した。これは、日蓮自らが『御義口伝』を直説と認定したに等しい。ゆえに、創価学会の信仰を持つ人は、『御義口伝』を日蓮の直説と拝すべきである。

『法華経』の真意は、『御義口伝』によらなければつかめない。これが戸田会長の確信であった。出獄後、彼は天台教学を参考に『法華経』講義を行う中で、事業に挫折した。その反省から、東京大学に通う学会員の有志に対し、真正面から『御義口伝』の講義を行っている。

戸田会長は、「永遠の日蓮」と不二なる者として、『御義口伝』を日蓮の直説と信じて疑わなかったのである。そうした戸田会長の確信がうかがえる、興味深い発言がある。一九五六年二月、戸田会長は大阪の中之島公会堂で日蓮の『三大秘法稟承事《ほんしょうじ》』（通称『三大秘法抄』）の講義を行った。本抄には、三大秘法の「本門の本尊」について「寿量品に建立《こんりゅう》する所の本尊は五百塵点《じんてん》の当初《そのかみ》より以来此土《しど》有縁深厚《うえんじんこう》本有無作《ほんぬむさ》三身の教主釈尊是れなり」（御書一〇二二頁）と示される。戸田会長は、ここに「無作三身の教主釈尊」とあるのが「久遠元初自受用報身如来《くおんがんじょじじゅゆうほうしんにょらい》」即「南無妙法蓮華経」を指し、法華経本門の釈尊のことではないと述べた。そして、他門の学者が本抄を偽書扱いすることについて、次のように反論する。

大聖人様（＝日蓮のこと）でなかったら、だれがこんなもの書けますか。この御書を偽作した人は日蓮大聖人様と同じ人です。ほかの僧では、書けるわけがない。偽書のつくりようがない。絶対確信に満ちた御書です。

（『戸田城聖全集』第六巻、五二一頁）

日蓮の直筆も直弟子等の写本もない『三大秘法抄』に関しては、古来、その内容をめぐって真偽の論争がある。内容面からの偽作説は文献学的に言っても主観的な議論にとどまるが、戸田会長は内容の深さを問題にした。かりに偽書だとしても、それは「日蓮大聖人と同じ人」の論だという。この主張は、文献学的な見解とは別に、日蓮と不二なる者の大確信と言うしかない。

また、戸田会長が『三大秘法抄』の作者を日蓮以外にあり得ないと断定した背景には、あの獄中の悟達があったろう。本抄に「此の三大秘法は二千余年の当初《そのかみ》・地涌千界の上首として日蓮慥《たし》かに教主大覚世尊より口決相承せしなり」（御書一〇二三頁）と説かれる、その異次元的な場に戸田会長は立ち会った。いわば『三大秘法抄』の内容の目撃者であった。その深い体験の上に「偽書のつくりようがない」と明言したわけである。

戸田会長は、永遠に日蓮と不二である自覚から『御義口伝』『三大秘法抄』等の重要文献を日蓮直説と認定した。戸田会長が日蓮直結の人間的権威によって日蓮文書を承認したことを、私たちは忘れてはならない。創価学会版の『日蓮大聖人御書全集』は、戸田会長が発願して大石寺の元法主《ほっす》・堀日亨《ほりにちこう》が編纂した。日亨は日蓮教団史の碩学《せきがく》であり、当時の文献学的研究を踏まえて御書の内容を選定した。『御義口伝』に関しても、後世の付加と思われる本文や奥書の一部を削除している。創価学会員が、現代の文献学的成果に照らして、その正否を問い直すことも大事だろう。しかしながら、最も大事なのは、日蓮直結とされる戸田会長が『御書全集』を認定した、という事実である。

とは言え、だから戸田会長が認めたものはすべて変えてはならない、といった硬直した考え方もよくない。戸田会長に直結した信仰者による変更は、戸田会長が自分自身で変更を行うに等しい。それゆえ、戸田会長の不二の弟子である第三代の池田会長による指導が、現在の創価学会では、さらに決定的な意味を持つようになる。

その池田会長は、『御義口伝』を広宣流布《こうせんるふ》の時のために秘されてきた最重要書と位置づけた。会長就任から間もない一九六二年、池田会長は、創価学会学生部の代表に対して『御義口伝』の講義を開始した。講義は二年余にわたった。一九六五年四月二日、戸田会長の命日を選んで池田会長の『御義口伝講義』は刊行された。その「序」の中で、池田会長は、それまで『御義口伝』の講義が内外共になかった理由を「今日の時を待つゆえであり、世界に、大生命哲学流布の時を選ぶがゆえなり」（『御義口伝講義上（一）』聖教文庫、四頁）と述べている。言葉を変えるならば、池田会長にとって『御義口伝』とは、世界広布のために日蓮から創価学会に直授された聖典であった。

当然ながら、池田会長も『御義口伝』を日蓮の真説と拝している。『御義口伝講義』の「序講」に「『御義口伝』は、宗教観、宇宙観、人生観等々、いずれの面から考えても、実に仏教の奥底であり、あらゆる哲学、あらゆる思想の最高峰である。『御義口伝』を欠いて日蓮大聖人の仏法を論ずることは、いかにも大きな欠陥を生ずるであろう」（同前、二四頁）とある。思想哲学の最高峰を極める『御義口伝』なくして日蓮仏法は成り立たない――そう断言するほど、池田会長は本書に崇敬《すうけい》の念を抱いている。

これは明らかに、日興門流の思想的遺産として『御義口伝』を尊重しよう、といった程度の評価ではない。『御義口伝』こそ日蓮にしか説けない、最高峰の思想書とするのである。前述した、戸田会長の『三大秘法抄』に対する見方と同じであろう。本講義の「序講」では、当時見られた『御義口伝』の偽書説を取り上げ、一つ一つ細かく反論を行ってもいる。池田会長が本書を「永遠の日蓮」の直説とするのは、疑う余地のないところである。

けだし、日蓮の教えは、真筆遺文や直弟写本の中だけにあるのではない。日蓮滅後の門下による思想的な発展もまた、日蓮の教えである。なぜなら、一切衆生を救わんとする「永遠の日蓮」は、永遠に弟子たちの己心にあって法を説くからである。

以上、創価学会の三代会長が『御義口伝』をどのように見たのかを述べてきた。創価学会において、三代会長は日蓮と師弟不二の実践を貫いた永遠の指導者である。その三代会長は、いずれも『御義口伝』を日蓮の直説中の直説と見た。よって、創価学会員は、文献学な研究動向に左右されることなく、日蓮直結の人間的権威を通じて『御義口伝』を日蓮直説と拝する。取りも直さず「永遠の日蓮」の説法と見る。それが信仰の本筋ではないかと思う。この信仰態度は、学問的合理性を踏まえつつ仏教的合理性を用いる点において、決して盲目的、感情的ではないのである。

日蓮仏法の排他性への批判

排他性と戦うのが折伏

創価学会に関する偏見の第二に移ろう。これは、創価学会の「折伏《しゃくぶく》」にまつわる種々の誤解である。折伏とは仏教の布教法の一つで、言論によって相手の誤りをわからせることを言う。日蓮は、末法の悪世には折伏を用いるべきだと主張した。創価学会も、日蓮の教えに従い、戦後日本で大々的に折伏を行った。そして、公称八百二十七万世帯（創価学会公式サイト）もの布教拡大を達成した。

急速な拡大には社会的反発がともなう。いつしか創価学会に対し、「排他主義」「非寛容」とのレッテルが貼られていった。学会が戦後、日蓮仏法の「折伏」を旗印《はたじるし》に教勢を急拡大していく中で、既成の諸宗教との摩擦《まさつ》が起きたのは、ある意味で仕方のないことだろう。

しかしながら、折伏に対する排他的なイメージだけは正しておく必要がある。日蓮仏法の折伏は決して排他主義ではない。じつはその反対であり、排他性と戦うことが折伏なのである。日蓮が特に折伏の対象とした法然《ほうねん》の念仏は、極端な宗教的排他主義を標榜《ひょうぼう》する仏教であった。日蓮は、その排他主義を折伏したのである。

厳密に言うなら、日蓮は、法然が宗教的に排他主義を取るというだけで折伏したのではない。

平安の昔に天台宗が確立され、『法華経』の教えが日本中に広まって久しい鎌倉時代に法然が現れ、巧妙にそれを排除しようとした。だからこそ、法然の念仏は『法華経』の真理に敵対する行為すなわち「謗法《ほうぼう》」と見なされ、日蓮が戦うべき相手となったのである。

日蓮は、日本を法華経流布の国と規定した。古来、聖徳太子が『法華経』を尊崇《そんすう》し、伝教大師《でんぎょうだいし》最澄《さいちょう》が法華一乗（『法華経』こそすべての衆生が成仏できる教えであるとすること）を説いて没後に大乗戒壇《かいだん》が建立されるなど、『法華経』の教えは、すでに日蓮の時代以前から国家や社会に重大な影響を与えていた。かの『源氏物語』を読めばわかるように、日本には古くから法華経文化が根づいていた。にもかかわらず、法然の念仏や空海《くうかい》の真言宗が現れて『法華経』を対象に「捨てよ」〈念仏〉「戯論《けろん》（無益な議論）である」〈真言〉と排撃《はいげき》し、法華経的な国家・社会を転覆《てんぷく》させようとした。だから、日蓮は護法《ごほう》に立ち上がった。そのあたりの事情は、日蓮の主著『立正安国論《りっしょうあんこくろん》』『撰時抄《せんじしょう》』『報恩抄《ほうおんしょう》』等に明らかである。

折伏は護法の戦い

日蓮の折伏は、法華経流布の国における護法の戦いを意味すると考えてよく、とりわけ社会性を帯びた概念である点に注意が必要である。つまりそこには、国家・社会から法華経的な精神を排除する動きに対する抗議という意味合いがあった。単に宗教上の問題と考えるべきではない。

日蓮の折伏は、法華経的な人間尊重の精神を社会から消し去ろうとする宗教勢力への抵抗と言えた。

日蓮の激烈な言葉遣いを非難する向きもあるが、宗教家の激しさは、およそ民衆救済の熱情に比例することを忘れてはならない。愛を説くイエスも、偽善と見なした律法学者たちには「蛇、蝮《まむし》の末《すえ》！　どうして君たちは地獄《ゲヘナ》の刑罰を免《まぬか》れることができようか」（「マタイ福音書」、前掲書『新約聖書　福音書』一四五頁）等と烈々たる非難の声を上げた。いわんや『法華経』は悪人の成仏を説き、折伏による救済を目指すのだから、激烈な言葉も慈悲《じひ》の教導と見なすべきだろう。

話を創価学会に戻すと、戦後の学会の折伏も、以上に述べた諸点に留意してこそ、初めて真相がつかめるように思われる。日本は、聖徳太子や伝教大師等による法華経尊重の長い伝統を有《ゆう》するのみならず、日蓮が『法華経』の真理たる題目（南無妙法蓮華経）を隅々《すみずみ》にまで弘めた国土である。創価学会から見て、日本はまさしく法華経流布の国に他ならない。ところが宗教界の現状はと言えば、『法華経』の教えがほとんど覆い隠された観があった。そこで創価学会は、歴史的に見て『法華経』の真理を否定したり、意識的に無視したり、その教えを盗用したりして成立し、今では相当に社会的勢力を拡大した既成仏教や新宗教に対し、日蓮の後継者たる自覚のもとで護法の戦いを開始したのである。

当時の創価学会の主張によれば、天台宗は正統な法華経信仰を侮《あなど》り、真言宗は釈迦仏を不当に軽んじ、浄土宗・浄土真宗は『法華経』を誹謗《ひぼう》（悪口を言うこと）し、禅宗は経典の教えに従わず、日蓮宗は曲解を重ねて『法華経』の正道から外れているという。新宗教については、霊友会《れいゆうかい》や立正佼成会《りっしょうこうせいかい》が『法華経』の教えや題目を盗用して独断的に教義を作り上げ、結果的に人々を惑《まど》わせている点を問題視した。天理教等、一見『法華経』とは関係なく見える新宗教はどうだったか。創価学会草創期の『折伏経典』を読むと、天理教については、仏教的な発想を借りた教義（「因縁の理」「たんのうの理」）を創作し、また献金主義で苦しむ信者がいる、といった点を『法華経』への反対であると捉えた節がある。

以上のように、戦後の創価学会には、『法華経』の真理を社会から排除しようとする既成仏教や新宗教と戦う気概が漲《みなぎ》っていた。日蓮と同じく、法華経流布の国において護法の戦いに徹したのである。一方、諸宗教の側は団結して創価学会を排除すべく集団的な排他主義を取り、学会側もさらに応戦していった。これが戦後日本の宗教界の構図であったと言えよう。

折伏は慈悲の行為

なお、池田会長が若き日を回顧して、「一般会員の強引さや、情熱にまかせて壮士気取りの青年たちの言動に、ひそかに強い反撥《はんぱつ》を抱いた」（前原政之『池田大作　行動と軌跡』中央公論新社、五七頁）と述べているように、戦後の学会再建期には強引で感情的な布教活動を行った会員たちがいたのも事実である。この点、会としての監督責任がまったくないとは言えない。しかしながら、戸田会長は常々「折伏は慈悲の行為である」と会員に指導していた。一九五一年六月に発表された彼の『折伏論』には、こう示されている。

ここに折伏にあたっての心がけを論ずるなら、折伏行は人類幸福のためであり、衆生済度《さいど》の問題であるから、仏の境涯と一致するのである。されば折伏をなす者は慈悲の境涯にあることを忘れてはいけない。けっして宗門論争でもなく、宗門の拡張のためでもない。御本仏大聖人（＝日蓮）の慈悲の行を行ずるのであり、仏にかわって仏の事《じ》を行ずるのであることを忘れてはならない。

（『戸田城聖全集』第三巻、九九頁）

過激に見えた戦後の学会の折伏も、学会側の本意は慈悲の実践であったことが察せられる。また、強引な折伏を改めたいと思っていたのが当時の池田青年であったことを思えば、池田思想を偏狭《へんきょう》な排他主義と結びつけるのは明らかに誤りであろう。

折伏の実像がむしろ排他主義との戦いにあるのなら、純粋に人道的な諸問題について、創価学会が諸宗教と協力できない理由はない。人道的な協力は、むしろ『法華経』の精神に合致する。ゆえに、一九九五年制定の「ＳＧＩ憲章」では「ＳＧＩは仏法の寛容の精神を根本に、他の宗教を尊重して、人類の基本的問題について対話し、その解決のために協力していく」と明記するに至っている。今後、人道的な観点からは、日本国内の諸宗教とも協力する機会があるかもしれない。創価学会の折伏は、あくまで排他主義の宗教に向けられるのである。

組織主義への批判

組織秩序と民主性との混同

次に、排他主義批判と並んで多いのが、池田会長に対する独裁批判であろう。神格化された巨大教団の教祖、絶対的な権力者、創価学会の天皇——日本には、巨大企業、政界、全国的規模の団体等に絶大な権限を持つリーダーが何人、何十人といるわけだが、池田会長ほど長年にわたって中傷じみた非難を浴び続けてきた人物もめずらしい。裏を返せば、戦後日本における池田会長の社会的影響力がそれだけ絶大であったという証左でもある。

池田独裁論の根っこにあるのは、創価学会という巨大組織の力に対して他の社会的な諸勢力が抱いている潜在的な恐怖であろう。今の日本に、創価学会以上の組織力を——しかも広範な大衆に根ざした堅固な組織力を——持った団体は存在しない。これに日本社会の支配勢力が不気味な恐怖感を覚え、その指導者である池田会長を追い落とそうとする動きにつながっていることは、冷静に考えればすぐにわかるはずである。

また、一部の世俗主義者たちは、宗教が組織力を動員して社会参加を行うこと自体に異議を唱えている。だが、創価学会のごとく人間生活の万般に聖性を認めるタイプの宗教は、社会の調和と繁栄のために行動しないわけにはいかないだろう。そして現実に社会を変えようとする以上、T・ホッブスが言うように「人間の力のなかで最大のものは、きわめて多数の人びとの力の合成」(『リヴァイアサン(二)』岩波文庫、一五〇頁)なのだから、宗教団体といえども組織力を行使せざるを得ない。巨大組織と戦う人たちが自分たちも組織を作るのは、古今東西の通例である。社会的な改革を志《こころざ》す者は、必然的に組織主義の道を歩む。宗教者とて例外ではない。むろん、大きな組織を持てば官僚化や権威化が進み、思想上の理念と食い違う傾向が生ずるから重々注意すべきであるが、それでも組織という形態自体は社会改革に必須の要件であろう。

さらに、組織が所期の目的を効果的に達成するには、どうしても強力なリーダーシップが必要となる。社会一般を見ても、成功した大企業が一人の才覚ある経営者に率いられている事例は数多い。創価学会は宗教団体であるが、一つの組織体として社会的成功を目指す以上、上意下達の指揮系統があって当然なのである。その意味で、池田会長の独裁だとか、階級支配の団体だとかいった類《たぐ》いの学会批判は、社会の民主性と組織の秩序性とを混同した議論に思える。この種の混同は、現実の社会で組織に深く帰属しない学者や評論家、ジャーナリスト等によく見られる。池田会長の指揮のもと、数百万人の学会員が鉄の団結で前進している姿は、松下幸之助のような企業創業者には瞠目《どうもく》すべき事実なのだが、藤原弘達《ふじわらひろたつ》や内藤国夫《ないとうくにお》のごとく、あまり組織を知らない一匹狼的な評論家たちにはファッショ独裁と映ったのかもしれない。

付言すると、創価学会という組織の中でも、本部組織と一般組織とは区別して考えられるべきである。前者は会長を中心に弘教拡大や会員奉仕等に携《たずさ》わる専従者の集団であり、一般企業と同様に厳格な統率管理がなされてしかるべきである。それに対し、後者は様々な職業や立場の人々が宗教的理念に共鳴して集った組織なので、学会本部のような業務組織とは違う。本部から離反した人たちは、往々にして本部組織の厳格さを告発して学会全体のファッショ性を世間に印象づけようとするが、意図的であるなしを問わず、まことに見当違いと言うしかない。

日本の一流料亭では、客に最高のもてなしを提供するため、店の職人たちを非常に厳しく訓育《くんいく》するという。本部組織を批判して学会全体を貶《おとし》める離反者たちの言は、この例を借りるなら、職人に対する鍛錬の厳しさを理由に、店の客までが恐怖に支配されていると世間に訴えているようなものである。学会の場合、本部職員と会員との間に本質的な区別はないけれども、職員は会員への奉仕者という位置づけが厳然とある。それは、池田会長が職員幹部に極めて厳しい指導をする半面、一般会員に温かな激励を絶え間なく続けている点を見ても明らかであろう。

「師弟の道」に対する批判

信仰者の心の内面

ところで、創価学会批判においては、組織主義への疑問と関連した形で、しばしば非難の矛先《ほこさき》が学会内の師弟関係に向けられる。『法華経』は、いわばハイライトにあたる箇所（従地涌出品から嘱累品《ぞくるいほん》までの八品）で永遠の師弟を説く。師弟なくして仏法の存続はない。それゆえ日蓮仏法も、創価思想も、師弟の道を非常に重視する。池田会長は戸田第二代会長の弟子であり、現学会員は池田会長を師と仰いでいる。ところが、この法華経的精神である師弟の道を、まるで専制君主と奴隷《どれい》的人民の関係のように喧伝《けんでん》し、池田独裁論の証拠にあげつらう論調を時折見かける。

批判者たちは、池田会長が指導する師弟の精神を権力者への盲従《もうじゅう》とするようだが、それについてはまず、信仰者の心の内面を知ろうともしない点に問題があると思う。『法華文句』の有名な言葉に「師厳《おごそ》かにして道尊ければ、鞠躬祇奉《きっきゅうぎぶ》す」（第三文明選書版（Ⅳ）、一〇六四頁）がある。

誰かが自分にとって価値ある何かを示すとなれば、自然と頭を低くして教えを請《こ》うのが人の常であろう。世人は、小金よりも大金をくれる人の方に、より深く頭を下げる。これと同列には語れないが、信仰者も、より深い宗教的洞察《どうさつ》を持った人に、より深く敬意を表する。まじめな信仰者が師に随順《ずいじゅん》するのは、その師を心から尊敬し、また師の教えに無上の価値を感じるからに他ならない。これが強制的な主従関係にしか見えないようなら、その人は、およそ思想や人格に対して尊敬の感情というものを抱けない性質なのである。

ちなみに、宗教的な教説の価値は世俗的な物品と違って目に見えず、その真価を知るのは教えを説く師のみ、といった場合が多い。したがって時には、師から弟子に対し、授ける教えの価値に見合った態度を取るよう、厳しい訓戒《くんかい》がなされる。イエスは「わたしが道である。また真理であり、命である」(「ヨハネ福音書」、前掲書『新約聖書　福音書』三三三頁)との強い自己確信を持っていたという。そのためか、彼は弟子たちに対し、「わたしについて来ようと思う者は、まず己《おの》れをすてて、自分の十字架を負い、それからわたしに従え」(「マルコ福音書」、同前、三四頁)と命じている。世間的に見れば、権威者が追従者に尊敬を強要しているようでも、宗教の世界ではむしろ真理に対する未熟者の過小評価を正す行為とされる。創価学会の師弟関係を見る際にも、こうした点は十分に注意されねばならない。

師も人間、弟子も人間

また、学会の師弟論に関しては、根本的な誤解が往々にして見受けられる。私が接した、ある知的な人物は、全学会員が没個性的に池田会長と同一化することを師弟不二と捉えていた。師弟不二の「不二」の意味に暗いところからくる、驚くべき誤解である。師弟不二とは師弟の根源的平等を教えた言葉であって、本来、抑圧や画一化とはまったく無縁の思想である。

師弟不二論は、仏教的合理性を用いて初めて真意に到達できる概念と言わねばならない。「不二」という言葉に、あたかも弟子の意思を師匠の意に強引に一致させるかのごとき抑圧性を感じ取る人がいたとしよう。この人は、自己と他者、師匠と弟子とを立て分ける常識的な区別に基づいて、かく判断したと言える。しかしながら、創価学会で語られる師弟不二は、そうした常識的な見方を根源において打ち破るような概念である。つまり、この概念は常識的な区別の世界を超え、しかも区別の世界を自在に操《あやつ》る仏教的合理性に立脚している。

詳しく説明しよう。師弟が不二となるのは、決して弟子の個性の否定を意味していない。それは、師弟が二であって二でない、という「二而不二《ににふに》」の自由自在な境地を言う。先にも述べたが、不二とは「二にして二ならず」の意である。自由自在の意味である。だから、弟子が師に同化してしまい、その個性が消し去られることはない。弟子は、むしろそこで「本当の自分」になれる。それを教えるのが妙法の師である。師も弟子も、同じく自在な妙法に則《のっと》って個性を十分に発揮する。師弟不二論を個性の抹殺《まっさつ》と見るのは、仏教的合理性が指示する「二にして二ならず」の師弟観を、常識的な区別の思考によって師への合一と取り違えるところからくる誤謬《ごびゅう》なのである。

さらに別の観点から言うと、「人間の仏」（凡夫即仏）を説く日蓮仏法で、師と弟子の間に本質的な差別があろうはずもない。人間以上に尊いものは存在しない、というのが日蓮仏法の信仰である。だから、師も人間、弟子も人間である、師も弟子も、共に人間らしく仏の振舞いをなさんとする。

そこにおいて師が師たるゆえんは、弟子を鷹揚《おうよう》に動かす度量などでなく、自ら先陣を切って弟子の前を走り、求道者の模範を示すところにある。日蓮仏法の師弟は、同じ目的に向かって進む戦友同士のごとき関係に他ならない。実際、池田会長は述べている。「師と向かい合うのではなく、師と同じ方向を見ながら、師とともに生きることが、弟子としての哲学である」（池田大作『箴言集　四季の語らい』聖教新聞社、七七頁）。師と弟子が共に同じ方向を見つめ、理想の実現に邁進《まいしん》する。池田会長はこれを「師弟共戦」とも呼ぶ。師の自在な指導のもとで弟子の個性や能力が存分に生かされ、その上で師弟一丸の共戦に打って出るというのが、創価学会に見られる師弟不二の実践である。

ただし、師弟不二と言っても、その根拠は師が教える仏法に他ならない。師弟不二の根本は仏法にあり、現実的には正しき仏法の師にある。仏法が生命的な真理であるとすれば、それは生きた人間の智慧として現前する。すなわち師の教えである。ゆえに、師弟の平等不二と言っても、仏法の師に弟子が仕える姿勢が重要になってくる。法華経的な平等主義では、一切平等の理想世界を実現するために師を選び、師に仕え、師に尽くす実践を説くのである。

「政教一致」批判

公明党はなぜ結成されたのか

創価学会の師弟論について説明したが、まだもう一つ、池田会長に対する重要な批判が残されている。これは最も古くからあるもので、宗教団体が本格的に政治参加したり社会的な実利を追求したりするのはおかしい、という類いの批判である。要するに、創価学会の世俗志向の強さが批判されているわけである。

周知のごとく、創価学会が母体となって一九六四年に結成された「公明党」は、日本の政界に無視できない影響力を及ぼしてきた。同党は仏教の慈悲の精神を背景に持ち、平和と福祉を基本理念に掲げている。その政治的信条は中道である。ただし、センターとしての政治的中道ではない。自由自在の主体性に立ち、左右どちらのイデオロギーも生かして使うような中道を志向する。では、なぜ創価学会が独自の政党を作ったのかと言えば、日本に一般大衆の声を代弁する政党が存在しないため、大衆政党として公明党が必要なのだという。大衆は生活者であり、生活者はすべてを生かして使う中道の主体である。だから、大衆を代表する政党はすなわち中道の政党であるとの理屈が、創価思想では成り立つ。

仏教に説かれる慈悲と中道の主体性を行動の指針とし、政策的には平和と福祉を追求する大衆政党――これが、公明党の自己規定であろう。

ところが、すべてを生かす中道の主体性が一般には無定見《むていけん》と捉えられがちなことや、公明党が宗教を母体とする日本初の政党であったことなどから、同党は、これまで多くの誤解や偏見に晒《さら》されてきた。その最たるものは、いわゆる「政教一致」批判である。創価学会と公明党が一体化しているのは憲法上の「政教分離」の原則に反すると言うのだが、この批判は「政教分離」の本来的意味から外れた議論となっている。

「政教分離」は、英語で"Separation of Church and State"と言う。宗教団体(Church)と国家(State)の分離を定めた原則であり、宗教団体と政治を分離せよという意味ではない。国家がある教団に特権を与えたり、その教団が独占的に国家権力を行使したりすることを禁じたのである。創価学会と公明党の関係は、宗教と政党の関係であるから政教分離の原則には抵触しない。もし抵触するというなら、宗教者は一切、政治活動ができなくなる。これは「思想・良心の自由」「結社の自由」という日本国民の権利を宗教者から奪うことであり、かえって「信教の自由」の侵犯《しんぱん》にあたると言えよう。

王仏冥合は「慈悲心の政治」

また、創価学会が一種の神権《しんけん》政治を目指しているかのごとく喧伝する動きもあった。これも大きな誤解である。先の師弟論でも同じことを述べたが、そもそも仏教哲学では、「二にして二ならず」の不二を真実の関係と見る。ゆえに、政治と宗教の関係も「二にして二ならず」の不二であるとする。つまり、「政教不二」である。政治と「二にして二ならず」の宗教は、宗教のままで政治性を持つはずである。これは宗教が己の主義信条を社会的に翻訳して政治にかかわることを意味していよう。仏教の場合、法（ダルマ）の真理の実践は「慈悲」である。ゆえに、慈悲の理念を掲げて政治にかかわる態度こそが、政治と「二にして二ならず」の仏教のあり方と言えよう。大衆福祉と平和を主張して行われる創価学会員の政治参加は、まさにこれに該当する。

他方で、宗教と「二にして二ならず」の政治もまた、政治のままで宗教化されねばならない。それは政治の慈悲化であり、現実には政治家が慈悲を持つことに尽きる。創価学会が自ら設立した政党に「公明」の名を冠したり、常々「政治家改革」を強く訴えたりしているのは、そのためと見られる。

このように、宗教者が慈悲心から政治に参加するとともに、政治家も宗教を通じて慈悲心を培《つちか》うというのが、仏教が理想とする政教関係なのである。日蓮仏法の「王仏冥合《おうぶつみょうごう》」という言葉も、慈悲心でつながる不二の政教関係を言い表したものに他ならない。「王」＝王法には国王の法令や政治が含意されているが、どちらにしても、仏法は「二にして二ならず」の立場から王法と「見えざる合一」（冥合）をはかる。すなわち仏法自体は表に出ず、もっぱら国家を国家として生かし、政治を政治として生かそうとする。間違っても、仏法が王法を操るような、宗教国家の構図を意味する用語ではない。西洋由来の一神教モデルの政教分離論を基準に、日蓮仏法の「二にして二ならず」の政教不二を推《お》し量《はか》るから、そのような誤解を生ずるだけである。王仏冥合の真意は「慈悲心の政治」に尽きる。

宗教による政治支配の問題は、そもそも政治と宗教を立て分ける一神教モデルの見方から起きてくるのではなかろうか。すなわち、政治と宗教を断絶的に見るから両者の支配関係が問題化し、神権政治と世俗国家の間を揺れ動くわけである。近世以降のヨーロッパにおける政教関係史は、そのことを如実に物語っていよう。

政教分離に適応する「政教不二」

創価学会が政治参加に踏み出してから、すでに六十年以上の歳月が流れた。この間の歩みを総括するならば、創価学会の政教不二の理念が現代日本の政教分離の原則に適応しようと苦闘してきた過程であったように思われる。

政教不二の「不二」とは自由自在の意である。したがって、学会の政教不二は、政教分離の原則をはみ出すというよりも、自由自在にそれに適応し、積極的に生かしていく立場と見てよい。政教分離の原則を前に、学会が不本意ながら教義信条を曲げ妥協をはかってきたわけではないと、私は思う。池田会長自身も述べているが、学会は戦時中の日本の「政教一致」体制（国家神道体制）によって壊滅的打撃を受けた経験があり、戦後の政教分離の制度は逆に歓迎すべき事態であった。その点から見ても、学会は戦後、政教分離の原則に進んで適応し、存分に生かそうとしてきたと推察される。

政教分離の原則は、西欧諸国の歴史の教訓から生まれた世俗国家と宗教の共存策であり、どちらかと言えば消極的な制度と考えられる。しかし、創価学会は政教不二の観点に立ち、本来、消極的な政教分離の原則を生かすべく行動する中で、そこに積極的な意味を与えようとしている。積極的な意味というのは、政教分離を単に国家と宗教の結合を否定する原則とするにとどめず、さらに国家と宗教が互いに啓発し合い、健全に協力し合う関係をもたらす規定にしていくという意味である。この見地から、改めて創価学会の政治参加を歴史的に検証し直すならば、政治倫理の高唱といい、中道政治の標榜といい、大衆福祉の追求といい、理想と現実を切り結ぶような平和主義の態度といい、いずれも人間の幸福のために国家と宗教が理想的に協調する地平を見据えた動きであったことが判明する。

ただし、他方において、この動きがスマートでなく試行錯誤に満ちていたというのも否定できない事実であろう。日蓮仏法の教義を素朴に政治の世界で使用したり、党と学会の組織的な立て分け方に誤解を招く点があったり、法令の理解が不十分であったり、といった過去のトラブルの数々は、日蓮仏法の政教不二が近代社会の政教分離に積極的に適応していくための、ある意味では必然的な学習過程だったと言えるかもしれない。肝心なのは、学会が政教分離の原則に仕方なく従ってきたわけではなく、かえって自在にそれを生かそうとし、経験を重ねながら次第に社会的適応度を上げて今日に至っているという点なのである。

私の理解では、創価学会は、あくまで仏の悟りである自由自在の主体性の完成を目指す人たちの集まりである。だから、自在に現代社会を生かす実践においても、試行錯誤の前進は当然だったと見るべきであろう。

「現世利益」を説く宗教への蔑視

宗教の絶対性は現世を包む

いまや私たちは、創価学会に対する「政教一致」批判の急所に論及したように思われる。今度は、創価学会が利益追求に積極的なのは宗教的ではないとする批判の方に論点を移したい。宗教者が功利性を重視することへの批判であるが、根底には「現世利益」を説く宗教への蔑視《べっし》がある。

現世利益は、文字通り、神仏の信仰を通じて現世で得る利益のことを言う。人間の利益を考慮せず、ひたすら神聖な普遍者に忠誠を誓うのが真の宗教実践であって、呪術《じゅじゅつ》的、迷信的な方法で民衆の欲望に訴える現世利益のおすがり信仰などは低級である――。こうした考え方は、西洋の一神教的世界観や普遍主義の影響を受けて近代日本の知識人の間に広がり、やがて現世利益批判の社会通念化につながった。

しかしながら、これほど本質的な意味で宗教をバカにした話もないだろう。と言うのも、この通念に従う限り、宗教は現実社会と隔絶《かくぜつ》したものでしかないからだ。およそ信仰者は「絶対」を欲する。そして、絶対の力は必ず地上に及ぶ。それも人間の内面にとどまらず、外面にも及ぶ。さもなくば、宗教が絶対を掲げることはできない。真の絶対を求める信仰者は、現世的な要求を超えて永遠の高みを仰ぎながら、なお現世的な要求も放棄すべきでない。宗教の絶対性は現世を包むのである。

私たちは、らい病患者に手を伸ばして清め治癒《ちゆ》せしめたイエスの故事（「ルカ福音書」）を、ここで想起してみてもよい。あるいは、J・ベンサムの「もしも彼ら（＝宗教の信仰者）が神が文字どおりの意味で慈悲心に富《と》んでいるというのであれば、彼らは宗教の命令が功利性の命令以上でも以下でもないこと、両者のあいだには一点の相違もなく、一点の過不足もないことを認めることであろう」（「道徳および立法の諸原理序説」、『世界の名著38　ベンサム　J・S・ミル』所収、中央公論社、二〇〇頁）という、至極道理の通った弁に耳を傾けるのもよかろう。

「聖俗不二」の利益追求

その上で私は、『法華経』の信仰が聖なるものと俗なるものとの間に何ら優劣を設けない、という点を強調したい。「凡法に即して是れ実相なり、凡を捨てて聖に向ふべからず」（『国訳一切経』諸宗部三、一九頁）と、天台智顗は自らの悟りの極理を明かした『摩訶止観』で誡《いまし》めている。師と弟子あるいは政治と宗教の関係がそうであったように、聖と俗もまた「二にして二ならず」の関係にある。聖なるものが、そのまま俗なるものである。フランスの社会学者E・デュルケームは宗教の特色を「聖俗二元論」に求めたが、『法華経』はむしろ「聖俗不二論」の立場を取る。よって、創価学会が現世的な要求を重んじるのは、それと同じぐらい現世を超えた信仰に生きているという意味に他ならない。創価学会員が強調する現世の功徳は、聖俗不二の利益、いわば「聖なる利益」である。俗に言う現世利益とは似て非なるものだ。この「聖なる利益」の観念を社会的文脈から言えば、私的な信仰が公共の利益に連動している、ということでもある。イギリスのSGIを調査した、前出のB・ウィルソンらは、いささかの驚きを隠さずにこう記している。

SGIが、呪術へ接近する手段を与える機関としてでなく、宗教としてその独特な弾力性を獲得しているのは、私的な唱題という儀礼行為ばかりでなく、まさに公共の利益を擁護し実際的な社会活動へ献身している点にこそある。唱題は、全く私的に専念する事柄から、メンバーたちが明確に定められた社会的目的への献身を表明し強化するための仲介の働きをするものへと高められている。（前掲書『タイム　トゥ　チャント』三四三頁）

呪術的に見える創価学会の私的な宗教儀礼は、利他的な社会貢献をも促進する。そのことを、ウィルソンらは宗教社会学的な調査を通じて検証したわけである。創価学会を研究する者は、学会員が求める功徳が聖俗不二の特徴を有し、その帰結として社会的な共生を強く志向する点を見落としてはならない。

大乗的人格への戸惑い

菩薩の多面性

この機会に、池田会長の人格に対する種々の偏見にも一瞥《いちべつ》を加えることにしたい。現代の日本において、池田会長ほど極端に毀誉褒貶《きよほうへん》の激しい人物もいないだろう。一方に池田会長の誠実さ、慈愛、信念、勇気に感嘆する識者がいるかと思えば、もう一方にはその自然で開放的な振舞いや比類なき自信、手練手管《てれんてくだ》の政治家も舌を巻く才覚などを、宗教家にあるまじき態度として批判するゴシップ的なマスコミ報道が絶えない。

この錯綜《さくそう》した状況について、私自身は鳥瞰的《ちょうかんてき》に物を言える立場にはない。けれども仏教哲学を考究する者として、池田会長に関する評価の混乱が、多く「大乗的人格」への無知に起因することを、日頃から感じていた。ここで言う大乗的人格とは、無限の多面性を秘めた人格を意味する。すでに述べたが、池田会長は、かねてより全体的生命の復権を提唱し、自らその体現者として人格の多面性を随所で示してきた。そうした多面性は、池田会長の個人的資質にもよるだろうが、何よりも大乗仏典に説かれる菩薩的人格の特徴なのである。

大乗経典の『華厳経』では、菩薩の実践徳目に十波羅蜜《はらみつ》（悟りを得るための十種の修行）を挙げる。その一つに方便波羅蜜（巧みな手段によって衆生を教化する方法）がある。これは「世間のさまざまなすがたを示して衆生をみちびき……あるいは凡夫の身となり、あるいは聖人の身となり、あるいは生死をあらわし、あるいは涅槃をあらわし、すべての境地に入って、衆生を目覚ましめる」（玉城康四郎訳、前掲書『大乗仏典』二三二頁）ような実践を言う。

大乗の菩薩は、万民を救う誓願を立てる。だが、人の生き様は多種多様である。ゆえに菩薩も、人々の多様性に合わせて種々の姿を示す。欲望に駆られ、生存競争に明け暮れる俗人の共感を得るために、菩薩は進んで同じ凡俗の境遇に身を置く。法華円教（円満な教え）の菩薩に至っては「魔界（＝魔の世界）は即ち仏界なるが若《ごと》きは、是れ円教の義なり」（『法華文句（Ⅰ）』、第三文明選書、五六頁）との自覚に立ち、悪の世界にさえ飛び込む。他方で、世俗的価値を捨てた聖者を導く際には、菩薩も脱俗の聖性を示して彼らの尊敬を得なければならない。さらには、菩薩がこれらと反対の方法を選び、強欲な悪人を治罰《じばつ》するために正義を欲する善人となったり、偽善的な聖者を暴くために真正の聖者の道を示したりする場合も考えられよう。

菩薩の化身は、生命的自律と言える自由自在の主体性に支えられた、いかなる人も救わんとする慈悲と智慧の実践なのである。自由自在の救済行は、菩薩の人格に多面性をもたらす。一般的に言っても、慈愛と智慧に溢れた人物は硬軟自在、縦横無尽の振舞いを見せるものである。「先生はおだやかでいてしかもきびしく、おごそかであってしかも烈《はげ》しくはなく、恭謙《きょうけん》（つつしみ深い）でいてしかも安らかであられる」（前掲書『論語』、現代語訳、一五〇頁）と評せられた孔子がまさにそうであるし、日蓮などはもっとダイナミックな言動があった。そのことを表現したものに、近代日本のキリスト者・内村鑑三《うちむらかんぞう》が記した「日蓮上人を論ず」がある。

日蓮上人は日本歴史における最大疑問物なり……彼の言語の粗暴《そぼう》、乱雑なる……強者に対して頑なる、弱者に対してもろき、その志望の荘遠なる、その手段の極端なる……彼のごときは世界歴史においてもまれに見るところ、特に平穏、柔順を旨とするわが邦人の中においては、実に奇異中の奇異なり……彼のごときは実に不合中の合、反対中の調和なり。

（丸山照雄編『近代日蓮論』所収、朝日新聞社、二九頁、三二頁、三三頁）

強者の権力に、巌《いわお》のごとく抗する。自信に満ち、気宇壮大《きうそうだい》で、行動は剛胆《ごうたん》。そんな日蓮は、無力な庶民の苦しみに寄り添い、彼らと哀歓《あいかん》を共にする感受性豊かな人でもあった。どれが真実で、どれが仮の姿、ということではない。どれもが真実であり、「不合中の合、反対中の調和」によって日蓮という一個の味わい深い人格が成立していたのである。

悟りからの復路

池田会長の人格についても、同じような見方ができないだろうか。怒るべき時に怒り、喜ぶべき時は喜ぶ。意気は中天のごとく盛んで、思索は海のごとく深い。そうした振舞いは人間の中の自然に従っているわけでも、またはそれを制御《せいぎょ》しているのでもない。真実には人間の中の自然を生かす姿であろう。

大乗的見地に立つと、仏教の実践には「悟りへの往路」と「悟りからの復路」がある。原始仏典に「人々に知られること少なく、無欲で、気をつけて、遍歴《へんれき》せよ」(『ウダーナヴァルガ』、前掲書『ブッダの真理のことば　感興のことば』二〇一頁)と説かれるような修行は悟りへの往路である。これはまだ実践の半ばにすぎない。真に完成された実践は、悟りからの復路に存する。そこでは、往路で示された禁欲の倫理が活用の倫理へと止揚《しよう》される。往路から復路に入るや、仏教者は、欲望を禁じる修行を、欲望を生かす活動へと変化させていく。

まださとりもしないのにさとったと思い上っている増上慢《ぞうじょうまん》をいだいている人のために、仏は、婬欲《いんよく》・怒り・迷いを離れることを解脱《げだつ》というのであると説きたもうたのにすぎません。もしも増上慢のない者に対しては、〈婬欲・怒り・迷いの性あることが、すなわち解脱である〉と仏は説きたもうのです。

（『維摩経』中村元訳、前掲書『大乗仏典』三四頁）

低劣な感情さえも生かすのが、「悟りからの復路」としての大乗的実践である。自由自在の悟りに立つと、人は一転して万事を生かし、楽しめるようになる。いわんや『法華経』は諸悪をも生かす。この妙なる実践に徹するところ、池田会長のごとく自《おの》ずから自由闊達《かったつ》な人間性が現れてくることを、今は指摘するにとどめたい。

創価学会の自信は正当

さらに言うが、池田会長に限らず、日蓮の信奉者《しんぽうしゃ》には自信に満ちあふれた人が少なくない。日蓮の信念に続かんとする態度とも言えるが、より根本的には日蓮的な法華経信仰が強烈な自己肯定をともなうからだろう。明治の文学者で、晩年、日蓮に傾倒した人に高山樗牛《たかやまちょぎゅう》がいる。彼は、「己の小さきを悟る」「人を脱して神となる」ことを「摂受門《しょうじゅもん》」「易行道《いぎょうどう》」、一方、「己の大なるを信ずる」「人のままにして神となる」ことを「折伏門」「難行道」と立て分けた（『樗牛全集』第四巻、博文館、八九九頁）。後者はナポレオンやニーチェの信条とされているが、樗牛の本意としては、凡夫のまま偉大な自己を顕現《けんげん》した日蓮を指すのだろう。

日蓮仏法が「人のままにして神となる」ことを教えるのだとすれば、これは宗教一般の人間観とは大きく異なる。大半の宗教では、人間存在の弱さや醜《みにく》さを凝視《ぎょうし》し、聖なるものと人間との間に深い断絶を設ける。そして小さき自己を恥じる謙虚さを人々に求める。これに対し、日蓮の教えでは「我等と釈迦仏とは、同じ程の仏なのである」（『下山御消息《しもやまごしょうそく》』、御書三五九頁、通解）と唱えてはばからない。仏や法への信仰に加え、自己自身を信ぜよと説くのである。

考えてみると、これは「自己こそ自分の主《あるじ》である」（『ダンマパダ』、前掲書『ブッダの真理のことば　感興のことば』三二頁）と教えた原始仏教への回帰でもあるように思われる。仏教で自己を尊ぶのは、自己が万物と不可分の関係にあると見るためであって、個人主義的な自慢や高慢の類いではない。真の仏教者は「皆の中の自分」「自分の中の皆」を称揚する。

したがって、しばしば揶揄《やゆ》的に評される創価学会員の自信の強さも、仏教的な正当性を持ち得る。が、しかし、宗教一般の自己卑下《ひげ》的な信仰からは異質に見えるため、〝宗教者に必要な謙虚さに欠ける〟などと非難される傾向にあるわけである。

宗教論を抜きにして言うが、人が自信を持つこと自体を揶揄したり非難したりするのは、まったくもって不当であろう。冷静に物事を見る限り、自信は真実性や重要性を欠く時に批判されるべきであって、それ自体が非難の対象とされる筋合いのものではない。問題は、あくまで自信の中身である。真実性がないと、謙虚さですら、いかがわしさを免れ得ない。アリストテレスが、嫌味がかったスパルタ人の粗服《そふく》を指して「卑下が時としては虚飾にほかならないと見られることもある」(『ニコマコス倫理学(上)』岩波文庫、二一〇頁)と述べたがごとくである。虚飾に満ちた卑下よりも真実味ある自信の方が中庸《ちゅうよう》の徳にあたる。そう述べても過言ではない。また、社会的に重要な仕事を自信を持って進める人については、人々の尊敬を受けてしかるべき点が多々あろう。道徳哲学者のA・スミスは言う。「ほんとうの優越性が存在するばあい、高慢はしばしば、おおくの尊敬すべき徳、すなわち、誠実、高潔、高度の名誉感、あたたかくてしっかりした友情、もっとも不屈な不動性と決意をともなっている」(『道徳感情論(下)』岩波文庫、二〇二頁)。

池田会長は、国連から一貫した支援活動を感謝され、各国政府からイデオロギーを超えた民間外交の功績を称《たた》えられてきた。世界の大学・研究機関からも、その人間主義の対話運動に対する共感の顕彰が相次いでいる。池田会長が現実に世界平和と人類の融和に貢献してきたことは、特筆すべき実績の数々に照らして疑いようがない。とすれば、創価学会が池田会長の世界的活躍を自ら誇り、宣揚するのは、その真実性や重要性に照らして当然のことなのである。むしろ積極的に奨励《しょうれい》されるべき自信と言ってよい。スミスは、こうも述べている。「ほんとうに重要な諸達成についてかれが僭称《せんしょう》（＝自分の身分を超えた称号を勝手に名乗ること）することを、かならずしもつねにくじくべきではない。もしかれが、それらを所有したいと真剣に欲求しなかったならば、かれはそれらを僭称しなかっただろう。この欲求を奨励せよ」（同前、二〇五頁）。

日蓮仏法と三代会長

ここで今一度、日蓮の信仰を振り返ってみよう。日蓮には三つの信仰対象があった。第一に「法」、第二に「仏」、第三には「自己」である。この三類型は、日蓮の信仰の多面性を理解するために私が考えたものである。日蓮が「法」や「仏」を信仰対象とした、という常識的な見解に、先ほど指摘した日蓮の自己自身を信ずる信仰を加味するならば、日蓮の信仰対象に関しては「法」「仏」「自己」の三類型を立てた方がより妥当であろう。厳密な議論は他の拙著《せっちょ》を参照いただくとして、今は紙数の関係上、その概要を略述するにとどめる。

まず「法」への信仰は、日蓮の主著『立正安国論』に顕著に見られる。同論では、仏法上の正しい真理（正法）に対する人間の対応によって国土に繁栄や衰退がもたらされるとする。私はこうした宗教的態度を「法則の信仰」と呼んでいる。

次に、「仏」への信仰は、『法華経』に「地涌の菩薩」の末法出現が予言されたことに起因する。日蓮は、自分が永遠の仏・釈尊の勅命《ちょくめい》を帯びて悪世末法の日本に派遣された地涌の菩薩であると実質的に宣言したが、この日蓮の使徒意識に範を取った信徒たちの「使命の信仰」は、日蓮仏法に西洋の一神教にも似た強烈さを与えている。

そして、「法則の信仰」と「使命の信仰」が相まって成熟したところに現れるのが「自己の信仰」である。普遍的な法則を信じ、永遠の仏から託された使命に生き抜くうちに、信仰者は「自己」の尊厳に目覚めていく。普遍的な法則に従えば、自己も永遠の仏になれるからである。日蓮の信仰は、この「自己の信仰」において極まり、完結すると言ってよい。

日蓮が示した「法則の信仰」「使命の信仰」「自己の信仰」という宗教的深化《しんか》は段階的というより重層的な変化と見られよう。不思議なことに、これは創価学会の信仰上の軌跡と重なり合う。牧口初代会長が高唱した「生活法」「法罰」「実験証明」等々のスローガンは、日蓮の立正安国を合理的思考に立って再解釈した結果ともいえ、いきおい「法則の信仰」の色彩が濃いものであった。第二代の戸田会長もこの「法則の信仰」を引き継いだが、戦時下の獄中で自らが地涌の菩薩であるとの自覚に立ったことが大きな転機となり、戦後の学会伸長期には「われらこそは、えらばれたるところの末法御本仏の弟子であり、家来であり、子どもである」(『戸田城聖全集』第三巻、二〇二頁)などと、会員の使命感を鼓舞しながら「使命の信仰」を際立たせている。

ただ、彼の論文「大利益論」に「この御本尊様と大聖人様と自分とが区別がないと信じて、そのありがたさを心にしみて感謝申しあげ、熱心に題目を唱えるとき、宇宙のリズムとわがリズムと調和して、宇宙の大生命が即わが生命とつらなり、偉大な生命力が涌現してくるのである」（同前、一六六頁）とあるように、戸田会長の「使命の信仰」は明らかに「自己の信仰」へと向かう性格を帯びていた。結局、戸田会長の時代に「自己の信仰」が強調されることはなかったが、次の池田会長の代になると、それが「人間主義」として主題化される。こうして、創価学会における「自己」の重要性は、時代を追うごとに高まりを見せていった。

さて、以上の点から、もう一度考え直さねばならないことがある。牧口―戸田―池田と続く学会の三代の師弟は、思想的にも実践的にも、個性は違えど連続性を保っている。だからこそ師弟不二の信仰とされるわけだが、宗教指導者としてのタイプに違いがある点も見落とすべきではない。三代会長は、いずれも日蓮仏法の模範的信仰者として会員の尊敬を集めてきた。だが、それぞれの信仰上の強調点は異なる。牧口会長は何よりも「法則の信仰」を教えた教育者であり、戸田会長は「使命の信仰」を訴えた宗教者であり、池田会長は「自己の信仰」を第一とする人間主義者である。私の目には、そのように映る。

このうち教育者と宗教者については、思想・宗教の世界で一般的によく見かける指導者像と言えよう。さほど違和感はない。ところが、最後の人間主義者になると――そこには、高山樗牛が「人のままにして神となる」と表現した、日蓮仏法の奥義が秘されている――もはや前代未聞と言う以外にない。牧口、戸田両会長と比較して、池田会長に対する社会の一部からの反発は特段に強いという印象がある。その理由は、池田会長が学会を大発展させたからだけではあるまい。同会長が「人間主義の宗教」を提唱し、自らも「人のままにして神となる」実践を貫いたことが、知ると知らずとにかかわらず、大きな波紋や誤解を呼んだように思うのである。

「日本の柱」との確信

池田会長は、「海苔《のり》屋のセガレ」と自称し、庶民の代表をもって任ずる。常に平凡な人間として振舞う。しかしながら、同時に国家・人類の指導者たらんとの誇りを持って大胆に行動し、世俗から離れた宗教的達観をも折々に示す。平凡なる偉人であり、どうにも理解しがたい。そこで、学会の外の批判者はもとより池田会長のもとから離反した者までが、池田会長の言動を傲慢や虚飾にすぎないと決めつけ、それを曲解して「独裁者」「ファシスト」「虚栄家」等々のレッテルを貼りつけてきた。

そもそも人間主義を掲げる独裁者など、まずいないだろう。ところが、池田会長には、長らく独裁者のイメージが付きまとってきた。具体的に述べよう。批判者たちが悪意をもって取り上げる池田発言の一つに、一九六九年に出版された高瀬広居《たかせひろい》『人間革命を目指す池田大作』(有紀書房)に記述された「私は、日本の国主であり、大統領であり、精神界の王者であり……」(七八頁)との一文がある。彼らはこれを引いて〝池田会長は若き日より日本支配の野望を抱いていた〟など非難する。前後の脈絡を無視して意図的な解釈を施《ほどこ》した批判の典型である。

この著者は学会外の評論家で、人物眼に優れた名文家のようだが、文体がいささか情緒的にすぎる感がある。取材内容が正確かどうかも含めて、第一にその点が気にかかる。第二に、問題の発言は当時の学会幹部との懇談の中でなされ、極めて少数の気心の知れた同志に語りかけた内容であった。公的な宣言などでは、もとよりない。第三に、同書を見ると、この発言は戸田会長から教わった創価学会会長の意義について語ったものであり、池田会長自身の見解ではない。第四に、これが最も重要と言えるが、著者の高瀬は、池田会長が「私は政治に出ない」と常々口にすることを記した上で「全文化を包含する意味での『王』—政治をさすならば、まさに、かれは『王仏冥合の中心的実体』として政治の要となるのだ」（同前、七七頁、傍点は原著者）と述べ、その直後に件《くだん》の池田発言を引用している。

これらを要するに、「私は、日本の国主であり、大統領であり」云々の発言は、〝学会会長は全文化の指導者たるべし〟との戸田会長の教えを、池田会長が数人の大幹部に伝授した際の言葉なのである。「私は日本の柱となろう」（『開目抄』、御書二三二頁、通解）との日蓮の確信を知る戸田会長が、学会会長の気概はかくあるべしと語り、これを池田会長が側近に打ち明けたというのが事の真相であった。そのことをもって〝池田会長の日本支配の野望〟などと騒ぐのは誤解もいいところである。根本的な問題は、創価学会に見られる〈会長＝人間主義の体現者＝日本の柱＝全文化の指導者→政治の世界には出ないが、政治に思想的な影響を与える〉といった思考を、批判者たちが微塵《みじん》も理解できない点にあろう。

池田会長は「多中心の中心」

創価学会の信仰において、人間主義の体現者とは、日蓮仏法の信仰を通じて「自己」の究極を開花させゆく人間のことである。それは、単純に修行の完成者という意味でもない。自由自在の悟りの眼で見れば、本来、仏道修行には完成も未完成もない。仏の道は、永遠の完成であり、永遠の未完成である。つまりは「未完成の完成」である。創価学会にあって、師と弟子は同じく「未完成の完成」の道を歩んでいる。だから、池田会長は、師と弟子が向かい合うのでなく、同じ方向を見て進むべきだと力説する。学会の師弟は同じ立場にいる。

創価学会の中心は師の池田会長であるが、弟子の学会員もまた中心の意義を担うのである。創価学会の世界は師も中心、弟子も中心である。ただし、この不思議な平等は師の教えによる。師弟平等の根幹は師にある。ゆえに、師の池田会長は、多くの中心における、さらなる中心、すなわち「多中心の中心」でなければならない。

じつに「多中心の中心」の意味において、池田会長は全学会員とまったく平等でありながら、しかも平等の世界を成り立たせるために特別な位置を占めている。模範の師なくしては、修行も成り立たない。一切平等ながら、否、一切平等のゆえに、池田会長の存在だけは余人を持って代え難いのである。そうした面から、創価学会は三代の会長を「永遠の指導者」と規定するのだろう。

以上、何かと要領を得ない説明になったかもしれない。創価学会では池田会長の代に「自己の信仰」による人間主義が唱えられ、その未聞の宗教性ゆえに会長自身が種々の誤解や偏見に晒されたこと、また創価学会における池田会長の位置づけは「多中心の中心」であることなどを、浅《せん》智《ち》の及ぶ範囲で論じた次第である。思うに、「法則」を重視した牧口時代の学会の師弟は、あたかも学校の教師と生徒の関係を彷彿《ほうふつ》させるところがあった。いわば「教育の師弟」であった。これに対して、戸田時代は聖なる使命を分かち合う「同志の師弟」であり、宗教的な絆《きずな》が強調されたように思われる。池田時代の師弟は、何にたとえられようか。「自立の師弟」という言葉が浮かぶが、いまだに確たる答えを得ない。

ともあれ、「自己こそ最高に尊貴なり」との「自己の信仰」は、必然的に〝皆が仏〟の確信を呼び起こす。〝皆が仏〟の世界において、模範となる師の人格の偉大さが強調されるのは当然のことだろう。牧口時代や戸田時代に比べて、池田時代に師の尊厳が声高に語られるのは、「自己の信仰」の意義からは決して怪しむに足りない。それを見て〝戸田時代になかった個人崇拝ではないか〟と訝《いぶか》る人がいるとしたら、創価学会の信仰が代を経るごとに重層化し、池田時代に初めて「自己の信仰」が中心的位置を占めたという点に無知なのである。

第3章

仏教哲学と池田思想

本章から先は、池田思想の解明を試みたい。最初に、池田思想では仏教をどう捉《とら》えているのかを考察する。

「空」の肯定性

否定から肯定へ

仏教は、紀元前五、六世紀頃、インドで釈尊（ゴータマ・ブッダ）が創始した宗教とされる。当時、古代都市の成立とともに、旧来のバラモン教の祭祀《さいし》中心主義に飽き足らない自由な思想が芽生えた。多くの論争が起こり、釈尊もそうした中で新しい思想を唱えたと見られている。

ただし、釈尊は、自由思想家たちの論争に加わるというよりも、論争自体を超越した「無執着」の境地に立とうとした。「『わたくしはこのことを説く』、ということがわたくしにはない。諸々の事物に対する執著を執著であると確かに知って、諸々の偏見における（過誤を）見て、固執することなく、省察しつつ内心の安らぎをわたくしは見た」（『スッタニパータ』、『ブッダのことば』中村元訳、岩波文庫、一八六頁）と、彼は弟子に語ったと言う。釈尊が示す悟りへの道は、あらゆる執着から離れることであった。苦しみと無常の教え、我執を排する無我説、世間の執着を乗り越え輪廻《りんね》を超克した時に得られる「解脱《げだつ》」「涅槃《ねはん》」の理想――これらすべては、無執着の境地を教えている。

原始仏教の核心は、ひとえに無執着の実践にあった。釈尊滅後の教団分裂を経て、部派仏教の実体論的な執着を批判しながら出てきた大乗仏教の運動は、この原始仏教の無執着説に立ち返る動きだったとも言い得る。それはやがて「空《くう》」の思想へと結実した。空は無執着の実践の認識論的な展開と言ってよい。一切を〈否定〉する思想である。有を否定し、無を否定し、否定を否定し、そうした空自身をも否定する。単なる無限の否定にとどまらず、空自身の否定から肯定的なものへと通じていく。つまり、空には積極的に存在を肯定する面もある。

「空」は虚無にあらず

二〜三世紀頃に活躍したと言われる大乗の哲学者・竜樹《りゅうじゅ》（ナーガールジュナ）は、空や不二《ふに》を説く般若《はんにゃ》思想に基づいて『中論』を著し、そこで「『有る』というのは、常住に執着する〈偏見〉である。『無い』というのは、断滅〈に執着する〉偏見である。それゆえ、聡明な人は、『有る』ということと『無い』ということとに、依拠してはならない」（レグルス文庫版（中）、四一一頁）等と主張した。ここに明らかなように、大乗の空観は虚無《きょむ》思想や懐疑主義とは異なる。虚無思想は有と無を区別して無を取る立場、懐疑主義は肯定と否定を立て分けて否定を取る立場であろう。どちらも一方に執した偏見であって、『法華経《ほけきょう》』の方便品ではこれを邪悪な思想の密林の中をさまようことだと厳しく指弾している（岩波文庫版（上）、一〇八〜一〇九頁、要旨）。真に一切を否定する空観は、『中論』に「〔世間の〕言語慣習に依拠しなくては、最高の意義は、説き示されない」（レグルス文庫版（下）、六四一頁）とあるように、かえって世間的なものを用いる面がある。空は、有でもなく無でもなく、存在を否定し肯定もする。

「生命」の発見

獄中の悟達

したがって、私たちがもっと注視すべきは、空の肯定的な側面である。この空の肯定性を、どう表現すればよいのか。般若の哲学は徹底した存在の否定に終始する印象を与える。だが、大乗仏教の全体を見渡すと、「仏性《ぶっしょう》」「実相《じっそう》」「真如《しんにょ》」「如来蔵《にょらいぞう》」等々、存在肯定的な言葉も見つかる。

しかしながら、そのどれを取っても、現代に生きる私たちが「なるほど」と実感できるような響きは持っていない。強《し》いて言うなら、生きた概念ではない。仏教が今日なお、厭世的《えんせいてき》な宗教と見なされがちなのは、大乗仏教における存在肯定の思想が、一般人に理解される言葉で語られなかったせいもあろう。

ところが、そうした仏教史的な課題に挑戦し、突き抜けた仏教者が、二十世紀前半の日本に現れた。創価学会の第二代会長、戸田城聖氏である。彼は仏の実在を「生命」と看破《かんぱ》し、民衆の皮膚感覚に訴える、親しみやすい仏教論を打ち立てた。

戸田第二代会長は一九〇〇年、石川県で生まれた。二歳の頃、一家は北海道の厚田《あつた》郡に移住し、少年時代を厚田村（現在・北海道石狩市）の自然の中で過ごしている。故郷で尋常《じんじょう》小学校高等科を卒業すると札幌に出て商店の丁稚奉公《でっちぼうこう》をしたが、向学の思いやまず、数年後には夕張《ゆうばり》の地で尋常小学校の代用教員となった。一九二〇年、二十歳の戸田青年は上京し、下谷《したや》（台東区）の西町小学校長だった牧口常三郎氏に面会、牧口校長の斡旋《あっせん》で同校の代用教員に採用される。

以来、戸田青年は牧口校長を師と仰いで行動を共にするのだが、小学校教員の職は約三年で辞し、目黒で「時習《じしゅう》学館」という学習塾を開設する。塾の経営は多難を極めたものの、やがて受験指導で評判を得た。この頃、戸田城外と名のっている。一九二八年に入ると牧口氏が日蓮正宗に入信し、戸田氏もしばらくして後に続いた。そして一九三〇年、牧口氏と二人で「創価教育学会」を設立する。同年十一月には、牧口氏の著『創価教育学体系』が出版された。

同会が一応の組織体制を整えるのは一九三五年であり、戸田氏は裏方で運動を取りしきる一方、学習塾経営から出版業、金融業へと事業を拡大し、会の財政面を支えた。創価教育学会は一九三七年に発会式を行い、一九四〇年十月の第二回総会では牧口会長、戸田理事長の体制が正式に決定している。名実ともに学会の大黒柱となった戸田氏は、日蓮仏法による生活法の革新を目指す同会の運動の推進役を担った。太平洋戦争中、共存共栄の平和思想を唱え、軍部権力による国家神道の強要を拒否した牧口会長は、一九四三年七月、治安維持法違反並びに不敬罪の容疑で逮捕、投獄される。この事件の際、戸田理事長も師と共に牢獄に入った。

獄中での戸田理事長は、入手し得る仏典をことごとく読破したが、心を打ったのは『法華経』のみであったという。後に自伝的小説『人間革命』に記したところでは、彼は獄に在って一日一万遍の唱題（「南無妙法蓮華経」と繰り返し唱えること）を重ね、日蓮文書を集成した『御書』を座右に置きつつ、鳩摩羅什《くまらじゅう》訳の『法華経』を何度も読み返した。この時、解決したかったのは「仏とは、いかなる実在か」「南無妙法蓮華経とは、いかなる実体なのか」という悩みであった。

一九四四年の三月頃、早い昼食を済ませた彼は、『法華経』の開経とされる『無量義経』徳《とく》行品《ぎょうほん》の一節「大いなる哉《かな》　大悟大聖主《だいごだいしょうしゅ》は　垢《く》無く染《ぜん》無く　著《じゃく》する所無し……其の身は有《う》に非《あら》ず　亦《ま》た無《む》に非ず　因に非ず縁に非ず自他に非ず　方に非ず円に非ず短長《たんじょう》に非ず　出《しゅつ》に非ず没《もつ》に非ず　生滅に非ず……」を前に、「仏の実体を汲《くみ》取ろう」として思索に入った。

「〜にあらず」と、三十四回も否定されるような「仏の実体」とは何か。死に物狂いで思索すること四時間、戸田理事長は突然、両手を強く打って叫んだという。

仏とは生命なんだ！……仏とは、生命の表現なんだ！　外にあるものではなく、自分の命にあるものだ！　いや、外にもある！　それは宇宙生命の一実体なんだ！

（『戸田城聖全集』第八巻、五〇一頁）

戸田理事長は、獄中において「仏とは生命なり」との悟達《ごだつ》を得た。『涅槃経』に解脱を「虚空《こくう》」のごとしと説明しているが、彼の場合は「生命」という表現を選んだのである。

先の『無量義経』の文は、一切を〈否定〉する大乗の空観を説明したものに他ならない。『法華経』の序論にあたる部分とは言え、大乗仏教の思想的エッセンスが凝縮《ぎょうしゅく》されている。天台智顗《てんだいちぎ》が『中論』の徹底した否定哲学を手がかりに円融三諦《えんゆうさんたい》の妙理《みょうり》（空・仮《け》・中の三諦が、互いに別なく溶け合うさま）を説いたように、理論上は「すべての〈否定〉」を通じてのみ妙法の真理が開示される。戸田理事長の「仏とは生命なり」との悟達は、その後にくる「地涌《じゆ》の菩薩《ぼさつ》」の自覚に比べれば、まだ理論的な次元である。彼にとって『無量義経』の三十四非は、智顗にとっての『中論』と同様な意義を有《ゆう》していたのかもしれない。

私たちは、「すべての〈否定〉」が妙法の真理に至るための不可避な門、理論的な王道となる点を知るべきである。『無量義経』の三十四非は「諸法実相《しょほうじっそう》」（あらゆる現象のありのままの姿に無上の尊厳性を見る教え）のごとく真理それ自体の説示ではないが、その正当な入り口にあたる。戸田理事長がこれを通じて生命の不可思議に体達《たいたつ》しても何ら不思議ではない。

大正生命主義の多様性

ちなみに、『法華経』の法師功徳品《ほっしくどくほん》には「一偈一句《いちげいっく》を聞くに、無量無辺の義に通達せん」とあり、『法華経』を修行する者は心が清浄になるので、経文の片言隻句《へんげんせっく》だけでも無量無辺の意義に達するとされている。戸田理事長が『無量義経』の文を通じて仏教の究極的真理を捉えたとするのは、この意味からも無理がない。さらに言うなら、彼が唱えた「南無妙法蓮華経」は『法華経』如来寿量品《じゅりょうほん》の肝心《かんじん》とされている。戸田理事長は、そもそも寿量品の肝心を唱えて悟達したのである。『無量義経』の文はきっかけとなったにすぎない。

かように考えてくると、戸田理事長における「生命の悟達」は、仏教哲学の正統な流れを汲《く》み、なおかつ『法華経』の核心を捉えたものと言わねばならない。そこから生まれた創価学会の生命論は、まさに仏教思想の精華《せいか》である。池田会長は強調する。

生命論といっても、学会が独自に始めたものではありません……釈尊は、生老病死という人生の苦と対決して、自己の内奥《ないおう》の広大な世界を開いていった。天台もまた、法華経を根本として生命を内観《ないかん》し、そこに覚知《かくち》したものを一念三千として説明した。華厳経《けごんぎょう》では、心と仏と衆《しゅ》生《じょう》は無差別であると説いているが、天台は、これを借りて、心と仏と衆生の三つの次元で法華経の妙法を論じた。「生命」は、これら三つを統一的に表現できる、現代的な言葉でもあります。

（『池田大作全集』第二九巻、四一頁）

釈尊の無執着の実践が行き着く先にある自己の広大な内面世界、大乗の空思想に基づき天台智顗が一心を観じて得た一念三千の宇宙、そして心と仏と衆生を統一する無差別の法。これらは皆、現代的に言えば「生命」の探究であったと、池田会長は洞察《どうさつ》する。

仏教の「空」思想は、創価学会の生命論によって、初めて具体的な実感をともなう表現を得たと言えよう。私たちの生命は、どこにあるかと問われればどこにもない。しかし、その厳然たる存在は否定しようがない。有ると言えば有るし、無いと言えば無い。これを空と呼べば存在否定的であり、生命と呼べば存在肯定的になる。戸田会長が発見した「生命」は、「空」の観念のうちに秘された存在肯定性を、具体的かつ簡潔に示した言葉と考えられる。天台智顗の『法華玄義』に「円門は虚融微妙《こゆうみみょう》にして、定執《じょうしゅう》す可からず。有を説くに無を隔《へだ》てざれば、有に約して無を論ず。無を説くに有を隔てざれば、無に約して有を論ず。有無不二にして、決定《けつじょう》の相《そう》無し」（第三文明選書版（下）、八五〇頁）とある。これに従うなら、「有無不二」に立った上で「有に約して無を論」じたのが戸田会長の生命論であったとも解されよう。

ところで、「生命」とは、元々天から授かった命を意味する漢語である。近代以前の日本では、あまり使われていない。それが明治時代に英語の life の翻訳語として定着し、やがて日本語の「いのち」と同じ意味で使用されていったという。その後、大正から昭和にかけて、東洋思想を土台に西洋のスピリチュアリズム、ショーペンハウエルやニーチェ、トルストイなどの生命思想を取り込む形で、いわゆる「大正生命主義」が誕生し、流行した。戦前の思想界では、「生命」が一つのキーワードになっていた。

したがって、創価学会の生命論は、特に目新しい思想ではないとする見方がある。学会の生命論と言っても、戦前の神秘主義的な生命主義の影響を受けて形成された思想にすぎず、ほぼ同時代の新宗教、たとえば生長《せいちょう》の家《いえ》が唱える生命観などと大して変わりはないとする。新宗教の研究者たちは、おしなべてこの見方に立ってきた。

私はこれに同意しない。戸田第二代会長の生命論に先立って、昭和初期の思想界で「生命」がキーワードだったのは確かだろう。しかし、それは戸田会長の思想表現に影響を与えた可能性を持つにすぎない。戸田理事長の「生命の悟達」は、神秘的な直観というより仏教哲学的な直観――否定の論理に立った直観――によるものだった。同時代の生命主義と、表現は似ていても中身が違う。釈尊は、ジャイナ教など当時の諸宗教で説かれていた「ニルヴァーナ（涅槃）」という観念を用いて仏の悟りを表現した。それと同じように、戸田理事長は、生命主義の流行などから近代日本の思想界に定着した「生命」という観念を用いて自らの悟達を表現したのだと、私は考える。

戸田理事長は、あくまで仏教的な「生命」を発見したのである。この「生命」は、したがって「空」の真理を意味している。日本文学研究者の鈴木貞美《すずきさだみ》は、大正生命主義がスピリチュアリズムと結びついて「魂《たましい》の故郷」という発想となり、それがさらに「民族の生命」という観念を生んだとし、それが強力なナショナリズムとなりうる点を危惧《きぐ》する。『生命』という概念は、なんにでも結びついてしまう」から危ない面がある、と同氏は警鐘を鳴らす（『大正生命主義と現代』河出書房新社、一四頁、二五頁）。思想史的な観点からは肯《うなず》ける話だが、創価学会の生命論には当てはまらないと思う。

創価学会の教学で言う「生命」とは「空」である。「空」だから、実体論的な「魂」の観念を否定するし、「民族の生命」に執着することもない。大正生命主義がスピリチュアリズムやナショナリズムに傾斜したのは、どこかに実体論的な執着があったからだ。

戦前の生命主義の中には、仏教的な背景を持つものが少なくない。だが、仏教的な思想を唱えていても、非仏教的な実体論に傾くことがある。私から言わせると、大正生命主義の一つと言われる西田幾多郎《にしだきたろう》の哲学が唱えた「絶対無」などは、「無」への実体論的な執着を強く感じさせる。これは西田が仏教的な問題意識を持つ一方で、西洋哲学者として実体論的な思惟から離れられなかったからだろう。また、新宗教の生命主義については、神道やシャーマニズムとの関係に注意が必要となる。一口に新宗教の生命主義と言っても、黒住《くろずみ》教《きょう》や天理教、生長の家といった神道系の思想、霊友会《れいゆうかい》や立正佼成会《りっしょうこうせいかい》などシャーマニズム（霊媒信仰）に由来するもの、そして創価学会の純仏教的な生命論と、その内実は多種多様である。「生命」という表現の共通性に幻惑されてはならない。一つだけ具体的に見ておこう。田中智学《ちがく》の日蓮主義は、大正生命主義とされる。智学は、在家主義の仏教者である。だが、日蓮仏法を日本国体と同一視した人物でもある。ある意味、神道系の思想家であり、それゆえ民族主義と結びつき、ウルトラナショナリズムに傾斜したわけである。

大正生命主義について、さらに言えば、どの仏教に立脚したか、という問題もあろう。何かに執着する仏教宗派は意外に多い。特定の経典、特定の仏、特定の境地、それらにこだわるのも立派な執着である。執着は実体論につながる。これに対し、獄中の戸田理事長は、『法華経』によって一切の執着を超えようとした。あらゆる経典のうちで、『法華経』だけが諸経と諸仏を統一し、一切平等の世界を開示する。真実の無執着が、ここに見られる。『法華経』の信仰は、無執着への帰依《きえ》に他ならない。戸田理事長は、まさにこの『法華経』を拠《よ》り所《どころ》にして「生命」を直観した。かかる学会の生命論は、ありとあらゆる執着から自由でなければならない。執着的にナショナリズムに傾斜するなどは、少なくとも学会教学の論理として認められないのである。

むろん、学会の主張する「生命」にも、あらゆるものと結びつく素地はある。けれども、それは一つの主義主張にとらわれることがない。むしろ、あらゆる主義主張を生かそうとする。すべてを生かす立場で、様々な思想と結びつく。たとえば、ナショナリズムとかかわる場合、学会の生命論は、それを健全で開かれた思想に変えようとするだろう。

宇宙生命論

以上、創価学会の生命論が仏教の正統な思想系譜に連《つら》なり、なおかつ近代の思想としても独自の意義を有することを述べてきた。

さて、創価学会が唱える「生命」は、私たち自身の主体性の源であると同時に、宇宙根源の実在として無限の開放性を有している。獄中で戸田理事長が発した悟達の言葉を借りるなら、「自分の命にあるもの……いや、外にもある……宇宙生命の一実体」ということになる。戦後、戸田理事長は、一九四九年に発表した「生命論」の中で、宇宙生命をこう説明している。

生命とは、宇宙とともに存在し、宇宙より先でもなければ、あとから偶発的に、あるいは何人かによって作られて生じたものでもない。宇宙自体がすでに生命そのものであり、地球だけの専有物とみることも誤りである……地球にせよ、星にせよ、アミーバの発生する条件がそなわれば、アミーバが発生し、隠花《いんか》植物の繁茂《はんも》する地味《ちみ》、気候のときには、それが繁茂する。しこうして、進化論的に発展することを否定するものではないが、宇宙自体が生命であればこそ、いたるところに条件がそなわれば、生命の原体が発生するのである。

（『戸田城聖全集』第三巻、一六〜一七頁）

また、私たち一人一人の生命と宇宙生命との関係については、「大利益論」に「宇宙の大生命が即わが生命」（同前、一六六頁）であると説いている。

一見すると、これらは古代インドのウパニシャッド哲学に見られる「梵我一如《ぼんがいちによ》」説、あるいは近代アメリカの詩人エマーソンが唱えた「大霊《オーバーソウル》」論などの宗教的神秘主義を連想させなくもない。だが、それでは本質を捉えた見解と言えない。すでに見た通り、戸田会長の宇宙生命論は「有にあらず、無にあらず」等という仏教哲学的な否定の論理を追究した結果であった。梵我一如的な実体論は否定するはずだし、各人の道徳感覚に基づく直観を重視した超越主義のごとき立場とも異なる。『無量義経』の三十四非を媒介《ばいかい》とし、『法華経』寿量品の肝心とされる妙法を唱える中で誕生した、この宇宙生命論はやはり、仏教哲学の新展開と見るのが妥当である。右の引用文は、仏教的な宇宙生命論が近代科学と矛盾しないことを論じた言説であると考えられよう。

池田会長の大我論

主体性の仏教哲学

戸田会長の直弟子である池田第三代会長は、戸田の宇宙生命論を受け継ぎ、世界に広めた。たとえば、歴史学者のA・J・トインビーに向かって、池田会長は「〝究極の実在〟を、ユダヤ系の宗教では〝神〟すなわち人間的存在としてとらえたのに対し、大乗仏教では、それを〝宇宙生命〟、そしてその底流に働いている〝法〟としてとらえている」(『池田会長全集』第三巻、五九九頁)等と述べ、大乗仏教を宇宙生命の教えとして紹介している。

池田会長は、人間が宇宙生命の主体たり得る点を特に強調する。すなわち、人間を中心に置いた仏教思想を唱える。それが端的に表れているのは、池田会長の「大我《たいが》」論であろう。「大我」とは、『涅槃経』等に説かれる大乗仏教の用語である。仏教以前のインド哲学では、現実の人間存在の中心に、我(アートマン)という固定的な原理/本体/機能があると想定した。仏教は、これに反対して「無我」を唱えた。「我が無い」と言うのはアートマンの存在を否定するかに見えるが、仏教学者の中村元《なかむらはじめ》は「初期仏教においては、アートマンを否認していないのみならず、アートマンを積極的に承認している」と主張する(『原始仏教』NHKブックス、八三頁)。中村の説に従えば、仏教が反対したのは「これがわがものである」「これがわれである」とする実体的な我の観念への執着、すなわちアートマンを実体視する立場であった。実体的なアートマンでなく、道徳的な行為の主体としての自己（アートマン）は、原始仏教でも本来的自己、理想の自己として追求されていると、中村は述べる。「後世の大乗仏教においては、やがて大我を説くに至るが、このような思想もある意味では、すでにその萌芽《ほうが》が最初期の仏教説のうちに内包されていたと解釈することができるのである」（同前、九〇頁）。この中村の意見のように、今日の仏教学では、大乗仏教の「大我」説が初期仏教の「無我」説と矛盾しないと考える向きもある。

ちなみに、日本の仏教学では、ブッダはあくまで無我を説いたとする意見と、中村説のようにブッダは真の我を認めたとする意見とが対立しているようである。学問的理性に頼ると、こうした「無我か、真我か」の二分法になってしまう。仏教は学問ではない。仏教は仏教であって、学問とは違った論理を有する。ところが、この当たり前の道理を仏教学者は無視しがちである。すでに論じた通り、仏教の論理はいかなる概念的な区別にもとらわれない。そこから言えば、本来の自我は一切の区別を超《こ》えて自由自在である。その自在な我を無に即して無我と言い、有に即して大我と呼ぶ。池田会長の言う「大我」は、中村が言う道徳的な行為の主体などではない。それは、仏教の論理からのみ導かれる自由自在の実在、言うなれば「自在我」を指すのである。

話を変えよう。近代日本の思想家たちにとって、この「大我」はなじみ深い言葉の一つと言えるだろう。西洋近代の「個」「自我」の思想の衝撃を受けた明治期の日本では、仏教の「無我」

説を「自我」の立場から再検討する動きが始まった。日本仏教の近代化を試みた村上専精《むらかみせんしょう》は、「諸法無我」を「小我」「大我」の語を使って説明した。「精神主義」を唱えた浄土真宗の清沢満之《きよざわまんし》は、「小我」「大我」を「小宇宙」「大宇宙」とみなして両者の相即《そうそく》（対立する二つの事象が一体不離であること）を唱えた。こうした試みは近代的な「個」に目覚めた明治の思想界に波及し、筧勝彦《かけいかつひこ》、吉野作造《よしのさくぞう》、北一輝《きたいっき》といった法学・政治学の分野の思想家たちまでが「小我」「大我」の倫理を述べている。

池田会長が「大我」の語を用いた背景には、そうした近代日本の思想動向も考えられよう。ただし、これも戸田第二代会長の生命論と大正生命主義の関係と同じで、表現上の影響が考えられるにすぎない。池田会長の大我論は、人間を宇宙生命の主体と見る思想である。この宇宙的な人間主義は、近代日本の大我論には見られない。新たな主体性の仏教哲学なのである。

小我と大我の関係

池田思想では、人間生命を「小我」、宇宙生命を「大我」として論を立てる。仏教的真理としての「生命」は「空」である。独立した実体ではない。「ある」とも「ない」とも言えない。そのように生命が空だとすれば、人間の生命と宇宙の生命を区別することもできなくなる。小我の人間生命は、すなわち大我の宇宙生命である。小我即大我である。

よって、小我を消滅させて大我を実現するのではなく、大我が小我を生かす関係こそ正しいのだと池田会長は言う。「小乗仏教においては〝小我〟の消滅のみに終わりますが、大乗仏教においては〝大我〟の樹立によって、ひるがえって〝小我〟を生かすことになる」（『池田大作全集』第三巻、五三九頁）。小我の存在を否定せずに「生かす」のが大乗仏教の立場とされる。

しかしながら、大我の宇宙生命が小我の個的生命を生かすとなれば、これは人間中心的な仏教思想ではないように思える。大我に生かされる小我は受動的であり、およそ世界の中心には見えない。

実際、大乗仏教を背景に持つ鈴木《すずき》大拙《だいせつ》や西田幾多郎の宗教哲学では、人間の主体性を否定した忘我《ぼうが》（自分を忘れる）の境地を説く。禅家の鈴木は「吾々の知的思慮や分別以上に深い大きな生命、即ち『無意識』そのもの」があるとし、これを「宇宙的無意識」と名づけた（『禅と日本文化』岩波新書、一八〇頁）。哲学者の西田も「我々の自己は、絶対的一者の自己射影《しゃえい》点として神の肖姿《にすがた》」であるなどとする宗教観を、晩年の論文「場所的論理と宗教的世界観」の中で披瀝している（『自覚について他四篇―西田幾多郎哲学論集Ⅲ―』岩波文庫、三五一頁）。どちらも「宇宙的無意識」「絶対的一者」という大我的なものを讃嘆しながら、他方で「吾々の知的思慮や分別」「我々の自己」といった小我的なものを軽視するように見受けられる。こうした大我論では、いかにそれを実践的に解したとしても、小我が大我の操《あやつ》り人形のようになってしまう。図らずも鈴木が、「無心」の意義を「無意識に意識すること」と説明する段で「人は意識に関する限り、いわば自動人形になる」（前掲書『禅と日本文化』六九頁）と吐露《とろ》したとおりである。

仏教的な個の思想

池田思想の大我論も、これと同じく、宇宙に操られる人間を理想化するのだろうか。まったくそうではない。池田会長がトインビーに示したのは、小我の主体性が大我の主体性を自らのものとすることであった。

自我を克服するといっても、では何によって克服するのか……仏法では、克服の主体である自我は〝大我〟と同じであり、したがって、悟ってみれば、自我はたんに〝大我〟の断片ではなく、それはそのまま〝大我〟それ自体であると説いているのです。

（『池田大作全集』第三巻、五九九〜六〇〇頁）

小我（自我）は大我の部分でなく、大我それ自体である。自由自在の中道を歩む限り、われわれの小我はすなわち大我であると言うしかない。中道の論理においては、自己が小我でもなければ大我でもなく、それゆえに小我でもあり大我でもある。大我が小我を操るがごとき考え方は、大我に執して小我を軽んじる点で、中道から外れた思想である。小我即大我の中道に立てば、大我に生きることは、小我が本来の小我となる意味に他ならない。ゆえに大我が小我を生かすと、池田会長は言う。

また、これと反対に、小我が大我を生かすことも考えられよう。池田会長は折々に、大宇宙を揺り動かす思いで祈る姿勢を学会幹部に教えている。これは、宇宙根源の法＝妙法をわが身に顕《あらわ》して一個の人間のまま大宇宙を動かせ、との気宇壮大《きうそうだい》な指導であり、小我が大我を生かす道へと通じていよう。会長の大我論は、小我の人間生命を大我の宇宙生命と相即させ、人間の宇宙的主体性を確保する。こうして池田思想は、大乗仏教の中道哲学の伝統から個の本源的主体性の概念を引き出す。仏教思想史上、画期的な個の思想の確立であると評してもよかろう。

池田会長は、こうして人間中心的な仏教思想を掲げ、それに基づく新しい文明の形成を世界に呼びかけてきた。一九九〇年代にアメリカのハーバード大学で二度にわたる講演を行った際も、主たる力点はそこにあったと見られる。

関係性を重視するといっても、そのなかに個が埋没《まいぼつ》してしまえば、人間は社会の動きに流されていくばかりで、現実への積極的な関わりは希薄になってしまいます……真実の仏法にあっては、その関係性の捉え方が際立ってダイナミックであり、総合的であり、内発的なのでありま す……自他の生命が融合《ゆうごう》しつつ広がりゆく、小我から大我への自我の宇宙大の拡大を志向しているのであります……内発的精神に支えられた自己規律、自己制御《せいぎょ》の心ほど、現代に必要なものはないと思われます。

（講演「ソフト・パワーの時代と哲学」、『池田大作全集』第二巻、三三三〜三三五頁）

時間的にも空間的にも無限に因果の綾《あや》なす宇宙生命に融合している大きな自分、すなわち「大我」……大乗仏教で説くこの「大我」とは、一切衆生の苦を我が苦となしゆく「開かれた人格」の異名であり、常に現実社会の人間群に向かって、抜苦与楽《ばっくよらく》の行動を繰り広げるのであります。こうした大いなる人間性の連帯にこそ、いわゆる「近代的自我」の閉塞《へいそく》を突き抜けて、新たな文明が志向すべき地平があるといえないでしょうか。

（講演「21世紀と大乗仏教」、同前、四三一〜四三三頁）

池田会長の言う「大我」は、全体の中に埋没した個ではない。それは、全体に抱かれつつも全体を抱き返すような個を指す。池田思想は、かかる中道的な個において、「近代的自我」を否定的でなく再生的に乗り越える方途を見出したのである。

自由自在の主体性に生きる

自由自在の主体性を得る信仰

戸田第二代会長の宇宙生命論は、このように池田思想に至って大我論へと進展し、人間の宇宙的主体性を奉ずる思想となった。それでは、宇宙的主体性とは何か。仏教的には無執着、空の境地であるが、現代の言葉で言うなら「自由自在の主体性」と呼んでも差し支えないだろう。

古代インドの思想に精通した宗教史家M・エリアーデの『世界宗教史』によると、ブッダ（釈尊）が同時代の思想家の中で最も危険視したのは、厳格な宿命論を唱えて人間の努力を無駄であるとした六師外道の一人マッカリ・ゴーサーラだったという。人間の貴賤《きせん》は生まれでなく行為によって決まる、と強調した『スッタニパータ』の教説（第一三六詩）もそうだが、釈尊は人間の自由な主体性を重んじ、決定論には与《くみ》しなかった。彼にとっては、自由な主体性の完成こそが悟りの完成だった。『サンユッタ・ニカーヤ』は、釈尊が「ニルヴァーナとは、一切の束縛《そくばく》から解き放たれることである」（『ブッダ　悪魔との対話』中村元訳、岩波文庫、二三四頁）と教えたことを伝えている。一切の束縛から解放された、自由自在の主体的な境地。それがニルヴァーナ（涅槃）であり、すなわち悟りの完成であるとされた。

自由自在の主体性を理想とした釈尊の教えは、大乗仏典にも色濃く反映されている。漢訳仏典中には、「自在（束縛なく思いのまま）」「無礙《むげ》（さわりがない）」「無障碍《むしょうげ》（さまたげのない）」等の語が頻出《ひんしゅつ》する。無執着だから自在にして、しかも虚空のごとく遍《あまね》くある。そのように、不可思議で自由自在の主体性が、『般若経』や『涅槃経』等には説き示されている。それはやがて竜樹の中観哲学へと結実し、中国では天台教学として体系化された。

竜樹の作とされる『中論』は、不生・不滅・不常・不断・不一・不異・不来・不去の「八不《はっぷ》」を示すなど、飽《あ》くなき否定を通じて自由自在の境地を伝えようとする。天台大師・智顗は、これをさらに推し進めて即空・即仮・即中の円融三諦を説き、一心三観の修行法（一念の心に空・仮・中の三諦が具《そな》わるのを観ずること）を確立した。後に中国天台宗の六祖、妙楽《みょうらく》大師・湛然《たんねん》は智顗の説の究極が「一念三千」にあると主張したが、これは、どちらかと言えば真理論的な智顗の円融三諦説を、人間論的に発展させゆく契機となったようにも思われる。

事実、中国天台は九世紀頃に海を渡って日本へと伝えられ、十三世紀に入ると、日蓮が一念三千論を根拠に人間根本、民衆中心の仏教を構想する。日蓮は一念三千の理論に立脚して人間の平等、生命の尊厳、人間と環境の調和を唱えた。とともに、一念三千の修行の意義を南無妙法蓮華経の唱題行に込め、ついには事実の上の一念三千として妙法を首題とした曼荼羅《まんだら》本尊を顕示するに至る。創価学会が信仰の対象とするのは、この日蓮図顕《ずけん》の曼荼羅本尊である。

創価学会員は日々、妙法の本尊に向かって読経唱題に励む。それは、哲学的に言えば、仏教が二千五百年もの間、探究し続けてきた自由自在の主体性を得るためである。池田思想では、仏の境地を「仏界という真の自由」（『池田大作全集』第三四巻、七一頁）、「自由自在の大境涯」（『聖教新聞』二〇〇九年六月十一日付）等と表現する。池田会長は、折に触れ、仏の生命の自由自在さを力説してやまなかった。

生命は、永遠である。妙法を持ち、不退の信心を貫いていけば、三世永遠に渡って、自由自在の境涯を楽しんでいける。（『池田大作全集』第九六巻、四五七頁）

妙法に生き、妙法に戦い、妙法に死んでいく生命は、大宇宙に遍満《へんまん》して自由自在です。（『御書と師弟1』聖教新聞社、八一頁）

いかなる人間の生命にも、本来、自由自在に宇宙を闊歩《かっぽ》するがごとき主体性がある。これを現実に開き顕し、完全なる人間の自律を実現するために、池田思想は大乗仏教の精髄《せいずい》たる『法華経』の信仰を勧《すす》めるのである。

しかしながら、私たちがそのように自由自在の主体性を発揮することなど、本当にできるのだろうか。生身《なまみ》の人間は束縛だらけである。生老病死に縛《しば》られ、運命に翻弄《ほんろう》され、社会の制度慣習に拘束《こうそく》され、自然災害にも振り回される。仏とて例外ではない。釈尊も老い、病に苦しみ、一族を滅ぼされ、ついには死の床に就いた。かくも弱き人間が、どうして宇宙大の自由自在に生きられるのか——。

不自由を楽しむ自由

この疑念は極めて正当に聞こえるものの、仏教の自由自在の真意を解していない。仏教の自由自在は、何でも好き勝手にできる自由ではない。真の自由自在は、自由自在からも自由である。すなわち、不自由もまた自由であり、不自由を楽しむことができる。「諸々《もろもろ》の苦くて渋い食べ物も、〔この経を修行する人〕の舌根《ぜっこん》においては、皆変化して上味《じょうみ》となる」（要旨）と『法華経』の法師功徳品にある。そのように、自由であれ、不自由であれ、一切を楽しんでいける生命の活力を指して自由自在と呼ぶ。要するに、どこまでも柔軟な自由なのである。

生老病死も、運命も、社会の桎梏《しっこく》も、荒《あら》ぶる自然も、自由自在の人にとっては何ら本質的な障害とはならない。それらと戦うもよし、耐え忍ぶもよし、味わうもよし、前進のバネとするもよし。とにかく何をやっても、生命の強さゆえに軽やかで楽しい。「無苦無楽を乃《すなわ》ち大楽《だいらく》と名づく」（第三文明選書版（Ⅳ）、一〇一四～一〇一五頁）と『法華文句』は説き、「苦を苦と悟り、楽を楽と開き、苦楽ともに思い合わせて南無妙法蓮華経と唱えていきなさい」（『四条金吾殿御返事』、御書一一四三頁、通解）と日蓮仏法は教える。あらゆる人生の苦楽を味わい楽しむ境地、それが真実の自由自在である。何かを嫌ってそこから離れる自由は、嫌う対象が障害となっている点で、なお自由自在とは言えない。完全に自由自在であれば、この世界、否、全宇宙のどこにも、何一つ障害を感じないはずである。

　かくのごとき完全な自由自在は、確かに人間の理解の域を超えていよう。西洋哲学に目を移すと、カントが「自由を直接に意識することは、我々には不可能である」と論じ、「道徳的法則こそ、最初に我々に現われるところのもの」（『実践理性批判』岩波文庫、七〇頁、傍点は原著者）と規定している。人間は、経験的世界を見渡して現象の法則を認識できても、そこから自由を直接には意識できない。だが、感性的条件によって侵害されず、そのまま自由の概念につながるところの内なる道徳的法則なら意識できよう。ゆえに、この道徳的法則を自ら立て、それに従うことで人間は自律すべきである。自由とは自律である。カントの考えはこうであった。

　それに対し、仏教では宗教的直観――理性を含む全生命的な智慧による直観――によって、人間が自由そのものに直接触れることができるとする。カントは無限の自由を神の専権事項と見たが、仏教では、いかなる人間も悟りの境地である自由自在の主体性、すなわち無限の自由を得られると説く。ここには、道徳的法則に従うカント的な自律を超えて、道徳的法則からも自由になる本源的な自律への道が用意されている。むろん、これは理論的に証明できないことだが、人間の生き方を根底から主体的にする力を持つであろう。

新しい自由論

池田会長は、無限の自由を社会的な指標とし、新しい自由論を唱えてきた。一九五五年、池田会長が、戸田第二代会長の膝下《しっか》にあった青年時代に発表した論文「宗教革命論」に、すでにその萌芽を認めることができる。そこでは、民主主義的な自由を根底において成り立たせるものが日蓮仏法であるとした上で、こう論じられている。

民主主義革命といえども、その根底も、宗教革命（平和革命）によらなければ成就できえぬものと確信するものである……「自由」といえども、一念三千・一心法界の仏法の哲学によらなければならず、色心《しきしん》不二の自由こそ真実の自由といえよう。

（『会長講演集』第四巻、創価学会、二二〇頁）

「一念三千」の哲理に基づく自由の理想が述べられている。この池田論文が主張する自由とは、本書で論じてきた自由自在の主体性のことに他ならない。それは単なる精神的自由（心法の次元）にとどまらず、肉体的、物質的な自由（色法の次元）をともなう「色心不二の自由」である。この論文が自由自在の主体性（一念三千・一心法界）に即して物心両面の自由を強調する点を見ると、池田会長には相当早い時期から、仏教的な自由を近現代の市民的自由に関係づけようとする意図があったように思われる。

社会思想家のＪ・Ｓ・ミルは、『功利主義論』の冒頭で「人間の知識の現状をみてわれわれが意外に思うのは、正邪の基準に関する論争の決着をつける仕事に、ほとんど進歩がみられないことである」（前掲書『世界の名著38』四六一頁）と嘆《なげ》いた。誰もが感ずるだろうが、この現状は今も変わらない。哲学的、倫理的な議論に、人類の進歩が感じられないのは、それらが人間の自由を取り扱うからだろう。

形而上学《けいじじょうがく》的な主張はさておくとして、私たちが日々実感している人間の自由は、生きた能動性である。仏教では、この能動性の本質を自由自在の主体性と見る。それは本来、知識の対象となる領域にはなく、常に知識する側にある主体的なものとしか言えない。人間の自由自在の主体性を何としても知識化しようとする哲学や倫理学の方法には、根本的な意味で無理がある。人間が自らの能動性の本質である自由自在の主体性を知るには、人間の自己をそれと合一させる、つまりは自己自身の根源を直観する以外に方法がないのである。

すべてを生かす力

自由自在の現実化

さて、池田思想が掲げる自由自在の主体性は、具体的には「すべてを生かす力」となって現れる。自由自在の主体性は、執着するものが何もない。だから、根本的な対立がなく、一切を自己自身とする。「一念三千」の境地である。平たく言うなら、「私はすべてである、山も、河も、他人も、すべてが私である」といった宇宙的人間の自由である。そして、この自由は「すべてを生かす力」として現実化する。宇宙的人間の自由とは、すべての他なるものをそのまま自分のものとして生かす力のことである。

天台智顗は、妙法の働き（用）について、『法華経』如来神力品《じんりきほん》の「如来一切自在神力」の文に即して「内用《ないゆう》を自在と名づけ、外用《げゆう》を神力と名づく」（『法華玄義（上）』第三文明選書、八〇頁）と述べている。仏の内にある力を自在とし、その力が外に働く局面を神力とする、との意である。自由自在の主体性（内用自在）は、現実には推測不能の自在な力（外用神力）となる。この不可思議な力を「すべてを生かす力」と見たいのである。また『法華文句』に「『自在』とは、理一なり。『神通』とは、行一なり」（第三文明選書版（Ⅳ）、一二四二頁）とあることから、自由自在は認識の次元、すべてを生かす力は実践の次元で論ずべきかとも思われる。

このように、「すべてを生かす力」は自由自在の現実化である。自由自在は言語に絶するから、「すべてを生かす力」の「すべて」を定義するのも非常に難しい。それは相対的なものではなく、また絶対的な意味に限定されるわけでもない。「すべて」とは、相対的な概念でもなく、絶対的な概念でもなく、また相対的でもあり絶対的でもあるような概念である。このような「すべて」は、「考え得るすべて」を意味していよう。それは、私たちが考え得る「一」でも「二」でも「〇《ゼロ》」でも「すべて」でも、またそのいずれでもないものでもあり得る。と言うより、人間は考えられない世界を想定することで、じつはそれを考えているのだから、結局、この「すべて」はただ不可思議と呼ぶしかない。「すべてを生かす力」は、まさしく「自在神力」なのである。不可思議な神力としての「すべてを生かす力」は、こうして単なる中立性や全体性に重きを置く概念ではないことが了解されよう。『摩訶止観《まかしかん》』に「辺邪皆中正《へんじゃかいちゅうしょう》（＝偏《かたよ》り曲がったままでも皆中道実相である）」（『国訳一切経』諸宗部三、五頁）と示されるが、この力は偏見から離れて偏見を生かすがゆえに、あらゆる偏見にも通じていく。

創価は「すべてを生かす力」

ここで、「すべてを生かす力」の「生かす」についても、少しく説明しておきたい。「生かす」というのは、文字通り、一つの実践的方向性である。法華経哲学の中道実相論（中道が万物の真実の姿であるとする説）には、ともすれば静的なイメージがつきまとう。これは大なる誤解である。真の中道実相はスタティックなあり方などではなく、かえって不可思議なまでに動的な――動きという立場にも安住しないほど動的という意味で不可思議に動的と言う――実在と考えられよう。何ものにもとらわれない中道は、何ものをも生かす以外にない。事物の肯定にも否定にもとらわれなければ、肯定・否定に自在となり、実践的にはあらゆる事物を生かす働きとなる。「生かす」は、仏教の「無執着」の積極的、現実的な表現なのである。

したがって、「すべてを生かす力」は言語に絶する自在さを言うのだけれども、それでも「生かす」という一つの明確な志向を持っている。この志向は、社会的意味における調和や共生の理念と結びつくに違いない。「すべてを生かす力」は、私たちの社会に調和的、共生的な理念をもたらすと考えられよう。

以上のように、「すべてを生かす力」は不可思議な自由自在の現実化を意味し、社会的な調和と共生を本然的に志向する。興味深いことに、創価学会の「創価」――価値創造――という言葉は、考えれば考えるほど、この「すべてを生かす力」の異名と言いたくなる内容を含んでいる。

「創価」は、昭和初期に牧口常三郎初代会長が日蓮仏法に帰依した頃、実社会と連結した教育理論のキーワードとして唱え始めた言葉である。牧口会長と交流のあった日蓮正宗の学僧・堀米日《ほりごめにち》淳《じゅん》によれば、牧口会長が「創」の字を用いた真意は「無から有を生ぜしめるのでなく、本来具有《ぐゆう》する（＝そなえもつ）ものを発現する或は、発現せしむるの心」（『日淳上人全集（上）』日蓮正宗仏書刊行会、二九四頁）であったという。

つまり、キリスト教的な「無からの創造」でなく、万物の価値を発見し引き出すことが「創価」であった。牧口価値論は、対象の隠れた価値を引き出すための知識の体系と言ってよく、「すべてを生かす力」を万人に与えんとする理論だったのである。

なお、牧口思想において価値とは関係性を意味している。世の中の様々な関係性を万人の幸福のために再構成すること、より良き関係性を発現させること、それが「価値創造」の意味である。関係性の再構成としての「創価」は、関係性の原理を説く仏教の縁起《えんぎ》思想とはからずも共鳴する。すぐれて仏教的な理念と言えよう。

縁起思想の核心は相互依存の関係性

少し本題からそれるが、縁起思想について、ここで一言しておきたい。仏教学には縁起を因果的なものと相互依存的なものとに分ける考え方がある。前者は十二因縁（迷いの世界の十二の因果関係。無明・行・識・名色・六処・触・受・愛・取・有・生・老死の十二項目からなる）に代表される初期仏教の説、後者は竜樹の空思想から発展した大乗仏教の説である。すると、本来の縁起説は因果関係を指し、相互依存ではない、と考えがちになる。これは学問的な見方にすぎない。

釈尊が悟った法は、あらゆる区別や対立を超える自由自在の真理であった。深遠、難解で、真実には表現不能である。悟りの真理が思考の域を超えていることは、いわゆる「梵天勧請《ぼんてんかんじょう》」の伝説（梵天〔ブラフマー神〕が成道後の釈尊に説法を懇請したという説話）の中でも示されている。にもかかわらず、釈尊は最終的に伝道を決意し、種々に教えを説いていった。相手の理解力に応じ、また段階的に説法したであろうことは想像に難くない。したがって、それが十二因縁を完成形とする時間的な因果関係の教えだったとしても、真意はそこを超えて求められるべきである。単に時間的な因果の連鎖であるなら、思考を超えた真理とまでは言えない。池田会長も、「釈尊が悟った理が『縁起』にあるとしても、けっしてそれは十二因縁が本質ではない」「釈尊の明確にみてとった世界は、瞬時として固定的に存在するということがなく、変転やむことのない『生命の法』ではなかったかと考えたい」（『池田大作全集』第一二巻、一〇四頁）と洞察している。

因果関係の縁起を原因から結果への一方向と見るのは、あくまで時間の次元の話である。時間を超えた次元、すなわち自由自在の悟りの次元に立てば、因果は相互に依存して不二となる。大乗仏教は、この悟りの次元に迫って一切の相互依存を唱え、相依性の縁起説を確立したと見られる。

けだし、時間の次元を超えた悟りの次元を論理化しようとしたのが大乗の論書『中論』であろう。因果関係は、時間的に見ると〈原因→結果〉の一方向である。だが、論理的に見ると〈原因

↕結果〕の双方向となる。「〔結果を〕現に生じてはいないものが原因となる、ということは、成り立たない。原因となることが成り立たないのであるならば、結果は、何ものについて、存在するであろうか」（レグルス文庫版（下）、五三九頁）と『中論』に説くように、論理的には、結果なくして原因なく、原因なくして結果なし、である。原因と結果は相互依存している。因果関係を説く初期仏教の縁起説も、論理的には相互依存を示すことになろう。

かくして私は、仏教の縁起思想の核心を相互依存の関係性と見たい。牧口会長の価値論は、人生の万般において、より良き関係性を構築するための知識の体系であった。それは仏教の縁起思想と見事に符合しつつ、「すべてを生かす力」を強く志向するのである。

東洋思想を貫く「すべてを生かす力」

じつを言うと、牧口会長の価値論に限らず、「すべてを生かす力」は東洋思想の至る所で暗示的に示されてきたものである。〝元来、東洋人は何事に対しても完全には否定しない〟と評されることがあるが、それはある意味で、すべてを生かそうとする精神性の表れであろう。「君子はすぐれた人を尊びながら一般の人々をも包容し、善い人をほめながらだめな人にも同情する」とは、『論語』（岩波文庫、三七九頁）に見える孔子の言である。また「万物を包み養っても、それらの主《あるじ》であること（権利）を主張しない」という「道」の偉大さを説く『老子』（中公クラシックス、七三頁）や、「どのような物にも必ずそうであるとして肯定すべきところがあり、可として認められるべきところがある」と教示する『荘子』の言（中公クラシックス版（Ⅰ）、四二頁）なども、「すべてを生かす力」を希求する精神性を感じさせる。

この点は、インド思想史を見ても同様である。ウパニシャッドの「梵我一如」説は、個人の我（アートマン）が宇宙の根本原理である梵（ブラフマン）と同一であるとする境地を示す。一にして一切なる真理の探究において、私たちの言う「すべてを生かす力」に近い思想性を感じさせる。だからであろう。この古代インドの哲学的土壌から釈尊が現れ、実体論的な思考を厳しく否定しつつ、「無執着」の実践を打ち出していくのである。

釈尊の無執着説は、一見、自己と世界のすべてを否定したかに見えた。だが、真の無執着は、あらゆる固定見を排する点において、一切を否定的にも肯定的にも見る。すると、肯定・否定に自在な「すべてを生かす力」となる。実際、釈尊が説き教えた智慧と慈悲《じひ》は「すべてを生かす力」を示唆《しさ》する。『サンユッタ・ニカーヤ』によれば、智慧ある人は、最上の生活を送り、狭苦しい中でもゆとりを見出し、富を得ると自分にも他人にも与える人だという。智慧は「すべてを生かす力」である。また『スッタニパータ』に〝生きとし生けるものを慈《いつく》しめ〟と説かれるように、釈尊が説く慈悲も「すべてを生かす力」のことであった。

大乗仏教が「すべてを生かす力」を説くのは、もはや言うまでもなかろう。菩薩が発する智慧と慈悲には「すべてを生かす力」が横溢している。『法華経』に登場する観世音菩薩《かんぜおん》は、不可思議な智慧の力で人々を救う（「観音の妙なる智力《ちりき》は　能《よ》く世間の苦を救わん」、『法華経（下）』岩波文庫、二六四頁）。智慧の力は「すべてを生かす力」である。菩薩が志《こころざ》す慈悲の利他《りた》行も、「すべてを生かす力」の実践に他ならない。すべての衆生を救済するまで満足しないという菩薩の誓願など、まさにそうであろう。

さらに、理論面から言えば、般若思想や中観哲学で絶対否定として示された世界の根源が、『法華経』『涅槃経』に至って絶対肯定的にも語られ、「すべてを生かす力」の思想が表出することになる。一切衆生に成仏の可能性が保証され、「一色一香《いっしきいっこう》も中道に非ざること無し」「純一実相にして実相の外更《さら》に別の法無し」（『摩訶止観』、『国訳一切経』諸宗部三、四〜五頁）として、森羅万象を肯定する世界観が現れてくる。華厳哲学の一即一切《いっそくいっさい》（一にすべてがそなわっている）、あるいは『法華経』等の訳出の際に鳩摩羅什が用いた諸法実相（あらゆる現象そのままの姿に無上の尊厳性を見る思想）の概念などは、一切を肯定して生かそうとする実践に結びつく。すべてを生かして宇宙の真実たらしめること、これが大乗仏教の実践的な使命である。

すべてを生かす主体は人間

「すべてを生かす力」の主体者は宇宙的人間である。智慧と慈悲の実践者たる仏や菩薩がこれにあたる。天台宗では一念の心に三千の諸法を具《ぐ》すことを見る一念三千の観法を確立したが、この一念三千を事実の上に証せんとした日蓮は「万法は自己の心に収まって一塵《いちじん》も欠けない。九山八海《きゅうせんはっかい》（＝古代インドで考えられていた世界）も自分の身に備わり、日月や星々も己《おの》が心にある」（『蒙古使御書』、御書一四七三頁、通解）等と述べ、宇宙的人間の境地を開示した。

心から宇宙へと向かう仏教の信仰は、必然的に宇宙的人間の自覚をもたらす。宇宙的人間は、もはや智慧と慈悲に生きるしかない。「すべてを生かす力」の主体者は、内なる宇宙に目覚めた人間なのである。

池田会長の実践的な信条は「あらゆる人を活《い》かしていくのが、仏法なのである」（『池田大作全集』第九七巻、三六九頁）とあるように、人間が人間を生かすことにある。また、「歴史上の、あらゆる偉人の英知も、人間を励まし、幸福にしゆく智慧の一分として、自在に現代に活かし、実生活のうえに活かし、価値創造していくことができる」（『池田大作全集』第一三七巻、二六〇頁）と述べられるように、それは人間が万般の思想を生かすことでもある。

いかなる人、いかなる思想にも宇宙究極の尊厳性を認め、それゆえに最大の尊敬を込めて生かそうとする。すべてを生かす主体は、どこまでも人間である。池田会長の思想と行動に通底する精神が、ここにある。池田会長の姿に「すべてを生かす力」を感じ取る人は少なくないと思う。

池田会長は、すべてを生かす立場から、国家やイデオロギーの枠《わく》を超《こ》えて人類全体の幸福を望み、国連中心主義を掲げて何十年も支援を続けてきた。それに対する国際的評価は、一般的な日本人が考えている以上に高い。すべてを生かす人は、自己のみならず、家族を生かし、隣人を生かし、地域共同体を生かし、自国を生かし、他国を生かし、万国を生かす力として在ろうとする。ゆえに、万国を生かし得る唯一の国際的組織である国連を重視する。なるほど、現実の国連には様々な問題があろう。だが、すべてを生かす人は国連自体をも生かそうとする。現実の国連を生かして、真に「人類の議会」たらしめんと努力する。池田会長は、長年にわたり、この努力を惜しまなかった。二〇〇六年八月、池田会長と会見したチョウドリ国連事務次長（当時）はこの点を評価し、次のように述べている。

「人類の議会」——池田会長は、国連をそう位置づけ、真摯《しんし》な国連支援の取り組みをしてこられました。私も、会長の言われる「人類の議会」という言葉を、スピーチで使わせていただいています。国連は、池田会長のような献身的な支援者を持ったことを誇りに思うべきです。

（東洋哲学研究所編『世界市民　池田大作』第三文明社、四二頁）

宇宙的人間の理念と言い、「すべてを生かす力」と言い、いかにも超越的なイメージがあろう。なかなか普通の人間が身近に感じられるような言葉ではない。大乗仏教の実践が空想的だと言われるゆえんでもある。ところが、一人池田会長だけは、この大乗的実践を、現実の社会で、また国際社会においても、目に見える形で貫き通してきた。それによって、私たちは初めて大乗仏教の極端な理想――たとえば、菩薩の誓願の一つとされる「衆生無辺誓願度」がそうである――の現実性を目の当《まあ》たりにしたと言っても、決して言い過ぎにはならない。「すべてを生かす力」は、今日、池田会長の行動の積み重ねを通して、漸《ようや》く人間社会の現実となりつつある。

悪を生かす

悪の善用

最後に、「すべてを生かす力」の思想的な問題点を確認しておこう。すべてを生かす思想は、すべての現象のうちに自由自在の働きを認めるという考え方に基づく。しかし、それでは社会悪も真理として認めてしまうのではないか。社会的な差別や暴力等を容認する理論になるのではないか。また、本書に言う自由自在が無道徳的、無倫理的に解釈され、悪の哲学的是認に至らないか。こうしたことは、日本における中古天台の本覚《ほんがく》思想を、社会的角度から分析する際にもよく指摘される。

これについては、まず「すべてを生かす力」が悪の善用をもたらすという点をよく知る必要がある。すべてを生かすのは何のためか。それは、すべてを生かすためである。悪を生かす場合も、すべてを生かすために悪を生かすのである。必然的に、すべてを生かす悪、すべてと調和する悪が目指されていく。すべてを生かす思想は、天台本覚思想のように悪をそのまま善とするのではなく、悪の調和性を引き出して善用する。

思うに、悪の中には必要悪もあろう。酒はしばしば問題行動を引き起こすが、一般市民にとって重要なストレス発散の手段である。したがって、一部の国々を除けば、酒は社会の安定のために認められている。酒を必要悪として生かすのは、悪の善用である。また、具体例を挙げるのは難しいが、小さな悪が大きな悪を打倒すれば、その小悪は結果的に社会のためになる。これも悪の善用と言えよう。

そのように、一般世間でも悪の善用は可能である。いわんや「すべてを生かす力」を説く日蓮仏法は、一般的には善用できない悪さえも善用しようとする。

ただし、日蓮仏法における悪の善用には二つがある。一つは肯定的な善用、もう一つは否定的な善用である。

世間の悪は肯定的に善用

前者のやり方は、日蓮仏法に言う「摂受《しょうじゅ》」の態度に通じる。日蓮の『開目抄《かいもくしょう》』に「無智悪人が国土に充満する時には『法華経』安楽行品《あんらくぎょうほん》に説かれる摂受を前面に出すべきである」（御書二三五頁、通解）とある。日蓮仏法者は、仏法に無智な世間の悪人に対しては、その考え方を次第に誘引《ゆういん》して、正法に導かねばならない。この摂受の態度を広げて言うと、世間的な悪人には教育的に対処する、ということである。

第二次世界大戦中、創価教育学会の牧口会長は、日本の軍部政府に対して万人共生の「大善生活」論を強く唱え、時の戦争指導者たちを平和の方向へと導くべく努力を重ねた。生命尊重の仏法者として、牧口会長はいかなる戦争にも反対だったに違いない。ただ、その反対の仕方は政治的でなく、教育的であった。つまり、悪の戦争指導者を人類共生の大善をもたらす妙法へと教え導くことで、肯定的に善用しようとした。それだけに「見えない反戦」となったのである。

牧口会長の教育的な反戦を、結局は戦争協力的だったと批判する人もいる。だが、歴史的に見ると、およそ仏法者は、戦争という世間の悪に対して教育的なアプローチを採っている。好戦的な権力者がいても、否定的な態度はあからさまに示さず、むしろ諄々《じゅんじゅん》と教え諭《さと》す方法を選ぶことが多い。マガダ国王のアジャータサットゥ（阿闍世王《あじゃせおう》）が隣国征服を思い立ち、その是非を釈尊に問うた際、釈尊は隣国が行いの正しさゆえに衰亡しないだろうと説き、間接的に戦争を思い止まらせたという。そのように、仏法者は世間的な悪人に対して、あくまで教育的にアプローチする。

仏法の悪は否定的に善用

次に、後者の方法、悪の否定的な善用について説明しよう。これは日蓮仏法の「折伏《しゃくぶく》」の意義に通じる。先の『開目抄』には「邪《よこしま》な智慧で正法を謗る者（謗法者《ほうぼう》）が多い時には、『法華経』常不軽《じょうふきょう》菩薩品に示される折伏を前面に出すべきである」（同前、通解）と説かれる。要するに、世間の悪でない仏法破壊の悪に対しては、それを破折《そし》し屈服させるべきだとする。

この折伏の精神を「すべてを生かす」という観点から捉え直すと、悪の否定的な善用という考え方が見えてくる。仏法破壊の悪の場合、すべてを生かす力自体を否定するのだから、世間の悪と違って、そのままではどうにも生かせない。そこで、このような悪は打ち破ることによって逆に生かすのである。善が悪を打ち破れば、善の意義が一層明らかになる。このことは、仏教のみならず社会一般の道理でもある。J・S・ミルの『自由論』に「真理と誤謬《ごびゅう》との対決によって生じるところの、真理の一層明白に認識し一層鮮《あざや》かな印象をうけるという利益」（岩波文庫、三七頁）が強調されるが、ある意見が反対意見の矛盾によって格段に正当性を増すのは、私たちが経験的によく知るところである。

考えてみると、仏教の真理を輝かせるものは、必ず仏教上の反対説でなくてはならない。「すべてを生かす力」は世俗のすべての善悪を包容し、本源的には何一つ対立物を持たない。よって、これと対立するには、仏教の内部から、「すべてを生かす力」自体を否定する以外にない。かくして仏教の究極的真理に対する背反《はいはん》すなわち「謗法」が、「すべてを生かす力」を世に立てる唯一の役割を担う。日蓮が、法敵の忍性《にんしょう》良観《りょうかん》や蘭渓道隆《らんけいどうりゅう》等を自分が仏になるための第一の味方（かたうど）《方人》と見たのも（『種種御振舞御書』、御書九一七頁、要旨）、一つはこの意であろう。仏法破壊の悪は、「すべてを生かす力」を輝き渡らせるために打ち破られる。どこまでも否定的に善用される。そして、否定的な善用が終われば、悪の全体はすなわち善である。じつに善悪不二、邪正一如、逆即是順が『法華経』の善悪論の奥義なのだが、今は詳述しない。

　したがって、仏法破壊の悪人も、打ち破られた後に心から悔悟《かいご》すれば、今度は善の道に入っていくことを忘れてはならない。『法華経』に描かれる不軽菩薩は、釈尊の過去世の修行の姿とされる。この菩薩は万人への尊敬を公言し、人々が聞く耳を持たず暴力を振るってきても礼拝を続けた。日蓮仏法では、この不軽菩薩の実践を折伏と見る。ここからわかるように、折伏の精神は、世の中の事象を善と悪に二分するだけの善悪二元論の価値観とは異なる。不軽菩薩の折伏は、悪の中の善を刺激的に引き出す方法と言ってよく、対立的であっても悪人を最大に尊敬し、彼らを尊極の仏にしようとする行為に他ならなかった。結果的に、不軽菩薩を軽んじて迫害した人々は千劫もの長い間、阿鼻《あび》地獄で大苦悩を受ける。だが、後に再び不軽菩薩の教えを受け、『法華経』の会座《えざ》では釈尊の説法を聞く菩薩や僧俗男女として現れている。過去世の暴力的な謗法者が、結局は熱心な仏弟子となったわけである。じつに『法華経』は、生死を超えて仏教上の悪人の救済を描いた経典である。

現代の戦争が持つ両義性

ところで、創価思想の観点から、世間の悪でありつつも、仏法の悪と同様に見なされるものがある。原水爆兵器の使用であり、またそれと同列に置くべき現代の戦争である。

一九五七年九月八日、当時の戸田会長は、五万人の青年部員の前で「原水爆禁止宣言」を発表した。それは原水爆兵器の使用禁止を訴える内容だったが、注目すべきは、人類の生存権を脅《おびや》かす原子爆弾の使用者が「魔ものであり、サタンであり、怪物」であるとして、その死刑が主張されたことである(『戸田城聖全集』第四巻、五六五頁)。

最終兵器としての原水爆は地上のすべてを無にする。それは仏法流布の否定である。そしてまた、生命の尊厳の全面否定に他ならない。創価思想において、生命の根源はすなわち妙法である。ゆえに、原水爆兵器の使用は、道徳上の極悪行為にとどまらず、仏法上の大悪に通じる。

さらに、グローバル化した世界における高度兵器を用いた戦争も、常に人類滅亡の危険性をはらんでいよう。第二次世界大戦は、軍人・民間人の被害者総数五千万~八千万人と言われ、人類史上未曽有《みぞう》の大惨事となった。この大戦争を目の当たりにした池田会長が、仏教者にとって世間の悪である戦争を「絶対悪」と呼ぶのも故《ゆえ》なきことではない。「二十世紀は、一言でいって、あまりに人間が人間を殺しすぎました」「科学技術の発展が、兵器の殺傷力を飛躍的に高めた」（『池田大作全集』第二巻、四八二頁）と、池田会長は「大量死の二十世紀」を総括する。現代の戦争は人類の生存の権利を奪う。池田会長にはこの強い危機感がある。

日蓮は、〝救国のために法華経を誹謗《ひぼう》する仏敵の首をはねよ〟と叫んだ。これと似たような意味で、戸田会長は〝人類を救うために生命否定の原水爆使用者を死刑に処せ〟と訴え、池田会長は人類の生存権を奪う現代の戦争を「絶対悪」と断じた。そのようにも思える。戸田会長の原水爆禁止宣言や池田会長の戦争絶対悪論は、日蓮の謗法斬罪《ざんざい》論に近い何かを感じさせる。創価思想にあって、生存権や生命尊厳の否定は、世間の事柄であっても仏法上の悪に連なる。要するに、現代の戦争には世間の悪と仏法の悪にまたがる両義性があるわけである。

ならば、人類の生存権を脅かす現代の戦争に対し、日蓮仏法者はどう立ち向かえばよいのだろうか。仏法の悪に通じるものとして否定的な態度で反対すべきか。それとも、世間の悪でもある点から肯定的な態度で説得や教育を試みるべきか。これは単に机上《きじょう》の議論で結論を出す問題ではない。刻一刻と変化する状況を踏まえ、責任ある指導者が智慧の判断を下すべきだろう。今はそう言うにとどめる。

原水爆禁止宣言に関して付言《ふげん》すると、戸田会長が核兵器使用者の極刑を真剣に望んだようには思えない。戸田会長は常々死刑反対を口にしていたとの証言があるし、日蓮の謗法斬罪論についても、それを悪思想を一掃する意味に解して非暴力的な日蓮像の普及に努めている。原水爆禁止宣言は、核兵器是認論の奥に潜《ひそ》む根源的な魔性を断罪したものと見るのが妥当であろう。戸田会長は、核兵器の使用者を「サタン」と呼んだ。サタンは聖書の言葉で、「悪魔」「魔王」などと訳される。それは「外なる悪魔」を意味するのだが、日蓮仏法で言うところの「魔」は生命の内面の働きを指す。日蓮仏法者の戸田会長が〝核兵器使用者を死刑にせよ〟と訴えたのは、核保有国の政治指導者の心に宿る核兵器使用の全能感への誘惑を仏教上の重大な「魔」と見なし、それを打破せんとする宣言だったと考えるべきだろう。

第4章

現代仏教と池田思想

池田会長の仏教哲学が「自由自在の主体性」「すべてを生かす力」を基本概念とする点を前章において論じ、明確化できたように思う。本章では、現代仏教との対比を通じて、池田思想の特色をより鮮明にしていきたい。

活用の仏教

「活用」とは何か

一般に、仏教の信仰は悟《さと》りへの道である。禁欲的生活と言い、禅定《ぜんじょう》の修行と言い、慈悲《じひ》の行動と言い、基本的には無執着、自由自在の悟りを得るための道として用意されている。

ところが池田会長の仏教観では、「悟りへの道」と共に「悟りからの道」も指し示される。つまり、悟りに近づく実践のみに終始せず、悟りから出発する実践を殊《こと》のほか重視する。悟りの智慧を踏まえて社会にかかわり、仏教の理想を実現しようとする傾向が強い。前章で論じた、すべてを生かす思想の実践なのだが、私は、これを従来型の仏教から区別する意味で「活用の仏教」と呼ぶ。

この「活用」は、中道の実践としての「生かす」を意味している。ゆえに、単なる利用ではない。強《し》いて利用と言うなら、自他《じた》一体の心で行う利用である。一切を分け隔《へだ》てしない心で、他人を自分のように思って生かし、使う。そのような利用が、仏教的な「活用」の精神と言えよう。

世間には、とかく利用的な態度を忌《い》み嫌《きら》う道徳家がいる。だが、私たちの生活が利用によって成り立っているのは否定できまい。他者の利用を不道徳と言うのなら、その人は会社で部下を使うことも、公共のサービスを受けることも、タクシーに乗ることすら、厳密には避けるべきだ。それでは一種の道徳的な硬直化に陥《おちい》る。

要は、利用の仕方に温かみがあるかないかだろう。自他一体の心で他者を活用するなら、道徳的にも問題はない。ただし、それはカント的に、他者の人格を目的それ自体として尊重する義務を自らに課すのではない。自分の手足は手段であって手段でない。同じように、他人も手段であって手段でない。たとえ単純に他人を手段化しても、根底は常に尊重している。義務ではなく自然とそうなる。これが仏教的な「活用」の精神であろう。

「智慧の仏教」は存在するか

現代の世界を見渡すと、おおよそ三つのタイプの仏教――自制の仏教、瞑想《めいそう》の仏教、献身の仏教――が、社会的に認知されていることに気がつく。三つのタイプと言っても、それによって世界の仏教が大きく色分けされるという話ではない。現代社会に受け入れられている仏教の形態に三つがある、と指摘したいのである。

仏教の基本的修行として、戒定慧《かいじょうえ》の三学がある。戒学は悪を防ぐ戒律の実践、定学は心の散乱を防ぐ禅定、慧学は智慧を身につけて煩悩《ぼんのう》を断ずることを言う。この戒定慧は、互いが互いを高め合って仏道を成就させる関係にあるが、特に戒を重んずれば自制の仏教になり、禅定を中心に置けば瞑想の仏教となる。また大乗仏教では、菩薩《ぼさつ》の実践徳目に六波羅蜜《ろくはらみつ》（布施《ふせ》・持戒《じかい》・忍辱《にんにく》・精進《しょうじん》・禅定・智慧）を定め、三学の内容に利他《りた》の実践を加える。この利他行を強調すれば献身の仏教が成立する。

このように、修行論の面からも、自制・瞑想・献身という三種の仏教を認め得るわけである。智慧の実践を声高に唱える仏教などは、どこにも見当たらない。仏の智慧が修行の完成点である以上、私たちはそれを安易に修行の要《かなめ》にはできない。だから、智慧を根幹に置く活用の仏教が見当たらないのも、当然と言えば当然である。それでも私は、智慧の仏教が存在し、それを活用の仏教と呼ぶべきだと考える。そのゆえんを、順を追って述べていこう。

仏教実践の三類型

自制の仏教

最初に、自制・瞑想・献身という従来型の仏教実践を見ておく。

まず「自制の仏教」である。これは欲望や感情の制御《せいぎょ》を唱える仏教である。自制は普遍的な徳であって、仏教に限った話ではない。克己《こっき》や節制なども、自制と同列に考えられる。プラトンは『国家』の中で「その人自身の内なる魂《たましい》には、すぐれた部分と劣った部分とがあって、すぐれた本性をもつものが劣ったものを制御している場合には、そのことを『おのれに克《か》つ』と言っている」（岩波文庫版（上）、二九二頁）と述べている。『論語』でも、質朴《しつぼく》と装飾の間の「中」が勧奨《かんしょう》されている。自制的な振舞いは、国や時代を問わず、常に道徳的理想とされてきた。

自制の仏教は戒の伝統を重視する。戒は出家僧団の行為の規則であるが、初期の仏教においては自制的な生活法といった意味合いが強かった。「走る車をおさえるようにむらむらと起る怒りをおさえる」（『ダンマパダ』、前掲書『ブッダの真理のことば　感興のことば』四一頁）。「実に自己は自分の主《あるじ》である。自己は自分の帰趣《よるべ》である。故に自分を制御せよ。——御者《ぎょしゃ》が良い馬を調練するように」（『ウダーナヴァルガ』、同前、二一九〜二二〇頁）。原始仏典を読むと、釈尊の道徳的理想は自制にあったことが知られる。

この自制の先には、無執着という実践の目的から言っても自由自在の主体性がなければならない。戒律の遵守《じゅんしゅ》による欲望の制御は、修行者が自ら立てた規律ではないという点で、自制とはいえ、いかにも他律主義的に見える。一般信者向けの施論《せろん》・戒論《かいろん》・生天論《しょうてんろん》（来世に天に生ずるための社会道徳の教え）などは、特にそうである。自制の生活が最終的に目指すところは、あくまで自由自在の自己制御でなくてはならない。『マッジマ・ニカーヤ』によれば、川を渡るために使った筏《いかだ》を岸に置いていくように、仏の法も悟りの後には捨てよ、と釈尊は教え諭《さと》したと言う。戒律に基づく自制の生活も、自由自在の主体性へと向かう修練の一つと見なし得る。

いかなる仏教宗派といえども、釈尊の教えの基本である中道は尊重する。中道の実践には自制がともなう。ゆえに大半の仏教は自制の仏教という性格を持つ。中でもタイやスリランカ等の上《じょう》座部《ざぶ》仏教の流れを汲《く》む僧侶たちは、戒律を厳格に守る伝統に生き、自制の生活を説くことに熱心である。いついかなる時でも欲望や感情を理性的に操《あやつ》れるように自分自身を訓練し、常に心の平安を保って智慧に近づく――これが、自制の仏教が万人に勧めようとする幸福への処方箋《しょほうせん》である。

二十世紀のインドで仏教の復興に力を注ぎ、死後も数千万の信奉者《しんぽうしゃ》を持つと言われる社会運動家B・R・アンベードカルが提唱したのも、自制の仏教であった。政治家、教育者、弁護士等として多彩な社会的活躍を見せたアンベードカルは、その後半生にヒンドゥー教を放棄して仏教へと接近し、一九五六年に、数十万人の大衆と共に仏教帰依《きえ》の儀式を挙行した。この直後、彼は急逝するが信奉者の数は増加し、アンベードカルを菩薩と仰《あお》ぎながら、紆余曲折《うよきょくせつ》を経て今日に至っている。アンベードカルの仏教理解はブッダ（釈尊）の教えを道徳的に捉《とら》えるものであり、ブッダは身体が滅する完全な涅槃《ねはん》とは別に「人が正しい道を進めるよう情念を統御《とうぎょ》する」という涅槃（ニルヴァーナ）を説いたと主張する（『ブッダとそのダンマ』光文社新書、一五八頁）。彼にあっては「道徳がダンマ（＝法のこと）」（同前、二一一頁）である。欲望にとらわれず、怒りを抱かず、教えに従って自制する仏教徒の生き方が強く推奨される。パーリ語の原始仏典に立脚して中道の精神に立ち、自己の身心を統御する生き方を世に広めるというのが、アンベードカルの仏教運動の主眼だったと言える。

自制の仏教は、概《おおむ》ねこのように釈尊が初期に説いたとされる仏典に基づいて唱えられる。もっとも、大乗経典を奉ずる仏教徒も、悟りの真相である自由自在の境地を社会道徳の領域で展開する場合には、しばしば自制の教えを表《おもて》に立てる。池田会長は、世界の平和について提言を行う時や、世界の諸大学で文明論を語る折に、「自制」「自己規律」「自律」などの重要性を強調している。チベット密教の指導者であるダライ・ラマ十四世も、同様である。彼は以前、アメリカのブラウン大学で講演した際、「カルマの教義を信じるならば、未来は自分自身にかかっている」「自分の未来は自分で責任をもつという仏教の教義は、自分の、また他人の益を配慮した自己抑制を、自己吟味《ぎんみ》をもたらすという利点があります」等々と述べ、現在の心を「訓練」して善き行為を行えば未来には幸福が来るのだ、と訴えた（『ダライ・ラマ　愛と非暴力』春秋社、一九八頁、一九九頁）。ダライ・ラマはここで、現在の運命の善し悪しは過去のカルマ（業《ごう》）による、とする仏教の考え方を一種の自己責任主義と見なす。そして仏教的な自己責任主義が、われわれに自制の心をもたらし、人間が人間自身の力で現在の平和と幸せな未来を切り開くことを可能にすると力説したのである。

善因楽果《ぜんいんらっか》・悪因苦果《あくいんくか》という業の法則に基づき、自制の生活を呼びかける。これは、自制の仏教の典型的な主張方法と言えよう。信者たちに高度な瞑想の技法を教授するダライ・ラマも、一般人に向かっては、このように自制の生活を勧めたり、後に述べる献身の仏教を唱えたりすることが多い。

なお、東南アジアの仏教的生活が簡素と非暴力を基調とする新しい経済のあり方を示唆《しさ》しているとし、「最小限の消費で最大限の幸福を得る」ための「仏教経済学」を構想した、E・F・シューマッハーの著書『スモール　イズ　ビューティフル』も、自制の仏教の現代的意義を考える上で、忘れてはならないものだろう。

瞑想の仏教

仏教と言えば、一般に「瞑想」のイメージも強い。古代のインドでは、ウパニシャッドの哲人たちが、個人の「我」と宇宙の根本原理である「梵《ぼん》」が同一であるとする「梵我一如《いちにょ》」の神秘的直観を目指し、瞑想に励んだ。ヨーガに代表されるがごとく、心身統一の瞑想は、インドの宗教的実践の伝統となっている。仏教の禅定も、この伝統に掉《さお》さすと言ってよい。

馬を御《ぎょ》するように自己を制御すべし、との釈尊の言葉を先に紹介したが、これは瞑想をともなう自制を教えていると見られる。ヨーガの精神統一を表現する馬車の比喩等とも重なり合う。仏教は、自制の心を瞑想によって確実にしようとする。そして瞑想に不可欠なのが、智慧の修行である。瞑想は偽りの自己を打ち破る戦いであるから、自由勝手に行うことは許されない。清らかな自制の生活を前提とし、師から智慧の教えを受けつつ瞑想を行う時、行者は煩悩の雲を払い、真の自己を明らかに見ることができるとされる。

八正道《はっしょうどう》（仏道修行の八つの実践項目）が「正定《しょうじょう》（正しい瞑想）」に帰《き》すことからもわかるように、仏教的実践の中核に位置するのは、やはり瞑想である。それに加えて、仏教伝来期の中国では「無為自然《むいじねん》」「万物斉同《ばんぶつせいどう》」「坐忘《ざぼう》」などを説く老荘《ろうそう》思想による仏教解釈（格義《かくぎ》仏教）が行われたため、東アジアの仏教においては瞑想の修行（坐禅《ざぜん》）がいよいよ盛んになったという事情がある。閑静《かんせい》な山寺で、ひたすら瞑想の修行に励む仏教僧の脱俗的な姿は、瞑想の仏教という社会的イメージの形成に、大きく寄与したと言ってよい。

現代における瞑想の仏教には、その脱俗性を克服しようとする試みが見られる。たとえば、近年、タイの仏教界でタンマカーイ（「法身」を意味する）と呼ばれる運動が伸長した。首都バンコク郊外にあるタンマカーイ寺には約二万人を収容する巨大な瞑想センターがあり、都市の中産層を引きつけている。タンマカーイの瞑想は在家信者向けに簡略化されたもので、精神集中に水晶の玉を用い、瞑想法の本やビデオ等も用意されているという（野田真里「タイ近代化・都市化における新仏教運動と開発僧／尼僧」、西川潤他編『仏教・開発・NGO』所収、新評論、一七七〜一七九頁）。

またタイの改革者として著名な僧、プッタタート(Phutthathat)も、仕事で働いている時に戒定慧を修めることができると主張し、東南アジア諸国の「開発僧(development monk)」の活動に根拠を与えたと考えられている(野津幸治「プッタタート比丘の思想と生涯」、同前、一〇〇頁)。

タイ仏教の動きに限らず、歩きながらできる簡便な瞑想法や、シンプルな言葉を心で唱え続ける自己暗示的な瞑想、週末のみの坐禅体験等々、仏教を利用した形の新たな瞑想まで含めれば、私たちは今日、じつに多くの一般化された瞑想の形態を目にしている。そして一部の人々は、自らの悩みの解決を願って実際に仏教の門を叩く。一般人に出家僧を財政的に支える役割しか与えないような伝統仏教は、もはや無用の長物になってしまった。仏教界がこぞって瞑想の簡略化に乗り出したのは、どうしようもない時代の趨勢《すうせい》でもあろう。

ただし、池田思想の土壌となっている日蓮仏法のように、そもそもの始めから瞑想の意義を簡略化していた仏教も存在する。日蓮の主著『観心本尊抄《かんじんのほんぞんしょう》』では「釈尊の修行の努力と悟りの功徳の二つは妙法蓮華経の五字に具《そな》わっている。われわれがこの五字を受持すれば、自然に釈尊の因果の功徳を譲り与えられるのである」(御書二四六頁、通解)と主張される。妙法蓮華経は、釈尊が悟った智慧の正体である。ゆえに、ただ妙法五字を受持し、南無妙法蓮華経と唱えていけば、そこに釈尊の一切の功徳が具わる、と日蓮は主張した。

富士大石寺《たいせきじ》の第二十六世貫主《かんず》で、江戸時代の学僧である日寛《にちかん》は、ただ唱題によって仏の一切の功徳が与えられるという日蓮の宗教的信念を「受持即観心」と表現した。創価学会の信仰では、この日寛の解釈を踏まえ、妙法の唱題（受持）に瞑想の完成（観心）の意義を込める。唱題はそこで、非常に簡略な瞑想とも言い得る実践となった。こうして創価学会は、仏教的な瞑想の伝統を継承しつつ、簡素な唱題行を通じて現代社会の多忙な人々に広くアピールしようとするのである。

献身の仏教

他者への献身は、仏教だけでなく、ユダヤ教、キリスト教、イスラーム、儒教、道教等、およそあらゆる世界宗教が志向する徳と言える。

ユダヤ教は共同体の倫理を重んずるが、自分自身を愛するように隣人を愛せ、と『レビ記』にあるような視点からは、普遍的な他者への献身の意義を引き出すことが可能であろう。ゆえに、ユダヤ教の改革者であったイエスは「汝《なんじ》の敵を愛せよ」として普遍的な愛を唱え、万人の贖罪《しょくざい》のために自らの血を流そうとした。このイエスが開いたキリスト教は、むろん献身の宗教をもって自任する。ユダヤ教、キリスト教の後に成立したイスラームにも弱者救済に熱心な面があり、その方向性においては献身の宗教たり得る。一方、東洋の宗教を見ると、慈悲を説く仏教は当然として、中国の道家《どうか》は無作為の利他的行為を理想とし、儒者の孟子《もうし》は人民に温かな仁政《じんせい》を施《ほどこ》す王道を語っている。これらはやはり、献身の徳を重く見ていると考えてよい。

献身の行動は、他者の苦しみを自分自身に引き当て、共感することから始まる。ただ、A・スミスが『道徳感情論』の中で見抜いたように、想像上の境遇の交換は瞬間的であって持続性がない。単なる同情だけでは実際の献身の行動につながりにくく、ここに信念ある宗教者の献身が際立ってくるのである。

仏教の慈悲は、「抜苦与楽《ばっくよらく》」、すなわち他者から苦しみを抜き取り安楽を与える実践として意義づけられている。初期の仏教では、人々を慈《いつく》しみ（慈）、憐《あわ》れみ（悲）、他者の幸福を喜び（喜）、心の平静を保つ（捨）という四無量心《しむりょうしん》が説かれた。この四無量心は修行者の利他的生活のための教えであるが、大乗仏教になると仏の大なる慈悲を実践することが求められてくる。ジャータカ物語に記されたような、釈尊の前世の偉大な菩薩行が修行者に課される。菩薩行の形式は布施・持戒・忍辱・精進・禅定・智慧の六波羅蜜に集約され、一切の執着を持たない「空」の実践を基調とする。そのため、自己への執着を捨てて他者の救済を優先する傾向が出てくる。

わたし（＝菩薩）は、地獄、餓鬼《がき》、畜生《ちくしょう》の三悪道のなかにおいて、衆生《しゅじょう》の代《かわ》りに苦をうけ、衆生をして、解脱《げだつ》を得しめよう。（『華厳経』玉城康四郎訳、前掲書『大乗仏典』二五五頁）

この三千大千世界を観察すると、芥子粒《けしつぶ》ほども、菩薩（ブッダ＝釈尊）が身命を捨てなかった場所はない。ただ衆生のためにそうしたのである。

（『法華経』提婆達多品、通解）

かくも壮絶な菩薩の利他行を称揚《しょうよう》する大乗仏教は、まさしく献身の仏教と呼ぶにふさわしいだろう。もっとも、世界全体の苦しみを我が身に引き受けようとする菩薩の献身は、いかにも空想的である。歴史的に見て、この空想性が大乗仏教の理念の社会化を妨《さまた》げてきたことも否定できない。「人間にあっては、一切の善は常に不完全である」とは、カントが『実践理性批判』（岩波文庫、一六二頁）の中で述べた言葉である。人間の善の不完全さを冷静に見つめず、ただ空想的なユートピアを唱えるだけなら、実社会への波及力は無に等しいであろう。

だが、これは単に理性的な立場から仏教を解するがゆえの偏見ではないかと、私は考える。すなわち、「完全／不完全」という二分法の論理で区別を超《こ》えた自由自在の世界に生きる仏教者の信念を裁断《さいだん》したために生じた誤りであろうと思う。仏教の無執着は、固定的な立場を一切認めない。だから、菩薩が一切衆生を救済するというのも、固定的な終着点を目指すわけではない。菩薩が歩む無執着の道には、もとより完成も未完成もない。菩薩は「未完成の完成」に生きている。ここで大事なのは、完成を目指すことそれ自体である。悟りと救済に向かう誓願それ自体である。献身の仏教の本質は、命ある限り他者を救い続ける固い決意にこそあると言わねばならない。

この上で、仏教的献身である慈悲を他宗教の徳目と比較して特徴づけるならば、第一にその「自然さ」を挙げるべきかもしれない。『八千頌般若経《はっせんじゅはんにゃきょう》』に「救う人もなく救われる人もない」(平川彰訳、前掲書『大乗仏典』三一四頁)と示されるように、菩薩は自己と他者との無差別を知る。「自己が他者を救う」という現象面の差別にはとらわれない。だから、上から手を差し伸べるような態度は取らない。自分自身を愛するように、当たり前の気持ちで他人を大事にする。この自然な利他の振舞いを日蓮仏法では「無作《むさ》」とも呼ぶ。戸田会長の「慈悲論」に「慈悲というものは、修行ではない。行動のなかに、心のはたらきのなかに、無意識に自然に発現すべきものであって、仏は生きていること自体が慈悲の状態に生きる以外に道を知らない」(『戸田城聖全集』第三巻、四二頁)とある。自他一体の心を持った仏法者ならば、己《おのれ》を満たすのと同様に他に施し、そこにいささかの無理もないはずである。大乗の菩薩道が「自利利他」と言われるのは、この意であろう。

したがって、私たち凡人《ぼんじん》が慈悲行を実践する場合でも、一切を他人事と思わずに行動することが望ましいと言える。そのような行動自体が不自然ではないか、と訝《いぶか》る声もあろうが、私たちは他のすべての存在と一緒に、相互依存しながら生きている。本来は自他不二《ふに》の生き方の方が、よほど自然なのである。飢《う》えに苦しむ人の目の前で平然と美食を楽しめる神経を持った人など、そうはいない。しかし、飢えた人から見えない場所でなら、たいがいは自分だけ食べても平気である。場所を変えることで、自他不二の本来性が忘れ去られる。この場所のトリックは外的な次元であるが、心の中の憎しみ、怒り、放縦《ほうじゅう》な欲望、嫉妬《しっと》等は、自他不二の本来性を覆《おお》い隠す深刻な内的要因となる。

アリストテレスは「人間は社会的動物である」と述べ、ダーウィンは社会的本能が高い生物ほど自然淘汰《とうた》に有利と主張した。本来、人間は他者と競争しつつも協力し、周囲と調和した形で安定した幸福を追求するものである。これに対し、非本来的な人間の姿は、何らかの原因で元々の自他不二性に歪《ゆが》みが生じ、自己や家族、共同体、国家等を偏愛《へんあい》するに至った状態と考えられよう。私たちは、できる限り、「皆と共に」という本来性を忘れないように努めた方が、かえって無理なく生きられる。創価学会の牧口初代会長は、これを自他共栄の「大善生活」と呼んだ。誰しも、その本来性に立ち返りさえすれば、自然と慈悲の振舞いになってくる。皆と一緒に仕事をするのも、家庭生活を営むのも、年をとったら後進に道を譲ることも、すべては本然的な慈悲の振舞いである。一切の現象のありのままの姿は、慈悲に他ならない。平凡な日常の中に、じつは自他不二の本来的な自己がある。

二十世紀の実存哲学者M・ハイデガーは、私たちの日常性が非本来的なあり方であるとし、自分に固有な死の自覚を通じて本来的自己を目指すべきだと説いた。ハイデガーは、本来的自己を個人の次元で考える。これに対し、仏教は本来的自己を個人を超えて自他不二と見る。そして、すでに述べたように、自他不二的な振舞いは日常のうちに見出される。したがって、仏教的には、自他不二的な日常性の回復が本来的自己への道となる。と言っても、近代日本の哲学者・和辻哲《わつじてつ》郎《ろう》の倫理学のように、全体性を強調する自他不二は偏《かたよ》っていよう。自他不二は中道の真理であり、ハイデガーの言う個の本来的自己も認めるはずである。すると、死の自覚はどうなるのか。仏教では生と死も不二と説く。ゆえに、これも日常から離れる必要はない。日常を誠実に生きることが、実存的な死の自覚である。よく生きる人は、意識以前の肌感覚で死を自覚すると言ってよい。

さて、仏教的献身の第二の特徴は、「物」よりも「力」を与えようとする点である。欧米社会には、キリスト教の精神等に基づき、富める者が貧しい者に分かち与えるという慈善の伝統がある。アジア諸国にも救貧事業の長い歴史があり、仏教徒はその中心にいることが多かった。しかしながら仏教的献身の本質は、自他の区別意識からくる物品の施与《しよ》よりも、自他一体の心で幸福を分かち合うような施しにある。

今日、人間の潜在能力を発揮させるためのエンパワーメント(empowerment)運動が存在する。一部の仏教徒が活発な取り組みを見せている社会活動も、これに類したものと解される。たとえば、スリランカでは、一人の高校教師A・T・アリヤラトネが仏教文化の影響の下、学生を連れて農村での労働奉仕を行い、やがてそれを国家的な規模にまで発展させた。この運動はサルボダヤ・シュラマダーナと呼ばれる。アリヤラトネの言によれば「サルボダヤは『すべての人間の目覚め』を意味し、シュラマダーナは『時間、知識、労力をともに分かち合う』ことを意味する」(『東洋の呼び声』はる書房、一二六頁)という。サルボダヤ・シュラマダーナ運動には、すべての人の悟りと幸福を願い、生命を尊重する仏教の理念が色濃く反映されており、またサルボダヤという言葉（ガンジーが「すべての人の福祉」の意味で用いた）からわかるようにガンジー主義の影響も強く見られる。運動の目標は貧困社会の人々の生活向上に向けられ、そのために住民が基本的欲求を満たす上での自助努力を支援することに力が入れられる。アリヤラトネにとって「サルボダヤとは、社会を構成する個々人の、肉体的、心理的、知的、そして精神的な潜在能力を、最大限に目覚めさせること」（同前、三二頁）であり、弱者の社会的自立がサルボダヤ運動の主眼となる。万人の内的覚醒《かくせい》という仏教的な理念に基づき、弱者に生きる力を与えようとする彼の農村開発運動は、色々と問題もあろうが、新しいアジアの開発理念として国際的に脚光を浴びている。

このように、環境問題、平和運動、政治運動、弱者支援等の社会活動に熱心な仏教徒や仏教団体は、近年、「エンゲージド・ブディズム（Engaged Buddhism）」と総称される傾向にある。この言葉の創案者とされるのが、ベトナムの禅仏教の僧、ティク・ナット・ハンである。

一九二六年生まれのハンは、伝統的な僧院が戦乱の世相にも弱者救済の行動を起こさないことに不満を覚え、仏教制度の改革に着手した。一九六三年、サイゴン市内でハンの友人の老僧、ティク・クアン・ドックが、政府による仏教抑圧に抗議する大規模なデモの最中に、ガソリンを浴びてマッチを擦《す》り、坐禅《ざぜん》を組んだまま焼身自殺を遂げた。ハンは、この衝撃的な事件を見て、戦争の現実の中で社会改革に立ち上がる仏教徒の運動を説明する上で、エンゲージド・ブディズムという語を使い始める。ハン自身も、「自助村」「社会福祉青年学校」「ヴァン・ハン大学」を立ち上げ、教育や医療面での奉仕活動を熱心に行う一方、独自の仏教実践のために「ティエプ・ヒェン（相互生存）」教団を設立した。同教団の戒律では、他宗教に対する寛容、慈善と簡素な生活、怒りや憎しみの排除、生命尊重と戦争防止の実践等が定められている。

ハンの社会活動については非暴力、反戦平和の運動が知られているが、社会福祉の面では教育や農村支援等、人々の自立心や自己決定力を養うための諸活動が目立つ。仏教実践においては「気づき（mindfulness）」「相互存在（interbeing）」などの標語を用いつつ、心の平穏、他者への哀れみ、愛の感情を世界に広げることを目指す。ハンによると、われわれは「小さな自己」のうちに閉じ込められることで「大きな自己」を破壊しているという。「気づき」の実践は、自他不二、万物一体に生きる大なる自己の確立であり、人々に真の自立の力を与えると信じられている。ハンもまた、自他不二の見方に立った仏教的献身を通じて弱者の自立を支援するのである。

エンゲージド・ブディズムが抱える矛盾

ところが、こうしたエンゲージド・ブディズム運動には、一つの重大な矛盾が隠されている。周知のように、仏教の信仰は「輪廻《りんね》」と「業」の教説に支えられている。ある人が貧乏であったり、家庭的に恵まれなかったり、戦争に巻き込まれたり、自然災害に苦しんだり、といったことは、仏教の因果《いんが》論に照らせば、その人が前世で悪業を積んだ報《むく》いに他ならない。現在の不幸は、前世からの厳粛な因果の必然である。では、そこから努力して幸福になれば、前世に善業を積んだことになるのか。果によって因を定める、このカルヴァン主義の倫理にも似た発想を、一般的に仏教は受け入れないだろう。仏教の因果応報説は、因によって果を定めるからである。現在の不幸が前世の悪因によると認める以上、それを幸福に変えていくのは非常に困難となる。したがって、私は、エンゲージド・ブディズムの弱者支援等が仏教の因果応報説と矛盾する点をあえて指摘せざるを得ない。アリヤラトネに対しても、ハンに対しても、そう言いたいのである。

ダライ・ラマ十四世などは、すでにこの矛盾に気づいている。彼は自伝（『新版　チベットわが祖国』中公文庫、八九頁）の中で、因果応報の法則が運命の不平等を人々に甘受《かんじゅ》させることを部分的に認めつつ、それでもカルマ（業）の法則はこの世における運命改善の努力を妨げるものではないと反論している。しかし、現在以降の私たちの運命には、現在の努力だけでなく過去の未知のカルマも関係してこよう。過去のカルマはすでに決定しており、誰にも変えられない。そう考えると、ダライ・ラマの意見は厳密さと説得力に欠ける感がある。

一方、自制の仏教の立場からのエンゲージド・ブディストと言えるアンベードカルは、ブッダが魂の輪廻転生を否定したと考えている。仏教は科学と矛盾しない。そう強調するアンベードカルの理解では、ブッダは「霊魂の再生は信じなかったが物質の再生は信じていた」（前掲書『ブッダとそのダンマ』二一七頁）とされる。ブッダが消滅論を否定したのは「エネルギー不滅の科学的真理」（同前）と同じ意味からであり、「霊魂に関する限り彼（＝ブッダ）は消滅論者」（同前）なのだという。こうしてアンベードカルは、ブッダが説いたカルマを「現世への影響にのみ適用」（同前、二二〇頁）されるものとし、前世の業が現世に影響するという教えは「カルマの拡張解釈」（同前）に他ならないと批判する。

アンベードカルの仏教理解は、合理主義的思考に貫かれている。「永遠か、生滅か」「魂か、物質か」など、彼の問いかけは二項対立的である。二項対立の区別を超えた、仏教の自在な論理性は考慮されていない。また、アンベードカルには、自分の思想に合った仏典の内容を選び出して根拠を示す傾向が見られる。その論法では、彼にとって不都合な仏説が無視され、学問的な態度とも言えなくなる。合理性を強調する一方で、史料の扱い方に関しては合理性に欠けるのである。ある研究者は、アンベードカルが「ブッダの真の教えはいかなるものでなければならないかという立場に立って、パーリ語経典のなかからふさわしい章句を抽出し、不合理と思われる箇所を削除したり、またときには仏典の語るところを離れて『合理的』な解釈を加えている」（山崎元一『インド社会と新仏教』刀水書房、一五〇頁、傍点は原著者）という点を指摘している。

結局、アンベードカルの輪廻否定論は、彼独特の仏教理解に基づくものと言わざるを得ない。英米で経済学の博士号と弁護士資格を取得し、インドでは政治家として反カースト運動に挺身《ていしん》した後、晩年になって仏教に目覚めたのがアンベードカルである。この来歴を見る限り、彼が現代社会の通念に即して仏教を理解したのは致し方なかったのかもしれない。

アンベードカルは、大慈悲のブッダが前世カルマの支配という非人間的な教説を支持するわけがないと力説し、輪廻による前世の業の支配を否定した。しかしながら、それは仏教の論理を考慮せず、しかも自らの近代主義的な価値観を仏典に色濃く投影させた結果だったのである。

以上のように、エンゲージド・ブディズムの運動は、輪廻と業の教説を前に、理論面で暗礁《あんしょう》に乗り上げていると言ってよい。過去のカルマから解放されるには悟りの法によるしかないはずだが、ダライ・ラマもティク・ナット・ハンも仏法の力で世の中を変えようとはしない。それは、彼らの仏教が「悟りへの道」にとどまり、悟りの法そのものを掲げられないからである。実際、エンゲージド・ブディズムの主眼は、非暴力などの道徳的な次元に置かれている。

さらに、悟りに近づくための実践を見ても、エンゲージド・ブディズムには真の意味で大衆に開かれた方法が見られない。ティク・ナット・ハンが勧める簡略な瞑想法は、日常生活での実践を可能にした。けれども、その瞑想の境地は、やはり達人的である。

簡素化された瞑想とは言え、呼吸しながら全細胞の目覚めの力に触れ、自分に仏性《ぶっしょう》があることを思い出せる人が、いったいどれほどいようか。そして、ハンの詩『忠告』が「たとえ彼らがあなたを虫けらのように　踏みつけ、踏みつぶしても　たとえ彼らがあなたの手足を切りとり、は

らわたを抜いても　忘れないでください、兄弟よ　忘れないでください　人はあなたの敵ではないと」（『あなたに平和が訪れる禅的生活のすすめ』アスペクト、一四五頁）と語りかけるように、自分を切り刻む殺人鬼をも憐《あわ》れむ聖者の数が社会全体を変えるほど増える見込みは、果たしてあるのだろうか。

こう考えた時、幼児や重病人でも行える唱題行を実践の核とし、怒りや欲望を抑圧せずに生かそうとする日蓮仏法の民衆性に、私たちは改めて刮目《かつもく》しないわけにいかない。しかもそれは、過去のカルマに対して自由自在の主体性の確立を説き勧める。すなわち、過去のカルマを支配する中で悪業の報いを軽減していく道を示す。日蓮仏法も献身の仏教の性格を有《ゆう》する。しかし、そこではエンゲージド・ブディズムと違って、平易な実践に基づく運命転換の信仰が唱えられているのである。

「悟りへの道」と「悟りからの道」

現実を生かそうとした釈尊

以上、自制・瞑想・献身の順に「悟りへの道」としての仏教を述べてきた。これから説明する活用の仏教は、唯一「悟りからの道」をも説く立場である。すなわち、因果が不二である悟りの境地において因果の道理を包み込み、輪廻と業の教説に支配されない生き方を教える仏教である。また、人間が何ものからも自由になり、すべてを生かす力を発揮するための仏教である。この、まだほとんど世間に知られていないタイプの仏教について論じていこう。

原始仏典を読むと、歴史上の釈尊は世間からの離脱を唱えることに熱心であって、世の中を変えようとする志向など持ち合わせていなかったようにも見える。しかし、中道の実践観からすれば、釈尊の真意は、現実の社会を否定も肯定もしないところにあったと言わねばならない。換言するなら、是々非々の改革主義、現実を生かす活用主義である。釈尊は当時のインドの社会通念を否定せず、むしろその真のあり方を示そうとした。バラモンの立場を真っ向から否定せずに「真のバラモン」の道を説いたのは、その好例である。

ところが、ブッダ滅後の部派仏教は出家僧中心の教団だったこともあってか、この中道の活用主義を忘れ、もっぱら脱俗的な思索と実践に精力を注いでいた。そこに大乗仏教の運動が起こり、仏教本来の活用主義を取り戻し、発展させていったのである。

大乗仏教に見られる活用の仏教の特色は、次の三点に集約される。

万物を生かす仏教

第一に、活用の仏教は万物を生かす仏教である。『法華経』方便品に「法の存続と法の必然的なあり方ゆえに、世間の相は常住不変である」と示され、『維摩経《ゆいまきょう》』にも「世間がその本性上、空であるならば、即ち出世間である」（中村元訳、前掲書『大乗仏典』四一頁）と説かれる。活用の仏教は、世俗の世界と真理の世界をまったく区別しない。だから、世俗の何であろうと本質的な意味があり、必ず真理の実現に活用すべきだと考える。『法華経』には、悪人や畜生の成仏が説かれ、仏法に親しむ悪魔の姿すら記されている。危険極まりない猛獣も、動物園の檻《おり》に入れれば観賞の対象となり、一転して人々を楽しませるだろう。たとえばそのように、善悪等は問題とせず、万物を調和の方向へと生かすのが活用の仏教である。

自己を生かす仏教

第二に、活用の仏教は自己を生かす仏教である。それも、理性や愛情等の徳性のみならず、欲望、怒り、愚《おろ》かさといった自己の暗部までも生かし、活用する。池田会長は言う。「大乗仏教の系譜においては、小乗仏教の出家の僧侶たちが欲望を否定し、断滅しようと苦闘したのに対して、人間に本然的な欲望を明らかにみて、それを使いこなしていく実践活動を重視した」（『池田大作全集』第八巻、六二八頁）。

確かに、欲望の活用説は大乗経典の端々《はしばし》に散見される。『維摩経』を見ると、在家の維摩居士《こじ》が、釈尊の十大弟子の一人とされるスブーティ（須菩提《しゅぼだい》）に向かって「もしも婬欲《いんよく》・怒り・迷いを断じなくても、それらをともなっているわけではない……凡夫《ぼんぷ》でもなく、また凡夫のことがらを離れているのでもない。聖人でもなく、また聖人でないのでもない」（中村元訳、前掲書『大乗仏典』一四頁）等と教える場面に出くわす。また『涅槃経』師子吼《ししく》菩薩品では、菩薩の不可思議として「煩悩《ぼんのう》を具えて、敵味方を問わず人々の苦しみをなくすために平等心を修行する」ことが説かれる。菩薩は、「煩悩の汚《けが》れというものはなく、道を修習して煩悩を離れた人はいない」ことを知っているのだとも言う（以上、『国訳一切経』涅槃部二、五八〇頁、五八一頁、要約）。

とらわれなき中道の見地から、欲望を正しく使う。欲望をむしろ衆生救済の原動力とする。大乗仏教の欲望活用論は、まさに不可思議な境地に立つ実践である。それゆえ、自制や献身の仏道修行ほど一般的に認知されてはいない。

が、しかし、欲望の活用を修行と見なす大乗仏教が、まったく存在しないわけではない。現に、創価学会はそれを実践することで現代社会に適合し、世界的な仏教教団に発展している。戸田第二代会長や池田第三代会長は、欲望活用の大乗的精神を実生活に即して語った。また、自らその範を示しつつ、欲望に苦しむ人々の心を鼓舞《こぶ》し、民衆に生きる希望を与えてきた。池田会長は法華経講義（「方便品寿量品《ほうべんぼんじゅりょうほん》講義」）で、執着に関する戸田会長の考え方を紹介している。

戸田先生は、次のように語っておられた。――執着を執着として明らかに見せてくれるのが御本尊であります。あなた方も、執着があると思います。私にも執着がある。みんなに執着があるから、味のある人生が送れるのであり、大いに商売に折伏に執着しなければならない。ただし、その執着が自分を苦しめない執着にするのがわれわれの信心である。執着に使われてはならない。自分の執着を使い切って、幸福にならなければならないのであります――と。

（『池田大作全集』第三五巻、九〇頁）

欲望は諸々の執着を生む。戸田会長が教えているのは、そうした執着に振り回されず、逆に執着を振り回すぐらいの自在な主体性を確立せよ、ということに他ならない。大乗の欲望活用論を、これほどわかりやすく、しかも実生活に役立つ形で説明したのは、恐らく大乗仏教の長い歴史の上でも創価学会が初めてだろう。学会が奇跡的な発展を遂げた理由は、ここにも見出される。

思想を生かす仏教

さて、第三に、活用の仏教は思想を生かす仏教である。日寛は、『三重秘伝抄《さんじゅうひでんしょう》』に「古徳《ことく》」の言葉として「華厳《けごん》は死の法門にして法華は活《かつ》の法門なり」（『富士宗学要集』第三巻、二六頁、通解）を紹介し、『法華経』が有名無実の教えを蘇生《そせい》させ、活《い》かすことを示した。創価学会の思想は、この日寛教学の伝統を消化している。ゆえに、あらゆる思想・宗教の善さを認め、人類の幸福のために活かしていこうとする考え方を、前々から持っていた。それが社会的に顕在化するのは、第三代の池田会長の時代以降である。池田会長は、「法華は活の法門」との見方に立ち、たとえばこう会員に指導している。

これまで、私は……幾多《いくた》の古今東西の偉人の箴言《しんげん》を通して、同志を激励してきた。日蓮仏法は「活の法門」であり、この妙法を根底とする時、すべてが無駄なく活かされていく……歴史上の、あらゆる偉人の英知も、人間を励まし、幸福にしゆく智慧の一分として、自在に現代に活かし、実生活のうえに活かし、価値創造していくことができる。

(『池田大作全集』第一三七巻、二六〇頁)

法華経哲学には「活の法門」と言うべき面がある。『法華経』の開経《かいきょう》(本経を説かれる前の序説として説かれた経)とされる『無量義経』に「無量の義は一法より生《しょう》ずる」とあり、信解品《しんげほん》では仏が教え(法)の自在者であることが説かれ、法師《ほっし》功徳品にくると『法華経』の実践者が世間の教えを説きながら正法の意義を顕《あらわ》す旨《むね》が示されている。

池田会長は、あらゆる思想の活用を心がけ、また会員各位にもそれを勧めながら、『法華経』の「活の法門」を現実のものにしてきた。二千年に及ぶ法華経信仰の歴史において、これまた特筆すべき出来事であるに違いない。

『法華経』の本質は無限の自在性

ここで、あらゆる思想を生かす『法華経』の思想とはいったい何なのか、という問いも起きるだろう。『法華経』の思想的本質は無限の自在性であり、どうにも表現できないように思われる。強いて言うならば、様々な思想を生み出す生命の主体性それ自体に関する思想、とでも説明すべきであろうか。

もとより仏教では、決まった立場や原則を持たず、主体的な智慧に生き切ることを理想に掲げる。原始仏典の『ウダーナヴァルガ』は〝賢者に決まった道なし〟と教え、大乗仏典の『八千頌般若経』も「般若はらみつこそは、一切の法に立場をもたないもの」（平川彰訳、前掲書『大乗仏典』三二〇頁）と示す。自由自在の主体性ゆえに、一つの立場だけにとらわれず、あらゆる立場を自在に活用していく。これが活用主義の精神である。

したがって自制・瞑想・献身といった仏教的実践についても、どれか一つにこだわらず、すべてを生かしていこうとする。すなわち、欲深さや怒りには自制が、執着心や愚かさには瞑想が、利己心や暴力性には献身が、それぞれ効果的な実践と見られよう。ただし、その一々に執着すると、かえって自由自在の生命を得る妨げとなる。「禅定の味を貪《むさぼ》り執著することは、ぼさつの束《そく》縛《ばく》である」等（中村元訳、前掲書『大乗仏典』二七頁、傍点は原著者）と、『維摩経』が誡《いまし》めるとおりであろう。

要するに、『法華経』のごとき活用の仏教の実践においては、種々の仏道修行（悟りへの道）がそのまま完成された立場（悟りからの道）でもある。自制・瞑想・献身は、活用に至る道であるが、じつは活用そのものでもある。日蓮仏法が、活用だけでなく自制・瞑想・献身の意義も説くのは、そのためである。

民衆仏法の誕生

凡夫のままの菩薩道

しかしながら、自由自在な活用の行為が、完成された仏でもない一般の人間に、どうやって実践できるのか。これは大きな問題である。『無量義経』には「諸《もろもろ》の凡夫の事から離れられなくとも、大菩薩の道をあらわす」「六波羅蜜を修行できなくても、六波羅蜜は自然にあらわれる」「自らを度《ど》（悟りの彼岸《ひがん》に渡ること）さずといえども、他者を度そう」とあって、凡人のままでも大菩薩の実践が可能なことが示されている。『法華経』の法師品でも、この世で妙法を信受する人は、仏の使いである大菩薩が衆生救済のために願って凡夫の姿を取ったものだとされる。私たちは、ただ『法華経』を持ち、実践し、悩み多き凡夫の人生もじつは偉大な菩薩道に他ならない、と気づいていけばよいわけである。

とは言え、そのように達観した人生を送ることなど、本当にできるのだろうか。だいたい、仏菩薩が数え切れないほどの生死を積み重ねて行う、膨大《ぼうだい》な修行の諸段階をすべて無視しているではないか。こう言われても、仕方がない。『法華経』の提婆達多品《だいばだったほん》において畜生である竜女《りゅうにょ》の成仏が明かされた際、舎利弗《しゃりほつ》は同様の問いを投げかけている。

この疑問に対しては、まず「一法一切法、一切法一法、一に非《あら》ず一切に非ず」(『法華玄義(中)』第三文明選書、四七〇頁)とも説明される、『法華経』の真理の不可思議なあり方を示すべきであろう。この妙なる真理に心を開けば、一つの行にすべての行が具わる。「一行一切行」(同前)と、天台智顗《てんだいちぎ》は言う。『法華経』の真理は自由自在であるゆえに、それに則《のっと》った修行を行えば、即座にあらゆる修行を積むとされるのである。

また方便品に「一たび南無仏《なむぶつ》と称《とな》えれば、皆、すでに仏道を成じたのである」とあるように、『法華経』では仏菩薩の絶大な救済力を強調する。なるほど凡夫の智慧は、自力で悟りを開くにはほど遠い。けれども、仏菩薩の助けを受ければ、それが可能となる。他力本願ということではない。『法華経』の真理を、天台智顗は「一念三千」と表現した。『摩訶止観《まかしかん》』によれば、私たちの心はそのまま宇宙一切の現象(一切法)であり、また一つの心は一切の心である。一人の凡夫の心とあらゆる仏菩薩の心とは、相即不二《そうそく》（二つの事柄が無差別一体である）の関係にあるとされる。よって、もし人が、一念三千の真理を深く信じるならば、その人の自力はそのまま全宇宙の仏菩薩の他力となる。すなわち自力即他力、「自他力」の境地が開け、凡夫の成仏も可能になる。

天台の一念三千の修行

『法華経』において、釈尊が声聞《しょうもん》の弟子たちに約束したのは、文面を追う限り、未来の成仏であった。「舎利弗よ、汝は未来世において、無量・無辺・不可思議の劫《こう》（＝長い時間）を過ぎて、若干《そこばく》の千万億の仏を供養し、正法を持《たも》ち奉《たてまつ》り、菩薩の行ずる所の道をそなえて、仏となることができよう」（『法華経』譬喩品《ひゆほん》）。智慧第一と称された舎利弗ですら、計算不可能な未来における成仏を予言（授記）されたにすぎない。

にもかかわらず、天台智顗は『法華経』の教えの本質が凡人をそのまま成仏させる不可思議な円融三諦《えんゆうさんたい》の真理（本書一三一頁を参照）にあると洞察《どうさつ》し、晩年の『摩訶止観』において一念三千の瞑想法（観念観法）を確立したのであった。ここにおいて、「誰かは善、誰かは悪、誰かは有《う》、誰かは無、誰かは度、誰かは不度ならん」「世諦《せたい》（＝世間一般での真実）に即して是れ第一義（＝世俗を超えた最高の真理）なり」「無明《むみょう》（＝迷い）即ち法性《ほっしょう》（＝悟り）」「起《き》（＝生起）は是れ法性の起、滅（＝消滅）は是れ法性の滅」（『国訳一切経』諸宗部三、一六二頁、一六九頁、一七一頁、一七三頁）

と説かれるように、現象世界の一切に究極の真理の輝きを認め、それを自在に生かさんとする活用の仏教への道が示されたのである。

だがそれでも、なお問題は残る。智顗が定めた一念三千の修行（止観）は、到底、一般民衆が実践できるような性質のものではなかった。智顗が円頓《えんどん》止観（直《ただ》ちに純一実相を対象とし、実相の他に別の法なしと体得する止観）の修行の根本に置いたのは「不可思議境」を観ることである。この不可思議境とは、心が時間的（縦）に一切を生ずる意でもなければ、心が空間的（横）に一切を含むとする見解でもない。「若《も》し一心従《よ》り一切の法を生ぜば、此れ即ち是れ縦なり、若し心、一時に一切の法を含まば、此れ即ち是れ横なり、縦も亦《また》可ならず、横に亦可ならず、秖《ただ》、心は是れ一切の法、一切の法は是れ心なるなり。故《ゆえ》に縦に非ず、横に非ず、一に非ず、異に非ず、玄《げん》妙《みょう》深絶《しんぜつ》（＝限りなく奥深い意）にして諸の識《し》る所に非ず、言の言ふ所に非ず」（『摩訶止観』、同前、一六六頁）という、まさに凡慮《ぼんりょ》を絶する寂静《じゃくしょう》の世界が不可思議境である。智顗は、この不可思議境に観念観法を通じて到達せよと説いた。だが、たとえ出家僧となって山中に籠《こも》り、長年厳しい修行を積んだとしても、相当に困難な修行であることは想像に難《かた》くない。むろん、利他の実践にも力を注げない。六世紀の中国に現れた智顗の仏教が、一時的な復興は見られたにせよ、やがて勢力を失っていった背景には、一般民衆の信仰とは縁遠い、極めて達人的な教理や実践があったことが指摘できる。

「成仏の軌道」に入る修行

こうして活用の仏教は、天台智顗の手によって仏教史の表舞台に登場したものの、長らく一部の学僧の間で論議されるにとどまっていた。ところが、この限界を打ち破る法華経信仰が、十三世紀の日本に出現する。日蓮の仏教である。日蓮は、天台仏教が一念三千論として示した『法華経』の真理の本体を「南無妙法蓮華経」と言い顕した。そして後年には、この題目を中尊《ちゅうぞん》（たくさんの仏や菩薩や明王などの中心にいる一尊）に配した曼荼羅《まんだら》の御本尊を図顕《ずけん》し、どんな人でも直接、仏教究極の真理に触れられる信仰環境を整えようとした。

御本尊には、妙法の真理を悟った仏の生命が顕されている。修行者は、この仏の生命に触れ、感化されて、自分の中にある仏の生命を顕す。と言っても、ただ御本尊があるだけで仏の生命に触れられるわけではない。紙木の御本尊は修行者に何も語りかけない。そこで、正しき師の言葉が必要となる。修行者が仏の生命に触れる第一の契機は御本尊ではない。それは人間の言葉である。師の言葉である。

日蓮は、『法華初心成仏抄』で「よき師」と「よき法」と「よき檀那《だんな》」の三つが揃って祈りが成就すると教えた。「よき法」である御本尊さえあれば、宗派に関係なく功徳があるのではない。「よき師」がいてこそ「よき法」の本当の意味がわかり、修行者は「よき檀那」となって功徳を得るのである。ゆえに、創価学会では、たとえ日蓮仏法の御本尊が日蓮正宗や日蓮宗にあっても、それらの信仰に功徳があるとは認めない。創価学会から見て、日蓮正宗や日蓮宗には「よき師」がおらず、したがって「よき檀那」もいないからである。

さて、以上を前提に、日蓮仏法の御本尊信仰の原理を説明しよう。妙法の真理を悟った仏の生命としての御本尊が、修行者の眼前にある。御本尊には、仏の生命の働き（仏力《ぶつりき》）と真理の働き（法力《ほうりき》）が秘められている。この二つの秘められた働きを引き出すのは、修行者の祈り（信力《しんりき》）と実践（行力《ぎょうりき》）である。日寛は、『観心本尊抄文段《もんだん》』で次のように説明する。

『法華経』の文の底に秘された、成仏の種を人々に植えつけるための御本尊をひたすら信じて妙法を唱える時には、信じ唱える所の本尊の仏力と法力によって、速《すみ》やかに観行《かんぎょう》（＝観心の修行）が成就するのである。

（『富士宗学要集』第四巻、二二四頁、現代語訳）

修行者が御本尊に祈りを捧《ささ》げ、妙法の題目を唱える。全生命を妙法に帰す唱題を重ねる。すると、その祈りと実践に呼応して御本尊の真理と生命が働く。修行者はそこで、御本尊に感化されて内なる真理、内なる仏の生命を開き顕す。創価学会で考えられている日蓮仏法の修行の原理は、このようなものである。御本尊による救済と言えば救済であろう。しかしながら、この救済は、衆生が内なる仏を顕すために、御本尊が手助けをすることに他ならない。いわば自立のための救済である。御本尊の力で仏の生命をただちに我が身に顕現《けんげん》する――この御本尊信仰があれば、修行者はもはや、はるか未来の成仏を目指して一歩一歩向上する苦労を重ねる必要がない。まさに「今ここ」で、言語道断《ごんごどうだん》の悟りの世界に入れるわけである。

思うに、一般の仏道修行が悟りという高山《こうざん》の頂上に向かう一歩一歩だとすれば、日蓮仏法の修行は山の頂上の軟弱《なんじゃく》な地盤を踏み固める作業にも譬《たと》えられよう。つまり、悟りの心を固めていく修行、池田会長の言葉を使えば「成仏の軌道」に入る修行、これが日蓮仏法の御本尊信仰なのである。日蓮仏法者の生活は、これによって悟りから出発する日々となり、前世の業に縛《しば》られることもなくなる。そして、真に活用の仏教が成立する。妙法の本尊を信じたその瞬間から、人は世の中のすべてを生かす自在な智慧の扉の鍵を手にする。後は、たゆまぬ修行によって智慧を磨き、強めていけばよい。

信じる者に対し、誰であろうと仏の不可思議な智慧を使って一切を生かし、自由自在に生きていけるのだと保証する。それが日蓮仏法の信仰である。自由自在とは不可思議に自由自在の意である。善悪を判断する思考の次元を超えて適切な振舞いとなる心地を言う。ゆえに日蓮仏法には、日常レベルの道徳的強制といったものがない。

「怒り」を例に挙げると、「怒りを捨てよ」と説くのが自制・瞑想の仏教、「怒らずに戦え」と教えるのが献身の仏教、「怒って戦え」と言うのが活用の仏教すなわち日蓮仏法であろう。たとえ本気で怒っても、不可思議で自由自在な妙法ゆえに必ず円満な解決へと至る。活用の仏教者は、そう信じて自然に振舞う。怒りを生かす――この点でも、活用の仏教は民衆レベルに開かれている。

自制と経済

さて、以上を踏まえ、自制・瞑想・献身の修行を今一度振り返ってみたい。それぞれの実践上の問題点が、改めて浮き彫りになるであろう。

自制の仏教を実践する上で最大の問題となるのは、欲望に対する否定的な態度である。一九六〇年代のタイで、僧侶が人々に「少欲知足《しょうよくちそく》」を教えることを、政府が禁止したことがあった。開発途上の国々では、自制の仏教が、しばしば経済発展を阻害《そがい》すると見なされてきた。

私は、弱肉強食の経済成長主義を是《ぜ》とするつもりなどない。だが、しかし、自制の仏教による欲望の規制が自己利益を合理的に追求する現代の市場経済体制と本質的に相容《あいい》れないことは、火を見るより明らかである。市場経済だけではない。計画経済であれ、混合経済であれ、あるいは古代国家の経済であっても、欲望を否定的に規制する見方は受け入れ難い。「わたしは美人を愛するほどに道徳を愛する人をまだ見たことがない」とは『論語』(岩波文庫、一七七頁)の言葉である。自制は、確かに個人にとっては悟りへの道となるが、それだけで社会を変革できるかと言えば疑問である。共同社会は欲望の否定的な規制ではなく、むしろ欲望の積極的な調和によって成り立つ。欲望を調和的に生かす活用の仏教でなければ、社会の全体を変えるのは難しいだろう。

瞑想の達人性

次に、瞑想の仏教であるが、この実践が抱える問題は「達人的」という一点に集約される。静かな場所で思う存分、瞑想に専念できる出家修行者は別として、一般人は多忙な日常生活の合間に簡略化された瞑想を行うのが精一杯だろう。それで、本当に煩悩の束縛から解放されるのか。瞑想によって魂の解放や浄化を実感できても、瞑想が終われば、また煩悩に悩まされる。それが凡夫の常《つね》ではないかと思う。

瞑想主義者が好んで唱える「忘我《ぼうが》」の理想に至っては、個人の意識を否定することに急で、もはや一般人の日常とは無縁な印象も否《いな》めない。鈴木大拙《すずきだいせつ》によると、禅仏教の「無心」は心理学上の「無意識」の概念にあたり、悟りとは「無意識に意識すること」だと言う（前掲書『禅と日本文化』六九頁）。しかし、この無意識の意識は、大拙自身も「目も昏《くら》むばかりの逆説《パラドクス》」（同前、六九〜七〇頁）と言うように、いかにも達人的であって日常性がない。新奇な発想に飢えた知識人や、直観を尊ぶ芸術家から評価されることはあっても、到底、一般庶民が目標にできるものではない。少なくとも社会全体に与える影響は無きに等しい。

加えて言うなら、無意識に意識するなどは、無意識が目的となる点で無に偏《へん》しており、仏教本来の「有にあらず無にあらず」という中道の世界観から外れている。無への執着があり、いわゆる「空病《くうびょう》（空に対するとらわれ）」である。真の中道は無意識にも執着しない。どこまでも無意識が意識、意識が無意識である。そこにおいては、われわれの概念的、分析的な意識を排除する必要などさらさらなく、日常の意識のまま、ひたすら真剣に仏道修行に励むことが肝要《かんよう》となる。

池田会長が行動の指針とする言葉に「わが一念に億劫《おくごう》にもわたる辛労《しんろう》を尽くして、自行化他《じぎょうけた》にわたる唱題行に励んでいくならば、本来、わが身に備わる無作三身《さんじん》（法身《ほっしん》・報身《ほうしん》・応身《おうじん》）の仏の生命が、瞬間瞬間に起こってくる。いわゆる南無妙法蓮華経は精進行なのである」という日蓮仏法の指南（『御義口伝』、御書七九〇頁、通解）がある。ここにあるごとく、意識の次元で信仰に精進する、その極限で一瞬一瞬、意識に即した無意識の悟りを得るというのが中道の実践である。活用の仏教は、意識に徹して意識を破る。そこがまた、社会性と民衆性に富《と》むゆえんであろう。

瞑想の仏教は、悟りへの往路《おうろ》となり得ても、悟りからの復路《ふくろ》ではない。往路では執着を取り除くためにいったん否定される意識の立場も、意識即無意識という中道の復路に来ると一転して蘇《よみがえ》り、今度は意識に徹底しながら中道を行く道が用意される。それが創価学会の仏教実践ではないだろうか。鈴木大拙の瞑想仏教は往路であり、日蓮の活用仏教は復路である。ただし、往路なくして復路はないのだから、大拙のような禅思想が世界に知られたおかげで、今日、日蓮仏法が真に理解される下地《したじ》が整ったと言うべきなのかもしれない。

「自他共の幸福」を目指す献身へ

続いて、献身の仏教の問題点を考えてみよう。悩める他者のために自己を犠牲にする菩薩の生き方は尊貴であり、人類の良心を刺激せずにはおかない。献身の仏教は倫理意識の啓発において、私たちの社会に多大な精神的寄与をなしている。

ただ難《なん》を言えば、献身それ自体が目的になった場合、中道の生き方から逸《そ》れてしまうことがある。中道の生き方は、自己も他者も生かすものでなければならない。『法華文句』の一文を引くなら、「人を先にし己れを後にする慈悲仁譲《じんじょう》」が菩薩の機であるのに対し、「一切諸法の中に、悉《ことごと》く等観《とうかん》(＝一切を差別しない見方)を以《もっ》て入る」のが中道実相の仏の機である(第三文明選書版(Ⅳ)、一二一七頁)。一切を等しく観るから、自己も他者も共に楽しむという姿勢を崩さない。池田会長の言葉を借りると「自他共の幸福」に生きる人生である。中道における献身とは、あくまで自他の幸福のためにある。共存共栄のために命を捧げる生き方こそが、すべてを生かす中道の仏教哲学に合致する。自己犠牲的な献身は――あえて言うなら、自己中心的な態度も――「自他共の幸福」につながる限りにおいて是認されるべきであろう。

ところが、一般的に、献身の仏教者は自己犠牲を目的化してしまう。そして、自己の身心に対する、卑下《ひげ》や否定の意識を強めていく。結果、願望的に自己の命を捨て去る傾向が現れる。一九六〇年代、南北分断が固定化されたベトナムで、南ベトナム政府の圧政に抗議して自ら焼身自殺を遂げた仏教僧ティク・クアン・ドックの行動は、願望的な自己犠牲の一例であった。死を強制されない場面での自殺による抗議は、仏法のために避けられない死を受け入れる殉教《じゅんきょう》と同列には論じられない。

こうした自己犠牲の献身と比べると、自他を共に生かす献身は、自然で無理がない。無理がないから民衆的であり、民衆的だから社会を変えていける。「自分を捨てて他人を助けよ」と命じられるよりは「他人を助けることで自分が幸せになれ」と言われた方が、大多数の民衆の納得を得られる話であろう。また、そのように「自他共の幸福」を広げようとするうちに、他人のために尽くす深い喜びを知り、やがて自分を後回しにしても他人に尽くせるようになるものである。「自他共の幸福」を基調とすることで、献身の仏教は、さらに社会的な影響力を増すように思われる。献身の仏教の中で最も自他共の精神を感じさせるのは、私の知る限りでは、先述のサルボダヤ・シュラマダーナ運動である。創唱者のアリヤラトネは、池田会長と同様に「人間主義的哲学」(前掲書『東洋の呼び声』一五一頁)を志向し、西洋近代の功利主義が唱える「最大多数の最大幸福」とは違う意味でブッダ(釈尊)が教えた「万人の幸福」を掲げ、相互協力の労働実践に長年取り組んできた。ただし、活用の仏教から見ると、「無私」「自己否定」を説くなど、やはり他者に尽くす姿勢を強調するあまりに自己を軽視する傾向がある。それが先進国の一般人にまで影響を及ぼせない一因かと思われる。

この点、アンベードカルのごとき自制の仏教者に見られる中道的な態度の方が、すべてを生かす活用主義に対する入門的な意味合いを持ち、より現代人にアピールできよう。問題は、アンベードカルが自制の仏教にとどまったという点である。後継者たちが活用主義的な方向に思想を飛躍させない限り、広範な社会的支持を得ることはないと思う。

結局、欲望否定や達人性といった、仏教的実践が有する種々の問題点を克服する可能性は、大乗的な活用主義に求める以外にない。活用の仏教——この新たな形態の仏教が創価学会の民衆的な運動によって世界各地に広がるにつれ、仏教の修行論は日蓮仏法に至って劇的な進化を遂げたという点が、ますます多くの人々の目に明らかになるであろう。

「活用の仏教」の具体的実践

仏教者の反戦

本章を終える前に、活用の仏教における実践が具体的にいかなるものか、その実例を見ておく必要もあろう。ここでは、仏教者の反戦の問題を考えることにする。

戦争是認論はさておくとして、仏教者はいかに反戦の行動を起こすべきか。それこそ、百種百様の意見があると思われる。今は、とりあえず本章の議論に即して考えたい。

まず、自制を重んずる仏教徒は、戦争の当事者たちに「怒りの心を抑えよ」と強く訴えるだろう。アンベードカルの言葉を借りるなら、この種の仏教は「何ものも殺そうと欲することのないよう総《すべ》てを愛せ」とわれわれに命じ、殺す行為自体よりも「殺しのための〝殺し〟」の心を問題視する（前掲書『ブッダとそのダンマ』二二五頁）。

他方、瞑想を第一義とする仏教徒は、戦争の危機に際し、平和への祈りに全力を傾けるのではなかろうか。そして、人々への献身を固く誓う仏教徒であれば、戦火の海に飛び込んで民間人の負傷者を救助したり、反戦集会を開いて抗議の断食《だんじき》を決行したり、といった実際の行動に出ることが予想されよう。ティク・ナット・ハンの仏教では瞑想と献身の両面が強調されている。彼はベトナム戦争時に被災者の奉仕活動を行った献身の仏教徒であると同時に、日常生活での瞑想が軍備拡大への抵抗になると熱心に説き勧める瞑想の仏教徒でもある。

ベトナム戦争と創価学会

では、すべてを生かす中道に徹した、活用の仏法者はどう行動するのか――。その基本的なあり方は、たとえばベトナム戦争に対して池田会長が取った態度のうちに見て取ることができよう。

先ほど、ベトナムの老僧の焼身自殺に言及したが、創価学会でもベトナム戦争は大変な問題であった。当時の学会は、すでに世界各地に多数の会員を有していた。会員たちの社会的な立場や思想信条は様々で、いわば世界の縮図さながらの様相にあったと言える。会員の中には、アメリカ軍の兵士や将校もいれば、戦火に喘《あえ》ぐベトナムの庶民もいた。またベトナム戦争が自由を護《まも》る戦いであると信じる会員もいれば、この戦争はアメリカのアジア侵略に他ならないと見る会員もいた。

こうした中、池田会長は戦火に怯《おび》える民衆を思って苦悩し、平和回復への必死の祈りを続けていたことが、各種の記録や証言等からうかがえる。祈るだけではない。一九六六年十一月、池田会長は青年会員たちを前に、ベトナム戦争の即時停戦と平和維持会議の開催、さらには紛争再発を防止するための非武装地帯への国連軍駐在を提言している。提言は翌年も行われ、この時はアメリカ軍の北爆《ほくばく》や軍事行動の停止、軍の引き揚げ、その後の各国の経済援助等も訴える内容となった。これらの提言によって、アメリカに追随する日本の政府関係者から、創価学会に圧力がかかることは容易に予想された。つまり、会長にとっては覚悟の上の行動であった。

一九七二年七月、過去最大と言われる北爆が行われると、池田会長はついにアメリカ大統領に宛てて爆撃の即時停止を求める長文の書簡を作成し、大統領補佐官だったＨ・キッシンジャーを介して当時のニクソン大統領に送り届けている。さらにベトナム和平の成立後も、ある時はベトナム難民の救援募金を支援し、ある時にはベトナム戦争の悲惨さを訴える反戦平和の展示会を日本全国で開催するなど、折々にベトナムの再興を願う行動の足跡を残している。

要するに、池田会長を中心とする創価学会では、平和への祈りを根本に、終始一貫してベトナム戦争に反対し、戦争の犠牲になった民衆の支援に力を尽くしてきた。ここには、すべてを生かす仏法者の信念が脈動している。人種や国籍、イデオロギーを問わず、またいかなる事情も関係なく、すべての人間の生命が無上に尊い。ゆえに戦争には断固反対する――。この不抜《ふばつ》の意志が、ベトナム戦争をめぐる、会長の全言動を貫いているように見える。池田会長は、ベトナム戦争の問題を取り上げた小説『新・人間革命』第十一巻「常勝《じょうしょう》」の章を「創価学会は、すべての戦争に反対する。この世からいっさいの戦争をなくすために、我らは戦い続ける」（同書、三二九頁）という誓願の言葉で結んでいる。

すべてを生かす信念から来る、すべての戦争への反対。池田会長は、これを一切の出発点とし、ベトナム戦争終結への道を模索し続けた。二度にわたる提言やアメリカ大統領への諫言書《かんげんしょ》は戦争の当事者に自制を呼びかけたものであるし、ひたぶるにベトナムの平和回復を祈念する様は瞑想の仏教徒の反戦を想起させる。また難民支援や反戦平和展への取り組みについては、まさに献身の仏教者の反戦行動であろう。さらに各種の具体的な方策の提言には、現実の中の可能性を生かそうと智慧を尽くす、活用の仏教者ならではの姿勢が見て取れる。池田会長は、自制・瞑想・献身の各仏教に見られる反戦のアプローチをすべて駆使《くし》し、なおかつ智慧の努力を惜しまなかった。

智慧による反戦

ならば、活用の仏教に定まった反戦のスタイルはないのか。私は「ない」と答えたい。戦争終結を目指す対話、戦争指導者への諫言、反戦デモ、兵役《へいえき》拒否、抗議行動等々、反戦のアプローチは色々と考えられよう。だが、活用の仏法者は、そのどれかを重視することもなければ、その全部を取り込もうとするわけでもない。その人はただ、反戦平和に関する種々の思想・信念・方策等を自在に使う。道徳や知識、客観情勢等に左右されるような反戦行動でなく、すべてを生かして使う人間の自由自在の主体性そのもの、これを拠《よ》り所《どころ》にした反戦を展開する。すなわち、自由自在の智慧に基づく反戦を行うのである。

「汝、殺すなかれ」との戒《いまし》めを固く守って反戦に立ち上がるキリスト者は、ひたすら神の教えに従う者であろう。仏教にも、同じく不殺生戒《ふせっしょうかい》がある。しかしながら活用の仏法者は、不殺生の教えに従うのみではよしとしない。その教えの源にある仏の智慧を得ようとする。そうして自らが不殺生の教えを使う智慧の主体となり、相手や状況に応じて教えを自在に操ることを目指す。

ここにおいて、道徳と智慧とは画然《かくぜん》と区別される。すなわち、智慧は道徳を自在に使う主体である。活用の仏法者は道徳に服従せず、自ら智慧の主体となって道徳を使い、自在な反戦行動を起こす。「殺すなかれ」の道徳が、ここでは不屈の非暴力抵抗にもなれば、妥協的な和平戦略にもなり得るわけである。

智慧の自在性には限界がない。だから、道徳だけでなく、ありとあらゆる現象を反戦平和の方向に生かしていけるはずだと、活用の仏法者は信じて疑わない。極端に言えば、戦争の現実すらも反戦に変えられると信じる。「魔界（＝魔の世界）・見界（＝誤った考えをもつこと）は即ち是れ仏界なり……非道を行じて、仏道に通達す。一切の法に於いて、是れ妙ならざること無し」（『法華玄義（中）』第三文明選書、六三七頁）というのが、活用の仏教の真髄である。前掲の『新・人間革命』第十一巻の中に、次のようなエピソードが描かれている。

――ハワイに住む、アメリカの若き軍人の話である。戦地のベトナムに向かう駆逐艦《くちくかん》が日本に寄港した際、彼は池田会長に面会を求め、「人を殺すかもしれませんし、自分が殺されるかもしれません」と悲痛な声で訴えた。池田会長は彼を励ましながら、「御本尊はすべての願いを叶《かな》えてくれます。だから、どんな状況でも、題目だけは忘れてはいけない。私も、あなたが無事にハワイに帰るまで、お題目を送り続けます」と答えたと言う。青年軍人は、この会長の指導を胸に「必ず生きて帰れますように。また、どうか、一人の敵も殺さないですみますように」と懸命に戦地で祈った。そして戦闘の時が来た。青年は駆逐艦の砲手《ほうしゅ》となり、上官の「撃《う》て」という指示に従い、やむなく発射スイッチを押した。ところが大砲は故障していた。青年はその修理を命じられ、日々を送るうちに一度も砲弾を撃つことなく帰国できた――。

エピソードが暗《あん》に訴えているのは、戦地にあっても不殺生の実践はできる、ということであろう。客観的に考えると、この軍人が殺しも殺されもしなかったのは偶然の産物にすぎない。また、他に多くの人々が死傷したのなら反戦と言えない、などと難ずる人もいよう。そうした見方を安直に退《しりぞ》けるつもりはない。ただ、ここで強調したいのは、活用の仏法者ならば、戦争という残《ざん》虐《ぎゃく》の中に飛び込んで反戦を行う場合もあり得る、ということなのである。「蓮子《れんし》（＝ハスの実）の泥《でい》に堕《だ》するは、諸悪に同《どう》じて更《さら》に病行を修するを譬う」（第三文明選書版『法華玄義』（下）、七五二頁）と『法華玄義』に説かれる。蓮華が泥の中で清浄無垢《むく》な花を咲かせるごとく、活用の仏法者は泥沼《どろぬま》のごとき戦争の現実から寸分《すんぶん》も離れずに反戦平和の道を切り開こうとする。それゆえ、戦禍《せんか》に苦しむ民衆と同苦しながら反戦の声を上げることもあれば、兵士たちと苦しみを共有しつつ戦場の平和を祈り続ける場面も出てくるのである。

ベトナム戦争の頃、アメリカの創価学会では、仏教の平和主義を信じて良心的兵役拒否を試みる青年部員が出る一方で、どうしてもベトナムに行かねばならない学会員もいた。そのような事情下で、池田会長は彼らの取るべき行動をたった一つの原則で縛ろうとはしなかった。また、個人の自由な意志に任せたわけでもなかった。池田会長が望んだ反戦の道、それは各人が信仰の智慧によって「殺すなかれ」という黄金律を自在に使い、いかなる状況下にあっても主体的に反戦を貫くことだった。兵役拒否で社会に反戦を訴えかける勇気の行動も、戦地で銃撃の渦中にありながら必死で不殺を祈り続けることも、信仰の智慧の結果である限りはどちらも正しい。自由自在の主体性による反戦行動に、正邪優劣はない。正邪優劣をつけるのは道徳や知識の次元である。

むろん、戦場で行う智慧の反戦に合理的根拠がない点は認めざるを得ない。ただし、仏教的合理性による根拠なら十分にある。『八千頌般若経』は智慧の人が戦場にあって殺しも殺されもしないことを教え、『法華経』も観世音菩薩《かんぜおん》の名を称《とな》えれば刀杖《とうじょう》（刀剣や杖木）がにわかに段々（ばらばら）に壊れると説く。大乗仏典は仏法の力による護身を語ってやまない。その主張の背景には「縁起《えんぎ》」や「空」の仏教哲学がある。だから、正体不明の魔術と見なすわけにはいかない。

創価学会の反戦主義について、過去には一部の批評家等が、「無定見《むていけん》」「ご都合主義」といった辛辣《しんらつ》な批判を浴びせかけたこともあった。一々の事例を詳しく検証すると、そこここに複雑な事情の絡《から》み合いが見えてくる。しかしながら、根本的には、彼らが仏教者の自在な智慧を理解できず、道徳的あるいはイデオロギー的な次元にこだわったために、学会には原理原則がないとか、以前の反戦思想とは違ってきたとか、戦時中に好戦的な言動があったとか、騒いでいたにすぎない。道徳やイデオロギー等、従来的な判断の基準しか持たない人たちが、自由自在の智慧に立った創価学会の反戦行動を正当に認識することには、もとより無理があったと言うべきなのだろうか。

第5章

人間主義の宗教

人間は本来、どこまでも自由自在な主体性を持っている。また、それゆえに「すべてを生かす力」を発揮していける。これは密《ひそ》かに大乗仏教の理想であったが、まともに実践されたことはなかった。ところが創価学会は、それを民衆レベルで実践しようとする。仏教史上、初めての試みである。創価学会の信仰は、自制・瞑想《めいそう》・献身といった仏教一般の信仰スタイルでは理解できない。新たに「活用の仏教」と呼ばれるべきである――。私が今まで述べてきた内容を要約すれば、おおよそ以上のようになる。

人間への信仰

宗教を超えて人間へ

創価学会が推進してきたのは、かくも新しい仏教運動である。そして、もっと広く「宗教」として捉《とら》えても、それは過去に類を見ない性格を持つ。

「宗教」という日本語は英語の religion の訳語とされ、この religion の原義は「再結《さいけつ》」である。つまり、神から離れた人間を再び神に結び合わせることが宗教の元々の意味となる。こうした宗教の概念は、明らかに西洋の一神教に由来する。非西洋の世界には、唯一神でなく諸々《もろもろ》の神仏を信じる多神教の信仰もある。ただ、それでも超越的な何かを信じるという点で、あらゆる宗教は一致している。私たちの知る宗教は、超越者への信仰である。

創価学会員も、超越的な仏法に帰依《きえ》している。だが、その信仰の基調は、仏と人間が対峙《たいじ》する峻厳《しゅんげん》な関係というよりも、むしろ両者の根源にある生命的な律動《りつどう》にこそある。別の言い方をするなら、創価学会員は、仏でも人間でもある自由自在な生命の覚知《かくち》を目指している。戸田第二代会長が獄中で悟《さと》ったのは、まさしく内にも外にも自由自在な生命であった。そのことは「仏とは生命なんだ！……外にあるものではなく、自分の命にあるものだ！　いや、外にもある！　それは宇宙生命の一実体なんだ！」（前出）との叫びによく表れている。

創価学会にあって、信仰者は、超越的な存在を信じるという通常の宗教のあり方を超《こ》えて、自らの生命の超越性をも信じる。池田会長は訴えてやまない。「我らの心は　宇宙より広い。心より広い　宇宙はないのだ」（前掲書『詩集　平和の旗』二〇七頁）と。宇宙大の心への讃歌、内外に自由自在な生命の希求。これは取りも直さず、人間の宇宙的な尊厳性への信仰に他ならないだろう。宗教を超えて人間へ――池田会長は、この信仰に立って発言し、行動する。そして、現実に宗教やイデオロギーを超えた人間連帯の輪を世界中に広げ、多くの識者に新たな地球文明の到来を予感させてきたと言える。

他宗教の人を尊極と見る

もっとも、この信仰が人間を単純に絶対視する思想ではない、という点には十分な目配りが必要となろう。すでに何度も述べたように、法華経哲学では対立するものが「二にして二ならず」という不二《ふに》の関係にあると説く。人間（凡夫《ぼんぷ》）と仏の関係も、「二にして二ならず」と捉えられる。「二にして」の面では人間と仏が峻別《しゅんべつ》されるので、人間は誤り多き存在となる。ところが、「二ならず」の面から言うと、人間は仏と何ら変わりはない、人間のままの仏である、とされる。人間と仏は、同じで違う。

つまり、法華経的な人間観によれば、人間は相対者でも絶対者でもある。その意味で、人間は尊極無上なのである。「凡夫即《そく》仏」という言葉は、まさにこれを表現したものと言ってよい。有限なる相対者でありながら、無限なる絶対者でもあるところの不可思議な実在――それが人間存在の真実であると、法華思想の先哲《せんてつ》は看破《かんぱ》した。「衆生の法は、不可思議なり。実《じつ》なりと雖《いえど》も権《ごん》なりと雖も実なり。実と権と相即《そうそく》して、相《あ》い妨礙《ぼうげ》せず。牛羊《ごよう》の眼を以《もっ》て、衆生を観視《かんし》す可《べ》からず、凡夫の心を以て衆生を評量《ひょうりょう》す可からず」（『法華玄義（上）』第三文明選書、一七一頁）。これは、迷いの九界（権）と悟りの仏界（実）が相即する衆生法の妙を説明した天台智顗《てんだいちぎ》の言葉である。

相対即絶対・有限即無限という、この人間存在の真実には、もとより宗教による違いもない。キリスト教徒も、ムスリムも、儒学者も、仏教徒も、またそれぞれの中の宗派の別にもかかわりなく、人間は皆、相対的で絶対的な存在である。一方が絶対的で他方が相対的であるなどの差別意識はここに排され、万人が不可思議な実在として完全に平等であると了解される。

かくして、『法華経』の信仰者は宗教の別を超えて一切の人間を平等に見るという点が、一層明らかになろう。自分たちだけは特別に選ばれた存在であるといった選民意識は、元来、法華経信仰とはまったく無縁である。創価学会では、学会員であれ、他宗教の人々であれ、皆、人間として尊極であると見なしている。

宗教理解の諸類型

創価学会の変化

ならば、現在の創価学会では他宗教の教義をどう理解するのか。学会の発展期には排他的な「折伏《しゃくぶく》」のイメージが喧伝《けんでん》されたものだが、近年は平和・環境・人権等の諸問題について宗教の垣根《かきね》を越えた取り組みも目立つ。この変化を、単なる布教戦略の転換と見なす人もいれば、宗教教団が社会的市民権を獲得するまでにたどる当然の道筋《みちすじ》だと論ずる人もいる。私に言わせれば、どちらも社会的視座からの意見であって、創価学会の思想的本質に即した見解ではない。

宗教活動にまつわる議論は、その宗教の行動原理をしっかり把握しない限り、皮相的《ひそうてき》な分析に終わりがちである。創価学会論に関してもこれがあてはまる。一般のマスコミは致し方ないにしても、宗教を専門とする評論家や研究者でさえ、まともに創価学会の宗教理解を論じた人はいなかった。私がこれから行うのは、その欠陥を補《おぎな》うことである。あらゆる創価学会論の基礎に置くべき宗教理解の問題を、思想面からじっくりと考えてみたい。

宗教多元主義への注目

グローバル化の巨大な波によって、世界各地で多文化社会が生まれている。そこでは多元的な価値の共存が切実に求められている。

宗教も例外ではない。他宗教とどう共存していけばよいのか。リベラルな宗教者たちの間では、様々な宗教間の対話や協力をはかる動きが粘り強く続けられている。そうした中で、注目されるようになったのが、宗教的な真理の多元性を認める「宗教多元主義（religious pluralism）」の主張であった。その主な提唱者としては、J・ヒック（John Hick）、J・B・カブJr.（John B. Cobb,Jr.）、R・パニカー（Raimundo Panikkar）等の名を挙げることができる。

宗教多元主義の議論において、宗教理解に関する、ある共通の類型論がある。それは、（一）排他主義（exclusivism）、（二）包括《ほうかつ》主義（inclusivism）、（三）多元主義（pluralism）、という三類型を用いるものである。この三類型は、一九八〇年代、宗教多元主義を標榜《ひょうぼう》するA・レイスによって最初に唱えられたという。

排他主義

「排他主義」は、自らの信仰とそれ以外の信仰との間に何ら信念体系の共通性を認めない立場である。J・ヒックによると、カトリック協会の「教会の外に救いなし」というドグマや、十九世紀プロテスタント教会の「キリスト教の外に救いなし」という海外宣教運動の主張などが排他主義にあたる（J・ヒック『増補新版　宗教多元主義』法蔵館、六五頁）。キリスト教以外で言うなら、ヒンドゥー教至上主義やイスラム原理主義などが排他主義にあてはまるだろう。

「排他主義」は多元主義者が定めた類型であり、否定的な意味合いが強い言葉である。しかしながら、信仰が一つの選択である以上、それは必ず他の信仰の排除をともなう。いかなる信仰者も、内面的な排他性は持たざるを得ない。問題は、信仰の排他性が内面にとどまらず、他宗教の否定として外に現れる場合だろう。つまり、外的な排他性を示す宗教が、排他主義と呼ばれるべきである。

包括主義

次に「包括主義」は、自らの信仰の信念体系の絶対性を保持しつつ別の信念体系にも理解を示そうとする立場である。ヒックはキリスト教的包括主義として、キリストの贖罪《しょくざい》による法的和解がすべての人間におよぶことに基づく包括主義と、救いを人間的生の漸進的《ぜんしんてき》な変革として理解することによってすべての偉大な世界宗教の伝統の中に生ずる出来事を「キリストの業《わざ》」であるとみなす包括主義とを挙げている（同前、六七〜六八頁）。わかりやすく言い換えると、前者はイエス・キリストの死による神の許しが全人類に及ぶとする包括主義、後者は人として立派な振舞いはすべてキリストの業だとする包括主義である。

現代キリスト教の包括主義を考える上で重要なのは、カトリック神学者のK・ラーナーが唱えた「匿名《とくめい》のキリスト教徒」という概念であろう。これは他宗教の人も無自覚的にキリスト教を信じているという考え方であり、一九六二年から六五年にかけて行われた第二バチカン公会議で採用された。現代のキリスト教徒の多くは、この包括主義に立って他宗教を理解しているとも言われる。

なお、キリスト教以外にも包括主義は考えられる。たとえば、ヒンドゥー教のヴィシュヌ神は様々に化身《けしん》し、大乗仏教の仏・菩薩《ぼさつ》も日本の神々に化身するとされる。こうした化身説は、他宗教の神々などを自宗教に包摂《ほうせつ》するものであり、包括主義の一種と見ることもできよう。

包括主義は、他宗教を受け入れながらも、最終的に自宗教の優越性を主張する。この点、多元主義者から見ると、やはり排他主義的であり、批判の対象となっている。

多元主義

最後に、これら排他主義、包括主義とは異なる第三の立場として「多元主義」が提案される。「多元主義」は、自らが信仰する宗教とは独立に他宗教の存在意義を認めようとする立場である。これには通約的《つうやくてき》な多元主義と非通約的な多元主義がある。前者は諸宗教に共通する本質があるとし、後者はそれを幻想にすぎないと否定する。

通約的な多元主義の提唱者はヒックである。彼は、すべての偉大な世界宗教が提唱する神や真理が唯一の究極的な「実在者」(the Real) を様々に表象《ひょうしょう》したものであると主張する。その説に従えば、世界には実在者を人格的なペルソナとして捉える伝統と非人格的なインペルソナとして捉える伝統とがあり、前者の例ではキリスト教の「父なる神」、ユダヤ教の「アドナイ」、イスラームの「アッラー」、インドの宗教伝統における「シヴァ」「ヴィシュヌ」「パラム・アートマン（最高の我）」などが、また後者の例では東洋の諸伝統における「ブラフマン（梵《ぼん》）」「ダルマ（法）」「タオ（道）」「ニルヴァーナ（涅槃《ねはん》）」「シューニャター（空《くう》）」などが挙げられると言う（同前、七八〜八四頁）。

ならば、究極的な実在者はなぜ、キリスト教徒、仏教徒、ユダヤ教徒、ムスリム等によってかくも様々に表象されたのか。それは、神的覚知に関して「かれらはそれぞれ異なる宗教的概念群を操作しており、したがってその異なる概念群によって、かれらはそれぞれ性格的に異なるしかたで経験しているからだ」(同前、五八頁) とヒックは言う。つまり、各々の宗教が属する文化的背景によって操作される宗教的概念群が異なり、そこから宗教経験の違いが生じると見るわけである。

このことを説明するために、ヒックは、哲学者ウィトゲンシュタインのアスペクト論を宗教経験の領域に持ち込もうとする。ウィトゲンシュタインは〈うさぎ―あひる〉の頭の絵を用いて私たちが「何かを何かとして見る」(seeing-as) ことを明らかにした。ヒックの考えでは、この視覚に関する知見は「何かを何かとして経験する」(experiencing-as) という包括的な考えにまで拡大することができる。私たちの宗教経験も常に「何かを何かとして経験する」ことに他ならず、その形態には多元性が生じることになる(同前、五八〜五九頁)。あたかもカントが「物自体」(認識主観とは独立に、現象の真実在と考えられるもの)を不可知《ふかち》としたように、私たちは宗教上の究極的実在者を本体的《アン・ジッヒ》には経験できないのだという。

〈うさぎ―あひる〉の絵
左向きのあひるにも見えるし、右向きのうさぎにも見える(『ウィトゲンシュタイン全集』第8巻、大修館書店、385頁)

こうしてヒックの理論では、ウィトゲンシュタインのアスペクト論やカントの認識論を拡大解釈して宗教経験の問題に適用しつつ、世界の主だった諸宗教を、究極的実在に対する人間側からの様々な応答として理解することを根拠づけようとする。それによってヒックは、唯一絶対の宗教があるという想定から解放された、純粋な「真理の探究」のための対話が宗教間において可能になると説くのである。

さて他方で、この通約的な多元主義を批判し、非通約的な多元主義を唱えるのがカブやパニカーである。ここではカブの主張を見てみよう。

カブは、すべての宗教が同一の実在を取り扱っている、とするヒックの通約的な多元主義に反対する。たとえば、西洋の一神教に見られる創造主としての神の概念が、本当に仏教の実在観と通底《つうてい》するのか。「かれら（＝仏教徒）は疑いなく、みずからの関与している実在を宇宙の造られざる創造者として叙述《じょじゅつ》することは好まない」（J・カブ『対話を超えて』行路社、八七頁）とカブは断言する。また、東洋の諸宗教についても、その実在観は決して一様ではない。「仏教徒にとっての涅槃は、ブラフマンと同一ではない。かえってそれは、ブラフマンの否定である」（同前、一六五頁）とのカブの見解は、仏教の思想に忠実なものであろう。非実体論に立つ仏教では、不変の実体であるブラフマンを決して認めないからである。

このように、諸宗教に共通する普遍性を想定するヒックの主張には無理がある、とカブは考えている。では、彼が主張する宗教多元主義とは何か。それは自己変革のための多元主義である。

自分の宗教が世界の真実を説き尽くしていると信じつつも、なお現実の豊かさはそれを超えているのではないかと考え、自己変革のために他宗教から学ぶ。自宗教をより深く知るために他宗教から学ぶ。これが自己変革のための多元主義である。

キリスト教徒はキリスト教徒であることを止めずに仏教から学ぶことができ、仏教徒も同様のことができる、とカブは言い切る。彼が具体例として挙げるのは、キリスト教と浄土仏教の交流である。カブによれば、浄土仏教徒が阿弥陀《あみだ》を語る際に言及する「実在の全体性の特徴」はキリスト教徒がキリストを語る際のそれと同一であり、「キリスト教徒たちは、仏教徒たちが阿弥陀について学んできたものを研究することによって、キリストについてのさらなる知識を獲得することができる」「仏教徒たちは、キリスト教徒たちがキリストについて学んできたものを研究することによって、阿弥陀についてのさらなる知識を獲得することができる」(同前、二二七～二二八頁)という。異なる宗教と宗教が真摯《しんし》に学び合い、対話を超えて互いに自己変革を成し遂げる。ここにおいて、自己変革の多元主義は相互変革の多元主義ともなる。

カブが提唱する非通約的な多元主義は、諸宗教の独自性を前提としながら、自己変革のためには他宗教の真理に学ぶべきだとするのである。

日蓮仏法と宗教多元主義

日蓮仏法と包括主義

以上の類型論を手引きに、創価学会の宗教理解を考えていきたい。この作業は、学会が信仰する日蓮仏法の宗教理解を問い直すことから始まる。

日蓮仏法には、どちらかと言えば排他的なイメージが付きまとってきた。日蓮が法華経至上主義を唱え、仏教各派に対する「折伏」を唱えたからである。しかしながら、すでに述べたように、日蓮の折伏は『法華経』を排斥《はいせき》する「謗法《ほうぼう》」の宗派に対する応戦、すなわち護法《ごほう》の戦いに他ならなかった。真相は、むしろ排他主義に反対していたのである。

その証拠に、日蓮は、『法華経』以外の教えにも真理を見出す態度を示している。「仏教以外の思想や小乗、権大乗の教えなどは皆、己心《こしん》の法を片端片端《かたはしかたはし》説いている」（『蒙古使御書《もうこつかいごしょ》』、御書一四七三頁、通解）。「大日如来《だいにちにょらい》、阿弥陀如来、薬師《やくし》如来等の尽十方《じんじっぽう》の諸仏はわれらが本師である教主釈尊の従者等である」（『法華取要抄《ほっけしゅようしょう》』、御書三三三頁、通解）。このように、日蓮は、他宗派の経典が部分的にせよ真理を説いているとし、真言宗の大日如来や浄土宗の阿弥陀仏なども『法華経』の本仏釈尊の味方であると論じていた。ちなみに、日蓮自筆の曼荼羅《まんだら》本尊の中に、大日如来が配置されているものがある。本来、どの宗教も重要な真理の担《にな》い手《て》である、というのが日蓮の宗教理解であった。

日蓮において、真理の担い手は仏教の内部に限定されない。日蓮は、孔子や老子を「仏の御使」として漢土に派遣され礼楽《れいがく》を教えた聖賢《せいけん》であると評価し（『下山御消息《しもやまごしょうそく》』、御書三四五頁）、あるいは殷《いん》の暴君《ぼうくん》・紂王《ちゅうおう》を討って民衆を助けた太公望《たいこうぼう》なども「教主釈尊の御使」であると説いている（『減劫《げんこう》御書』、御書一四六六頁）。これなど、二十世紀の神学者ラーナーが提唱した「匿名のキリスト教徒」を彷彿《ほうふつ》とさせる。言うなれば、日蓮は儒教や道教の始祖《しそ》を「匿名の仏教徒」と見なしたわけである。

法華経至上主義に立って他の思想宗教に肯定的な意義を与えようとする——こうした日蓮の思考は、先の類型論から言えば、包括主義に近いように見える。日蓮は、宗教理解において他宗教を一切拒絶する排他主義的な態度は取らなかった。日蓮の考え方は、自宗教を究極としながら他宗教も生かそうとするものだった。現代の宗教に見られる包括主義の態度とよく似ている。

日蓮仏法と多元主義

とは言え、日蓮仏法には多元主義的な性格も色濃く見られる。具体的に述べてみよう。

まずヒックの通約的な多元主義と日蓮仏法とでは、宗教理解の図式が同じに見える。すなわち、すべての偉大な世界宗教が提唱する神や真理は唯一の究極者の様々な表象である、とするヒックの宗教多元主義は、究極者を「妙法」と規定する立場から諸宗教の真理把握を部分観として評価する日蓮仏法と、考え方の図式において同じであろう。両者の違いは、究極者の内容を規定するかしないか、またその規定を行ったとする日蓮の教義を承認するかしないか、である。「一なる究極者を部分的に表現した諸宗教」という見方自体は、両者ともまったく同じと言わねばならない。

また、カブの非通約的な多元主義と日蓮仏法とでは、自宗教への確信を捨てずに他宗教から学ぼうとする点が共通している。日蓮は、儒教の孔子を「聖人」「賢人」と呼び、その教えを引いて教訓するなど、他宗教の聖者から真摯に学ぼうとした。ひとたび『法華経』の真理をつかめば「一切の外道《げどう》、老子、孔子等の経はすなわち法華経である」（『十法界明因果抄《じっぽうかいみょういんがしょう》』、御書四三七頁、通解）というのが日蓮の主張であった。自宗教への絶対的確信が逆に諸宗教の平等観を生む。ここに法華経哲学の不可思議な特徴がある。

別の言い方をするなら、日蓮は、他宗教の真理を一面では部分観としながら、他面では『法華経』と同じく全体観を説くものと考えたのである。

結局、日蓮にとって他宗教の真理とは「部分」にして「全体」であった。この矛盾を内包《ないほう》した宗教理解によって、自宗教への確信と他宗教の尊重が問題なく連結する。自宗教のために他宗教から学ぼうとするカブの多元主義は、理論的な根拠を欠く嫌いがあった。これに対し、日蓮仏法では法華経哲学に立脚しつつ、理論的にもそれを主張できるわけである。

　元来、仏教は一つの立場に立つことを嫌う。それは執着に他ならないとする。無執着を掲げる仏教の論理は、あらゆる区別を離れようとする。「これはAである」「これはAでない」といった区別は、通常の論理では当たり前のことである。だが、仏教はその区別を超えようとする。要するに、Aと非Aを区別しない。禅《ぜん》仏教徒の鈴木大拙《すずきだいせつ》は、これを「即非の論理」と呼んだ。日蓮仏法で唱える妙法の「即」は、さらに「区別しない」ことをも高次の執着と見なし、ありのままの区別の世界に帰ってくる。ここに、Aと非Aの関係は、はっきり区別されながら、なおかつその区別からも離れることになる。AはAのままで、すなわち非Aである。即非の論理でも同じような言い方をするが、本質は「Aは非A」の面に偏《かたよ》っている。妙法の「即」は「AはA」にも「Aは非A」にも偏らない。「部分」すなわち「全体」という日蓮仏法の宗教理解は、かかる「即」の論理に基づく。

　以上をまとめると、日蓮仏法は、宗教理解の図式において通約的な多元主義と同じであり、自宗教のために他宗教から学ぶ点では非通約的な多元主義と同じである。ここで、日蓮仏法は通約的、非通約的のどちらなのか、との問いが生まれよう。この問いへの答えは「そうした分類にはとらわれない」である。日蓮仏法は〈通約的／非通約的〉という学問的な区別を超えた仏教的な論理に立っている。

諸宗教に共通する本質があるかないか。歴史的、文化的な背景を考える限り、共通の本質はないだろう。諸宗教は非通約的である。しかしながら、まったく異質なもの同士でも根底は一つと見るのが「即」の論理である。この点、諸宗教は通約的と言える。日蓮仏法の「即」は、諸宗教の「区別」への執着を捨てて通約的な見方を支持する。が、同時に、諸宗教を「区別しない」という高次の執着をも捨てて歴史的、文化的な背景の違いを認め、非通約的な見方を支持するに違いない。

結局、日蓮仏法の宗教理解は、〈通約的／非通約的〉の分類にとらわれない多元主義と言う以外にないのである。

多一主義

いまや日蓮仏法の宗教理解について、その輪郭《りんかく》を捉える段階に至った。日蓮仏法の思想的本質は、排他主義というより包括主義に近い。しかし、仏教的論理を踏まえると、それは包括主義でなく独特な多元主義と言うべきである。以上が、これまでの考察であった。

私たちは、この日蓮仏法の多元主義を、どのように表現すべきなのだろうか。日蓮が唱えた妙法は、形式論理的にはとても説明できない。ありとあらゆる区別から離れ、その離れることからも離れ、無限に円環《えんかん》して思慮を絶するような真理――それが妙法とされる。

宗教多元主義は、宗教を一元的に見るか多元的に見るか、を問題にする。だが、日蓮仏法は本来、そうした「一元」か「多元」かの議論にもなじまない。「一元」でもなければ「多元」でもない。それでいて「一元」であり「多元」でもある。妙法はまさに自由自在である。

この自由自在の妙法における多元性に注目すれば、あらゆる宗教は平等と言わねばならない。諸宗教の平等が現出する。ただし、その起点は日蓮仏法である。日蓮仏法が立てる妙法なくして諸宗教の平等は成り立たない。すると、日蓮仏法は自由自在の妙法における一元性を担うことになろう。日蓮仏法の一元性が諸宗教の多元性を支え、諸宗教の多元性は日蓮仏法の一元性に帰《き》する。ここで、日蓮仏法の立場は、多元主義を可能にする一元主義である。試みに、これを「多一主義」と呼ぶことにしたい。

多一主義の多と一は、互いに対立する多と一ではない。多と一の対立を超えて自由自在な〈多〉であり〈一〉である。その起点は〈一〉なる日蓮仏法への信仰にある。自宗教への揺るがぬ確信が他宗教との平等観を生み出す。他宗教に対して包括的な高みに立つ半面、他宗教を自宗教とまったく同等に見る平等性も持っている。この不可思議な自在さを多一性として捉え、多一性に立脚した宗教理解のあり方を多一主義と呼びたいのである。日蓮仏法の独特な多元主義は、多一主義を内実とすると言ってよい。

「開会」の思想

本書で導き出された多一主義は、いかにも耳新しい言葉であろう。と言っても、これは新しい創作概念ではない。日蓮教学では、多一主義が「開会《かいえ》」として説明されてきた。多一主義とは、伝統的な開会の思想を現代の宗教理解の議論に合わせて表現し直したものにすぎない。

開会とは「開顕会入《かいけんえにゅう》」の略語である。化他方便《けたほうべん》（他人を教化するための仮の手段）の法を開いて真実究極の法に会入することを言う。元は天台教学の用語である。この開会は、真実の中に方便が統合される、といった包括主義的な意味にとどまらない。「絶待妙《ぜつだいみょう》」の立場から開会された方便はそのまま真実ともなる。ここに、一切平等の世界が開けてくる。「法は本《も》と開閉無し。今呼びて『方便の門開く』と為《な》す」（第三文明選書版（上）、八六頁）と『法華玄義』に示されるように、開く側と開かれる側の区別さえなく、一切が平等に生かされ生かし合うのが開会と言える。

日蓮が『法華経』を特別視したのも、一切平等の開会を説き明かした唯一の経典だからである。日蓮の法華経至上主義は、いわば一切平等の信念化である。どこまでも一切を尊重したいがために、日蓮は徹して『法華経』を尊重したわけである。『一代聖教大意《いちだいしょうぎょうたいい》』における日蓮の説明を見てみよう。細かなニュアンスを読み取る必要があるため、ここはあえて原文のまま引用する。

相待妙《そうだいみょう》の意《こころ》は前の四時の一代聖教に法華経を対して爾前《にぜん》と之《これ》を嫌い、爾前をば当分《とうぶん》と言い法

華を跨節《かせつ》と申す、絶待妙の意は一代聖教は即ち法華経なりと開会す（御書四〇三〜四〇四頁）

多である「一代聖教」を、一である『法華経』の部分観（「爾前」「当分」）と見なすのは「相待妙」の立場である。「絶待妙」の開会においては「一代聖教は即ち法華経」とされる。多はすなわち一であり、多一主義の世界が開ける。多一主義は絶待妙の論理である。けれども両者の区別が完全になくなるわけではない。『諸宗問答抄《しょしゅうもんどうしょう》』では、日蓮がこう述べている。

設《たと》ひ爾前の円を今の法華に開会し入るるとも爾前の円は法華の一味となる事無し、法華の体内に開会し入れられても体内の権《ごん》と云われて実とは云わざるなり（御書三七八頁）

多一的な平等の世界は、一なる『法華経』の妙法の力による。したがって、妙法による開会が一切平等をもたらすと言っても、妙法の起点性がなくなるわけではない。その意味から、『法華経』の妙法によって開会された諸経は、『法華経』の「体内の権」すなわち『法華経』と同化した権教にとどまると言われる。だが、それでいて諸経が『法華経』そのものでもあるところに、妙法の「妙」たるゆえんがある。

創価学会の人間主義

多一主義から人間主義へ

日蓮仏法は、宗教理解において多一主義を取る。今までの議論は、この点を明らかにするためだった。次に、いよいよ創価学会の宗教理解を考察したい。

創価学会は日蓮仏法を信仰する団体である。ゆえに当然、創価学会も多一主義の宗教理解を示すものと思われる。ただし、創価学会において、多一主義は「人間主義」として展開された。本格的に提唱したのは池田第三代会長である。

池田会長が唱える人間主義は、自由自在の妙法に立脚するゆえに、本来、いかなる定義もできない。特定の立場を持たないから、どんな主義とも対立せず、脱イデオロギー的である。ただ、「人間主義」という名称が付いている以上、一般のヒューマニズムと同じように見られる危険性があろう。それを避けるには、何らかの解釈が必要である。

その意味から、「人間主義とは人間生命を宇宙生命と見る思想である」と本書では解釈しておく。人間主義の英訳としては、humanism でなく human life-centrism とした方が誤解が少ないように思う。

二十世紀最大のプロテスタント神学者と称されるK・バルトは、人間中心的な近代主義神学を痛烈に批判して神の絶対他者性を主張した。池田会長の人間主義も人間中心的である。だが、決して宗教の人間学化ではない。それは人間中心にして宇宙中心である。ここに、「超越性の感覚」を持った人間主義が成立する。超越的な宇宙生命を中心とする面は、かえってバルトの主張に近づく。仏法の人間主義は、神と人間の対立から出発する神学的な思考では正しく理解されないだろう。対立のまま同一を認める仏教的な論理を踏まえてこそ、その真意は明らかとなる。

創価学会の信仰において、生命は仏である。戸田会長は「仏とは生命なり」と悟達《ごだつ》した。また、生命は妙法である。池田会長は「日蓮大聖人は、生命の本源の当体を南無妙法蓮華経であると悟られた」(『池田大作全集』第二九巻、四一頁)と語っている。

創価学会は、じつに〈生命＝仏＝妙法〉を信仰するのである。この信仰において、妙法の多一性はすなわち生命の多一性であり、生命の多一性はすなわち人間の多一性である。日蓮仏法の多一主義は、必然的に人間主義となる。

かくして妙法への帰依は、そのまま人間への信仰をもたらすであろう。学会の法華経至上主義は、人間至上主義に他ならない。しかも、生命至上主義でもあるから、人間以外の動植物の生命を軽視しない。妙法を心から信じれば、人種、国籍、職業、そして宗教の別を問わず、あらゆる人間を心から尊敬するようになる。「法に厳格」であるほど「人に寛容《かんよう》」になる。また、自然も尊重するようになる。それが創価学会の信仰の構造なのである。

生命論的な開会

日蓮は『法華経』の妙法によって諸経を開会し、一切平等の宗教観を確立した。それと同じく、創価学会は妙法を生命と捉えて諸宗教を開会し、宗教間における調和と協力の地平を開拓してきたように思われる。そこに見られるのは、いわば生命論的な開会である。

池田会長は、創価学会の会長に就任して間もない一九六〇年六月、ある講演の中で「生命なくして、経済も、教育も、科学も、政治もありません。いっさいが人生、社会の幸福を追求するための各分野です。根本はぜんぶ人間です。生命です」(『会長講演集』第一巻、創価学会、九二頁)と語っている。人間のあらゆる営《いとな》みの根源的な主体者は生命であると、この頃、すでに池田会長は主張していた。それが後に、人間生命を一切の中心に置く人間主義の提唱へと発展していく。

このような人間主義は、様々な宗教を生命の多様な展開と見る思想をもたらした。日蓮仏法でよく用いられる天台智顗の言葉に「一切の法は皆是れ仏法なりと知る」(『国訳一切経』諸宗部三、三三頁)がある。世の中のあらゆる思想宗教は皆仏法だ、との見方である。創価学会にあっては、これが「一切法は皆是れ生命なり」ともなる。宗教について言えば、膨大《ぼうだい》な数の仏典はもとより儒教、道教、キリスト教、ユダヤ教、イスラーム、ヒンドゥー教等々の教えも、ことごとく仏法であり、また生命から出たものに他ならないと理解される。すなわち、創価学会は、生命論的な開会によって諸宗教に究極性を与えようとするのである。

次に引用する池田会長の発言は、いずれも生命論的な開会を念頭に置いて読んだ時に、初めてその真意がわかる内容になっている。

仏教であれ、キリスト教であれ、イスラム教であれ、どの宗教も「生命の尊厳」を説いています。その共通の基盤に立って、人類の平和のために対話し、協調していくことは、宗教の当然の使命です。

（『池田大作全集』第一四一巻、四〇〇頁）

恩師（戸田第二代会長）は、よく語っていました。日蓮大聖人をはじめ、釈尊、キリスト、マホメットといった宗教の創始者が一堂に会して「会議」を開けば、話は早いのだと……後世のドグマ性を乗り越え、宗祖《しゅうそ》の「原点の精神」に帰ることによって、より普遍的で人間的な広がりを回復し、対話の前提の土壌ができる可能性はあります。本来、「太陽」には国境も宗派のカベもありません。「人間愛」にも国境も宗派のカベもありません。それらは、人間の狭い心があとからつくったものです。

（ハーバード大学世界宗教研究センター・サリバン所長との対談、『大白蓮華』一九九三年五月号）

諸宗教は皆「生命の尊厳」を説いている。池田会長がそう唱える背景には、どの宗教も生命から出てきたものだという考え方がある。また、世界宗教の創始者が一堂に会して会議を開けば意見が一致するはずだ、との戸田第二代会長の発言も、創始者たちの生命に普遍的な意義を認め、生命の原点に立ち返って語り合う重要性を示唆《しさ》したものと受け取れる。さらに、「『太陽』には国境も宗派のカベもありません」と池田会長が言うところの「太陽」とは生命の輝きを意味していよう。そのことは、会長が続けて「太陽」を「人間愛」と言い換えている点からもわかる。元来、宗教は国境も宗派もない生命が作り出したものだ――池田会長の宗教観の核心が、ここにある。

妙法による諸宗教の開会という日蓮仏法の伝統的な宗教理解は、法華経至上主義が前面に出るため、一般の目には独善的に映りかねない。ところが、創価学会が唱える生命論的な諸宗教の開会になると、一転して独善的なイメージが消え去る。生命は万人のものである。だから、生命による諸宗教の開会は、諸宗教の原点回帰に結びつく。そこには何の押しつけがましさもない。

創価学会の生命論的な開会は、伝統的な妙法による開会と同じことである。だが、それは伝統的な開会よりもはるかに諸宗教の調和を促進する力を秘めている。戸田第二代会長が「生命」を発見したことの重大な意義は、ここにも認められる。

諸宗教の人道的競争

そうなると、創価学会は各宗教間のあるべき関係をどのように考えているのか。次に、この問題に移ろう。

諸宗教の多元性を認めつつも、生命を起源とする点で同一性を唱えるのが人間主義的な宗教理解である。そこは多と一が不可思議に一致する世界である。多なる諸宗教は互いに異質な関係にある。異質なもの同士は対立し、競い合わずにいられない。しかしまた、諸宗教は同一の生命を起源とする。同一なもの同士は自《おの》ずと調和し、護《まも》り合う。かくして対立しながら調和し、競いながら護り合うような諸宗教の関係が推《お》し量《はか》られる。この考え方は、池田会長がしばしば言及する「人道的競争」という理念に、最もよく表れていよう。

人道的競争という言葉の初見は、牧口常三郎氏が二十世紀の初頭に著した『人生地理学』の中に見出される。牧口氏はそこで、国家間の生存競争が「軍事的競争」「政治的競争」「経済的競争」の諸段階を経て、最終的に「人道的競争形式」に進化するだろうと予測した。人道的競争とは、武力や権力、経済力等によって他国を服従させるのでなく、「徳」や「仁義」といった人道に適《かな》う方法を用いて他国を「心服《しんぷく》」させることを主眼とする競争形式である。人類は、早く利己主義の競争から脱して「他を益《えき》しつつ自己も益する」人道的な競争へと進化すべきだ――。少壮《しょうそう》の人文地理学者であった牧口氏は、こう訴えた。

当時の牧口氏が身を置いた明治の思想界にあって、極めて強い影響を与えたものに社会ダーウィニズム(社会進化論)がある。これは、社会の発展が生物の進化と同じように適者生存の競争によると唱える理論である。代表的イデオローグの加藤弘之は、天賦人権論者から社会進化論者に転向した人だが、社会の発展が「良正ナル優勝劣敗」によると主張した。「良正ナル優勝劣敗」とは、社会の利益幸福を増進する精神力の競争を意味する。加藤が明治十六（一八八三）年に出版した『人権新説』（改訂三版）によれば、釈迦、キリスト、ムハンマド、孔子、孟子《もうし》等の聖人君子が異説を斥《しりぞ》けて教えを弘め、人々を救ったことは「社会一般ノ利益幸福ヲ増進セント欲スル公心ヨリ起ル所ノ競争」（『近代日本思想体系30　明治思想集Ⅰ』筑摩書房、一〇六頁）に他ならないという。加藤は、利他的精神の広がりを、進化の競争という視点から捉えた。牧口氏の人道的競争説も、こうした明治の社会進化論から生まれた一面があろう。

『人生地理学』の発刊から数十年後、牧口氏は日蓮仏法に帰依し、創価教育学会を創立して初代の会長となる。そうした経緯から、人道的競争の理念が牧口会長の死後も創価学会内に引き継がれ、池田会長が国際協調の新たなあり方としてこれを取り上げるなど、内外の注目を集めているわけである。

私見を述べると、人道的競争という考え方は、まさしく日蓮仏法の多一主義、また創価学会の人間主義から導き出されるダイナミックな自他共生の理念と通底している。多と一の一致を唱える多一主義においては、自他が多として対立する「競争」的な側面と、自他が一として協調する「人道的」な側面との両面がなくてはならない。「人道的競争」という矛盾を帯《お》びた言葉は、多即一、一即多という仏教的論理に基づく共生のあり方を、はからずも言い表せる概念であった。明治時代の社会進化論の影響下に形成されたものではあるが、創価学会は、この言葉を仏法的に用いていると見てよい。戸田会長が、「生命」という言葉を仏法的に用いたのと同じことである。

ちなみに、ヒックのような通約的な多元主義は、諸宗教を同質的に考えるから、「競争」の思想にはなじみにくいと考えられる。また、カブのような非通約的な多元主義は、諸宗教を互いに異質なものと捉えるため、単純に人道的な観点で諸宗教が一致結束することに違和感を持つかもしれない。人道的競争は、「通約的／非通約的」な区別を超えた自在な多元主義、すなわち多一主義、人間主義の観点に立って初めて理解できるような概念である。

「究極の真理」にとらわれない

池田会長は、国連をはじめとする国際社会に仏法的な人道的競争の理念を定着させようと、毎年、提言を行ってきた。それとともに、人道的競争の主体者を国家だけでなくあらゆる組織団体にまで広げ、創価学会自らも人類的な諸課題について諸宗教と協力し、その解決に向けて対話を行いながら、切磋琢磨《せっさたくま》し合う立場に立つことを言明した。ヨーロッパ科学芸術アカデミーの会長であるF・ウンガーとの対談の中で、池田会長は次のように語っている。

宗教の信奉者《しんぽうしゃ》が、自分たちが洞察《どうさつ》し、また啓示《けいじ》された「真理」に絶対的な確信をもつのは当然のことでしょう。しかし、そのことによって、独善的、排他的な〝偏狭《へんきょう》の信〟に陥《おちい》るのは、「真理」の解明を目指す宗教者の正しい態度ではありません。むしろ、究極的な「真理」の解明のために、互いに英知をしぼり、人間の真の幸福の実現に向けて競い合うことこそ、宗教者のあるべき姿だと考えます。

（『人間主義の旗を』東洋哲学研究所、七六頁）

池田会長が言う宗教の「真理」とは、じつに広々とした自由自在さを持っている。それは、各宗教の異なる真理であるとともに、そのどれでもない。完成でもなければ、未完成でもない。まことに自由自在であり、狭い宗派性を超えて、どこまでも追究されるべきである。そのように考える池田会長は、各宗教の真理を肯定的に見た上で、内なる生命の開発による諸宗教の切磋琢磨を提唱する。

J・S・ミルの『自由論』に「いやしくも自己の真に関心をもっている事項については、寛容ではないということは人類にとって極めて自然なことである」（岩波文庫、二一頁）とある。「信仰対象は何でもよい」と言い切れる宗教者など、この世の中にそうはいない。宗教者が自らの真理に忠誠を誓うのは当然である。

問題はむしろ、自分たちの見解を「究極の真理」と同一視する点にある。人間主義の宗教観に立つなら、各宗教者の見解は究極者たる生命の現れである。たとえば、神の啓示を受けた預言者《よげんしゃ》の言なども、そう解される。これによって、あらゆる宗教者の見解を尊重するわけであるが、他面、どれか一つの見解を「究極の真理」と見なすこともない。と言うより、そもそも、一般に考えられているような意味での「究極の真理」はあり得ないと洞察する。

一切の哲学的な断定を捨てよ、論争をしてはならない、と釈尊は『スッタニパータ』の中でいましめた。そのゆえんは、真理の究極が比較相対《そうたい》の次元にないからである。私たちは、どうしても他と比較して究極を定めようとする。しかしながら、真の究極は比較相対を超えている。

大乗仏教の哲学者たちは、真の意味での〈究極の真理〉が「究極／未究極」という区別を超えた思議不可能な境位《きょうい》にあると考えた。究極でも未究極でもないものが本当の真理である。だから、真理の究極性に固執した時点で真理から外れてしまう。智顗の『法華玄義』に「権に即して実なれば」「実に即して権なれば」「権実は即ち権実に非ざれば」「双《なら》べて権実を照らし、一切処に遍《あまね》ければ」（第三文明選書版（上）、五八頁）等と示されるごとく、究極（実）と未究極（権）とが相即して一切に遍満《へんまん》するところにのみ、大乗仏教は〈究極の真理〉を認める。そして、諸宗教の「究極の真理」も、じつはこの〈究極の真理〉を言おうとしていると見る。一切法（ここでは諸宗教の「究極の真理」）は即ち仏法（ここでは仏教の〈究極の真理〉）なりとの立場である。

つまり、一切の宗教が〈究極の真理〉に向かっている、という構図が見えてくる。さらに、〈究極の真理〉は究極でも未究極でもあるのだから、仏教もまたそれに向かって進む宗教でなければならない。ここに、一切の宗教者が互いに尊重し合い、学び合い、錬磨《れんま》し合う地平が開けてくる。それが、池田会長の唱える、諸宗教が切磋琢磨する宗教間対話なのである。

人間を再発見する対話

池田会長は、一切の宗教者を等しく求道者の立場に置く。会長自身も例外ではない。日蓮は〈究極の真理〉を「南無妙法蓮華経」と規定した。会長は、この妙法を信じて疑わない。しかし、だからと言って、自分の見解を絶対視することはない。むしろ妙法を悟ってみれば、他宗教も『法華経』である。他者としての『法華経』である。他宗教から、知られざる『法華経』の豊かさを学び取ることができる。ゆえに池田会長は、進んで他宗教の人々と出会い、その智慧に謙虚《けんきょ》に学ぼうとしている。

多一主義の多の面が、ここでは重要である。多は他の集まりである。異なる他者だからこそ多くを学べる。そして、多一の一が持つ無限の可能性を知っていく。創価学会は、他宗教と対話を重ねるたびに妙法を再発見し続けるであろう。妙法が生命それ自体であれば、それはまた人間の再発見ともなる。

仏教徒である前に、人間である。イスラム教徒である前に、人間である。キリスト教徒である前に、人間である。対話を通して、人間性という共通の大地に目を向け、友情が生まれれば、そこから互いの長所も見えてくる。学び合おうとする心も生まれるのだ。

（前掲書『池田大作　名言100選』一二〇頁）

池田会長にとって、宗教間対話とは人間を再発見する対話である。同じ人間として学び合う、まさに人間主義の対話なのである。

対話による学び合いは宗教多元主義者の一致した主張である。ヒックもカブも、諸宗教はまず対話すべきだとする。ただ、池田会長のように人間同士の対話を強調してはいない。ヒックの理論は究極者を規定しない。それは人間を超えた存在かもしれず、人間を諸宗教の共通基盤とするのを拒《こば》むかに見える。カブに至っては、諸宗教の共通基盤を設定すること自体に異議を唱えるだろう。

人間を共通基盤に置き、諸宗教が多様性を尊重しながら学び合い、人間の豊かさを再発見しゆく。そのような人間主義の宗教間対話は、じつに創価学会独自の主張である。

人間主義の対話を実践

以上に述べたような人間主義の宗教観に基づき、ここ数十年の創価学会は、他の宗教・思想との対話に積極的な姿勢を見せてきた。池田会長は、キリスト教の神学者、儒教の知識人、マルクス主義を奉ずる政治家、中国の著名な仏教学者、東南アジアのイスラームの指導者等と次々に対話の機会を持ち、数多くの対談集を上梓《じょうし》している。

池田会長が対話する相手、それは主義や信条といった思想の服をすべて脱ぎ捨てた裸の人間、生活者としての人間である。しかしこれは、自らの仏教信仰を捨ててまで人間対人間の話し合いを行う、という意味ではない。仏教はむしろ生活者としての人間を最大に尊重する、と池田会長は信じている。池田会長の考えによれば、仏教は「人間宗」とも言うべき宗教であり、それゆえ仏法者こそが人間対人間の対話運動の先頭に立たねばならないとする。小説『新・人間革命』第十九巻には、人間主義の対話を広げゆかんとする池田会長の決意の言葉が、次のように綴《つづ》られている。

人間の救済を掲げてスタートした宗教が、やがて異教徒を迫害《はくがい》、弾圧《だんあつ》したり、宗教同士が戦争を引き起こしているのが、残念ながら人類の歴史といえる……人類の未来を考えるなら、宗教差別や宗教戦争を根絶《こんぜつ》していくために、人間という原点に立ち返って、宗教間、文明間の対話を展開していくことが、何よりも重要な課題になる。その突破口を開いていくのが、仏法者としての私の使命であると思っている。仏法の本義は、一言《いちごん》すれば、〝人間宗〟ともいうべき、人間生命の尊重の思想だからだよ。（一九六頁）

「人間宗」である仏教が仲介者となって諸宗教や諸文明を人間の次元で結びつけ、融和《ゆうわ》させていくこと。池田会長による対話運動の根本的な意義は、そこにあると言ってよい。

仏法者による人間主義の対話運動は、世界の宗教界が望むところでもある。宗教学者でハーバード大学応用神学部教授のH・コックスと池田会長との対談集（『二十一世紀の平和と宗教を語る』）が発刊されている。その中でコックスは、会長がハーバード大学近郊に創立した「ボストン二十一世紀センター（現在は池田国際対話センターと改称）」が宗派を超えて語り合う対話の場になっている点を高く評価した。

一方の池田会長も「キリスト教にしろ、イスラム教にしろ、仏教にしろ、いずれも共通して、その始まりにおいては、社会的矛盾に苦しむ人々への温かな眼差しがあったと確信します」「仏教であれ、キリスト教であれ、イスラム教であれ、どの宗教も『生命の尊厳』を説いています。その共通の基盤に立って、人類の平和のために対話し、協調していくことは、宗教の当然の使命です」（『池田大作全集』第一四一巻、三七五頁、四〇〇頁）等と力説し、改めて人間生命の尊重という視点に立った宗教間協力の必要性を訴えている。

池田会長の場合、言葉だけではない。多くの他宗教の指導者たちと会い、人間の幸福のための対話を重ねてきたという事実がある。先のH・コックスからして神学者であるし、池田会長が以前に旧ソ連を訪問した折には、ロシア正教の教会内で会長が自殺をめぐって対話を行うという一幕もあったという。

また、二〇〇九年秋から池田会長が対談を開始したインドネシアの元大統領A・ワヒドは、会員四千万人を有《ゆう》する同国最大のイスラーム組織の精神的指導者である。会長はワヒドに向かって言う。「宗教は『人間の幸福』のためにある。教義の面では意見が異なっても、全人類の平和のためには、必ず協調できる。この大いなるテーマを、博士（＝ワヒド）と語り合いたいのです」（『平和の哲学 寛容の智慧』潮出版社、一四頁）。

なお、池田会長が創立した東洋哲学研究所でも、世界の様々に異なる宗教的背景を持った人たちと連携を取り合い、平和・人権・環境問題等をテーマとした宗教間対話を毎年のように行っている。会長は、同研究所の活動に期待を寄せてこう綴っている。「誰人も納得のできる『文明間の対話』『宗教間の対話』をやっていこう。法華経は一切を生かすからこそ王者なのだ」（『池田大作全集』第一三五巻、六九～七〇頁）。池田会長にあっては、文明間、宗教間の対話が「すべてを生かす哲学」の重要な実践と見なされている。

生活の大地から生まれた世界宗教

ところで、こうした人間主義の宗教観は、仏教の、それも大乗仏教の一部からしか出てこない類《たぐ》いの、まさに特殊な考え方なのだろうか。私は、そうは思わない。思わないどころか、これこそ現実生活に適合した宗教観ではないかと言いたいのである。

当たり前のことだが、現実の歴史においては、人間が宗教に先立って存在し、人間が宗教を創った。ここに言う「人間」とは宗教以前、思想以前の生活者である。生活者としての人間は、何の夾雑物《きょうざつぶつ》もなく自由自在の生命を直《じか》に体感している。そこに現れてくるのが生活の智慧である。一見、使えないものも、智慧を凝《こ》らせば何らかの価値は見出せる。昨日はダメ、今日もダメでも、明日になればよくなることだってある。「苦あれば楽あり」「急がば回れ」「負けるが勝ち」「怪我《けが》の功名《こうみょう》」「一寸の虫にも五分の魂《たましい》」――生活の智慧はしたたかで、すべてを生かして使わずにはいられない。

歴史上の主な宗教も、じつは生活の大地から生まれている。孔子、釈尊、イエス、ムハンマド――世界宗教の創唱者たちは、誰一人として権力の庇護《ひご》の下で布教していない。彼らは既成の権力に頼らず、あるいは既成の権力と戦いながら、自らの教えを世に立てた。にもかかわらず、燎《りょう》原《げん》の火のごとく教勢を拡大できたのは、ひとえに民衆が彼らを支持し、何がしかの生活上の利益をそこに見出したからに他ならない。

様々な宗教は神秘的な解脱《げだつ》や啓示等から生まれたにせよ、それらが社会的に存続することを許したのは、生活者たる民衆である。生活の智慧が支持したればこそ、今日の世界宗教は世界宗教たり得た。

また、これを逆に言えば、あらゆる世界宗教は——少なくとも創唱者の時代においては——必ず民衆の生活を助ける面が多々あったということである。人間愛に生きたイエスは、人を縛《しば》る規則を批判して、「安息日は人のためで、人が安息日のためにあるのではない」（前掲書『新約聖書　福音書』一三〜一四頁）と主張した。ムハンマドも、神の啓示を通じて人々の雑多《ざった》な生活上の問題に解決を与えた。『コーラン』を丹念《たんねん》にひもとくと、アッラーへの絶対服従を定めた文言の数々に交じって、「一定の期限つきで賃借《ちんしゃく》関係を結ぶ場合には、それを書面にしておく」「両親にはやさしくしてやれよ」「誰かに丁寧《ていねい》に挨拶《あいさつ》されたら、それよりもっと丁寧に挨拶し返すか、さもなくば、せめて同じ程の挨拶を返せ」（岩波文庫版（上）、六九頁、一一六頁、一二五頁）等々と、事細かな生活上の智慧が授《さず》けられていることに気づく。また、孔子は徳治《とくち》主義の理想政治による民衆生活の安定を望んで奔走《ほんそう》したし、釈尊が民衆の生老病死の悩みを根本的に解決しようとしたのは言うまでもない。

「世界の大宗教の宗祖が皆、集まって会議を開いたら話は早いのだ。人類をどう幸福にするか真剣だから、すぐに話が通じるはずだ」とは戸田第二代会長の言葉である（『池田大作全集』第三〇巻、一二三頁)。信仰上の妥協はできなくとも、「人間の幸福な生活のため」という点では即座に一致できるのが世界宗教の創唱者たちであろう。たとえば、貧者の救済などは、アッラーの命令であると同時に、イエスの教えでもあり、仏教福祉の伝統に連《つら》なった実践とも言い得る。してみれば、結局、民衆が民衆のための宗教を世に存在させた、という構図が浮《う》き彫《ぼ》りになってくる。生活する者の側から見れば、いかなる宗教も生活の智慧に他ならない。諸宗教の教えを通約可能とする立場からではなく、一切の宗教論に先立つ生活の事実として、かく言うのである。

「神中心」と「人間中心」は両立

その時代、その地域の民衆生活に最も益する智慧を提供し得た宗教のみが、最終的に繁栄を勝ち取った――こう推論できるならば、かりに特定の問題について諸宗教の見解が対立したとしても、それぞれの教えを生活の智慧と捉え直すことによって意外に一致点が見出せるものである。「目には目を」という古代の返報法《へんぽうほう》(人の行為に対して報《むく》いる)と、「汝の敵を愛せよ」という隣人愛の精神とは、紛争解決の方法においては対立する。しかしながら、どちらも特定の状況下で無用な殺害を防ぐ生活の智慧であったという点では一致しよう。聖者の智慧は、必ず人間のため、生活者のためにある。池田会長が提唱する「人間主義の宗教」は、このように生活の智慧という観点に立ってみて、初めて理解される思想ではないかと思う。

誤解なきよう願いたいが、私は人間中心の宗教観を選択して神中心主義を否定するつもりはない。正確に言うと、この二つの主義が現実には両立することを指摘したいのである。観念上の神中心と、生活上の人間中心とは、実際には何ら矛盾しない。たとえ神の世界で神が人間を選ぼうと、生活の世界では人間が神を選ぶ。およそ世界的な諸宗教は「民衆による民衆のための宗教」として人々に受け入れられ、現実の歩みを開始した。もし今、民衆を過度《かど》に圧迫《あっぱく》する大宗教があるとすれば、その宗教は自らの出発点を忘れているのかもしれない。

あるインタビューの中で、池田会長は「宗教は人間対人間の心の連帯です。もはや党派性の時代ではない。それでは必ず行き詰まる。あくまでも人間です。人間のための、人間による宗教活動を、私たちは進めていきます」(毎日新聞二〇〇一年九月二十五日付)と述べている。人間による人間のための宗教――池田会長の信念の言葉は、生活する民衆という人間の実像から出発する。それゆえに、いかなる宗教や思想を奉ずる人々の胸にも強く訴えかけてやまない何かがある。

現代世界と人間主義

イデオロギーを超えて人間へ

ここまで、池田会長が提唱する人間主義の宗教論について様々な角度から論じてきた。だが、池田会長の人間主義は宗教論にとどまらない。一般の思想哲学はもちろん、政治イデオロギーの領域にも新たな潮流《ちょうりゅう》を巻き起こそうとする。大きく言えば、現代文明の土台そのものを転換しようとしているかに見える。

そのことを雄弁《ゆうべん》に物語るのが、池田会長の平和行動の軌跡《きせき》であろう。中国や旧ソ連、キューバ等々の社会主義国家のリーダーたちと、最も早くから、最も熱心に、人間対人間の対話を行ってきた自由主義側の人物の一人が、池田会長であったことを忘れてはならない。「宗教を超えて人間へ」という人間主義の信念は、同時に「イデオロギーを超えて人間へ」ということでもある。

池田会長の名はいまや中国全土に広まり、同国の多くの大学が会長に名誉博士号や名誉教授の称号を授与し、二十を超える池田大作研究所が設立されているが、かかる事態の淵源《えんげん》は、会長が一九六八年九月八日、深刻な東西冷戦の最中にもかかわらず、日中国交回復の提言を数万人の日本の大学生の前で発表したことにある。この池田提言に対し、日本では黙殺《もくさつ》と非難の反応が起き、中国政府の方は創価学会への関心を急速に強めたという。その後、一九七二年に日中国交正常化が実現され、一九七四年の十二月、二度目の訪中団を率いた池田会長は当時の周恩来《しゅうおんらい》首相と会見した。

周はこの時、「中日両国人民の友好関係の発展は、どんなことをしても必要であることを（池田会長は）何度も提唱されている。そのことが私にはとてもうれしいのです」と語り、四十六歳の若さであった池田会長に日中友好の未来を託《たく》したと言われている。池田会長もそれを受け、早速行動を起こした。周との会見の翌春、中国から初の国費留学生六人を日本で唯一、創価大学に受け入れている。会長は留学生の身元保証人となって親身に世話を焼き、同大学の構内に周の名を冠した桜の木を植樹したりもした。

池田会長の視線の先には、いついかなる場合も「人間」がいる。イデオロギーの是非よりも、人間の幸福の如何《いかん》を問い続ける。これは、池田会長の師である戸田第二代会長の姿勢でもあった。戸田会長は、一九五〇年に勃発《ぼっぱつ》した朝鮮戦争について、「戦争の勝敗、政策、思想の是非を吾人《ごじん》は論ずるものではない」と前置きした上で、「この戦争によって、夫を失い、妻をなくし、子を求め、親をさがす民衆が多くおりはしないかと嘆《なげ》くものである」（『戸田城聖全集』第三巻、七四頁）と述べている。

世界平和を願う池田会長の行動は、時に深刻な誤解を生むことがある。その原因は、批判者たちが概《がい》してイデオロギーの次元で正義を論じるからだ。池田会長はあらゆるイデオロギーを生み出した人間の生命に焦点を当てて人道的な行動を取る。だが、批判者たちの多くはイデオロギーの次元で人道や正義を判断しようとする。

一九九〇年五月、池田会長は、その前年に起きた「天安門《てんあんもん》事件」によって国際社会から集中砲《ほう》火《か》を浴びていた中国を、三百人の団員を引き連れて訪れた。当然のごとく、会長の行動は内外からの非難に晒《さら》された。「学会は人道主義の団体じゃないのか。中国に加担《かたん》するつもりか」。学会の内部からさえ、反対意見が上がった。しかし、会長は「困った時に行くのが、本当の友情だ」と言って一歩も譲《ゆず》らなかったという。

池田会長がどんな非難を受けても助けたかったもの、それは第一に十億人を超える中国の民衆だったに違いない。天安門事件の是非よりも、地球上の数分の一を占《し》める数の民衆の生活を守ることこそ真の正義ではないか――そうした叫びが聞こえてくるような、覚悟の行動であったと言えよう。近年も、戦後イラクの支援をめぐって創価学会の対応を批判する人がいた。イデオロギーを超えて人間を見つめる創価学会の人間主義を理解しない限り、学会の社会的行動を正当に評価するのは難しいだろう。

知性的な人々から様々に批判されたとしても、目の前に苦しむ人々がいるならば、とにかく助けに行く。まず食糧と安全を与える。これかあれかの二者択一にこだわらず、敵と味方とを問わず、ただ人間を助けようとする。アメリカの味方でもなく、イラクの味方でもなく、生きた人間の味方であろうとする。それゆえに、結局は万国の味方である。たとえおめでたい理想主義者と言われようとも、智慧を尽くし、祈りに徹して、不可能を可能に変えゆく信念に生き切る。創価学会は、そのような意味における人道主義を目指すのである。

以上は創価学会の側に立った人間主義の説明であるが、これも一つのイデオロギーではないかと訝《いぶか》る人もいよう。辛辣《しんらつ》な人なら、イデオロギー以前のご都合主義だと笑うかもしれない。この主義は、所詮、議論だけでは正しく理解されないだろう。私としては、池田会長の行動に対する社会主義諸国の諸反応のうち、特筆すべき事実だけを記し、後は読者の思索に委《ゆだ》ねたいと思う。

ゴルバチョフとの友情

初対面の席で「中国を攻めてはいけません。アメリカと武力を競い合ってもいけません。世界は運命共同体です。創価学会は小さな団体ですが、世界のことを一番心配しています」と訴えた池田会長に対し、中国を攻める意思がないことを明言したのは旧ソ連のコスイギン首相であった。この時、政府の要人に人物を評価された池田会長は、ほどなくモスクワ大学から名誉博士号を授与されている。

また、ソ連の民主化を推し進めて同国最後の最高指導者となったM・ゴルバチョフと一九九〇年に初対面した時には、池田会長が開口一番「今日は、大統領と〝けんか〟をしに来ました！」「火花を散らしながら、何でも率直に語りあいましょう。人類のために！　両国のために！」と話しかけ、ゴルバチョフも「私も率直な対話が好きです」と応じている（『池田大作全集』第一二七巻、一六四～一六五頁）。両者はその後、個人的な交友関係を深め、一九九六年には二人で対談集を出版した。ゴルバチョフは池田会長に向かって言う。「あなた（＝会長）はご自身の平和旅によって、鉄のカーテンのもとでも、平和への対話や民間外交が可能であることを証明しました」（『池田大作全集』第一〇五巻、二〇〇頁）。

人間主義の対話には、体制やイデオロギーを超えて人の心を動かす絶大な力がある。そのことを、イデオロギーで東西に分断されていた二十世紀の世界地図を書き換え、時代精神の象徴ともなった稀代《きたい》の政治家が認めたのである。このゴルバチョフは現在、池田会長の人間主義を熱心に支持する世界的知性の一人である。同氏は、池田会長との対話に触発《しょくはつ》され、こうも語っている。「新しきヒューマニズム、人間存在の精神的価値は、人間自身のなかに求められるべきです。人間こそが、すべての尺度《しゃくど》であり、あらゆる主義主張の真偽を見極めるうえでの、評価基準とならねばなりません」（同書、四七五頁）。

キューバのカストロと会談

もう一つ例を挙げたい。一九九六年六月、アメリカからヘルムズ・バートン法による経済制裁を受けた頃のキューバを、池田会長がキューバ文化省の招聘《しょうへい》で訪問したことがあった。キューバ初の本格的な日本美術展を開催すべく尽力した池田会長に対し、カストロ前議長は革命以来、初めて軍服を脱いで応接し、会長と和《なご》やかに歓談した。この時、カストロは「平和主義者を迎えるのにふさわしい服に着がえました」と笑顔で語ったという。会見の翌日、池田会長はキューバの国家勲章とハバナ大学の名誉博士号を授与されている。

この民間外交の成果もやはり、イデオロギーを超えた人間主義を掲げる池田会長にして初めて成し得るところであったろう。池田会長が俗に言う反米主義者でないのは、アメリカ社会への貢献を期して同国内に大学や研究機関を創立したことや、H・キッシンジャーを含むアメリカ各界の識者たちと世界平和を展望する対話を長年重ねてきたことなどから明らかである。一方でカストロの側も、親米国の要人である池田会長を取り込もうとしたわけではなかったろう。彼が微笑みかけたのは、社会体制の別なく人間を愛し、人間同士を結びつけてきた「万人の友」としての会長だったと思われる。

キューバ国家と池田会長の交流は、ある大臣が会長とトインビーとの対談集を称賛したことにカストロが関心を抱き、自らそれを借りて熱心に読んだことに始まると言われている。カストロは、人間主義で世界を結ぶ思想家、そして実践家である池田会長と親密な関係を結びたかったのであろう。池田会長のキューバ初訪問の折、同国のマルティ副文化大臣が会長に語った次の言葉は、それを証して余りある。


会長は、人間主義の思想を身をもって実践され、わが国を訪問してくださいました。自らヒューマニズムの手本を示してくださいました。わが国に対しては、偏見に満ちた情報が世界へ意図的に流されてきました。そういうなか、池田会長のように、わざわざ出向いてくださり、ドアをノックして開けてくださり、率直に話を聞いてくださることが、どれほど勇気の必要なことか……その行動に私は偉大な人間の真価を見いだしたのです。

（前掲書『世界が見た池田大作』五五～五六頁）

この言葉からもわかるように、万人の友、万国の味方であろうとする池田会長の人間主義は、決して空想的な理想に終わっていない。事実として、閉ざされた世界に風穴《かざあな》を開ける働きを見せている。空想的どころか、これほど現実的な平和思想はなかなか見当たらない。

それでもなお、イデオロギーを問わない人間主義こそ政治利用され易いのではないか、といった懸念《けねん》は確かに残る。だが、これについても、私は表面的な見方にすぎないと考えている。人間主義は政治に利用されるように見えて、じつは政治を内側から人間化するからである。

社会主義国、自由主義国、あるいは独裁制や君主制の国家であっても、そこに人間尊重の精神が行き渡るならば、平和で幸福な社会を作ることはできる。こう信じるのが仏教者である。世界の仏教徒が理想の政治家と称《たた》える古代インドのアショーカ王は、今日から見れば一種の絶対君主であった。仏教の人間主義者は、一つの社会体制を選び取るよりも、既存のあらゆる社会体制を民衆の幸福のために生かすことに熱心である。賢妻《けんさい》は夫に従いながら夫を従える。立派な子供は親に逆らわずに親を感服させる。あたかもそのように、人間主義者は、いかなる体制の内側にも入り込んで体制を生かしていく。人間主義の行動原理は「生かす」にある。人間主義者は、特定の社会体制を容認も否認もせず、それをひたすら人間のために生かそうとするのである。

対話の哲学

相手を生かす対話

対峙するものに従いながら、それを従えていく——人間主義者のこうした柔軟で平和的な自己主張のあり方は、けだし対話の場で最も鮮明に見て取れる。人間主義者の対話は、どこまでも相手を生かす対話である。

政治的、思想的なテーマで異なる立場の人たちが対話を行えば、互いの共通点よりも相違点の把握の方が主となるのが普通である。もしくは互いの意見を否定し合いながら、弁証法的に議論を深めていく場合もあろう。どちらにしても、「否定」なくして建設的な議論は成り立たない、というのが一般的な通念となっている。そこで、池田会長のごとく相手の立場を尊重した対話を心がけると、本音の話が出ていないとか、社交辞令の延長だとか、真理の探究が見られないとか、色々と否定的に言われることがある。

しかしながら、仏教の人間主義に基づく「生かす」は単なる「肯定」の意味ではない。それは肯定と否定の中道である。あえてそこに否定の要素を取り出すならば、相手を人間尊重の方向へと誘導しゆく言説がそれなのかもしれない。

たとえば、「生かす」という視点から池田会長とトインビーとの対談を読み直すと、年来の持《じ》論《ろん》である自己中心的な欲望の克服を力説していたトインビーが、池田会長の「大我《たいが》」説に誘導される形で、いつしか「私も、人間は欲望の消滅といった不可能な目標をめざすよりも、欲望を善なる目的に向けるという、達成可能な望ましい目標をめざすべきであると信じます」「実際には、〝小我〟も〝大我〟も同じです」等と述べ出すのに気づかされる（『池田大作全集』第三巻、五九三頁、六〇〇頁）。そのように、人間主義の対話においては相手の意見を真っ向から否定するのでなく、相手の意見を尊重しながらその奥底に眠る人間生命への肯定感を引き出し、相手を生かしつつも自然に人間主義へと誘《いざな》うのである。

理知的な人は、ともすれば自分の理屈に合わない意見を切り捨てがちである。自分と相手の違いばかりを気にしている。これに対し、仏教の人間主義者は、相手の主張を尊重し生かすことを第一に心がけ、相手を通じて自分を語っていく。『法華玄義』に「真は即ち是れ俗なり。俗は即ち是れ真なり」（第三文明選書版（上）、二四四頁）と説く。俗世間の真理（俗）が、じつは仏教の真理（真）であるとする。まさにそのように、池田会長の対話においては、相手の世俗的な人生観がいつしか妙法の光を放ち始める。すなわち、池田会長との対話を通じ、名だたる識者たちの卓抜《たくばつ》なる見識がことごとく仏法と溶《と》け合い、新たな思想の生命を得るわけである。

M・ブーバーと池田思想

自他の境界を尊重しつつも超え、他者を生かすことで自己を語る。そうした池田会長の対話は、二十世紀の宗教哲学者M・ブーバーが洞察した〈われ―なんじ〉の関係の世界を想起させずにおかない。ブーバーは、〈われ〉〈なんじ〉〈それ〉〈彼〉〈彼女〉等々と呼称されるわれわれの世界の基礎語が対応語としての〈われ―なんじ〉と〈われ―それ〉であるとし、この二重性を指摘した上で〈われ―それ〉の根源に〈われ―なんじ〉を置いた。彼の著『我と汝』によれば、〈われ―それ〉の〈われ〉は経験的に対象＝〈それ〉を利用するが、〈われ―なんじ〉の〈われ〉は全存在的に存在＝〈なんじ〉へと向かうとされる。そして、〈われ―それ〉の経験的関係を絶えず〈われ―なんじ〉の全存在的関係の中へと止揚すべきことを唱えている。

「はじめに関係がある」「人間は〈なんじ〉に接して〈われ〉となる」（岩波文庫、三八頁、三九頁）とのブーバーの洞察は、相手を通じて自己を語る大乗仏教的な対話に近いものを感じさせる。だが、池田思想から見ると、ブーバーの対話の哲学には、なお重要な視座《しざ》が欠落している。それは「生かす」という思想性の欠如である。ブーバーと池田会長は、共に日常生活や対話を重視する。しかしながら、ブーバーの言う対話は「出会い」を眼目とし、池田思想に見られる「生かす」対話とは異なる面がある。

ブーバーは、人間を共同的に捉えたが、その共同性は自他の二元対立を前提としている。二元対立から出発する限り、我と汝との対話は「出会い」を核とするしかない。一方、池田思想のごとく一元性にも二元性にも偏らずに自他を考える時、我と汝との対話は「生かす」という関係になる。他者を自己自身として生かす思想は、自他を一元的に見ないと出てこない。かと言って、自他一元で対立がなくなっても成り立たない。結局、自他の関係を自由自在と看破して初めて、他者を生かす対話の地平が開けてくるであろう。

二元的なユダヤの思想を背景に持つブーバーは、自己の内にも外にも自在な境地を説こうとした仏教を誤解し、単に自己の内部にすべてを収めるものと批判した。彼は、力を込めてこう言う。

　自己の内部でのみ解決を求めているかぎり、ひとは世界を愛することも、悩むこともあり得ない。彼は世界へと出てゆかないからである。ただ世界を信ずるひとだけが、世界とともに自己のなすべきことが分る。このことを明らかに認めるひとは、神なしではあり得ないであろう。

（同前、一一九頁）

ブーバーは、このような考え方で仏教を批判し、生ける現実において、われわれは「永遠の〈なんじ〉」としての神と出会うのだと強調してやまない。仏教を一元論的な宗教と見て退け、自らは二元性に偏って〈われ—なんじ〉の関係の世界を称揚するのである。

彼は、仏教が一元論にも二元論にも偏らないことを知らなかった。あるいは、それを頑《かたく》なに拒否していた。もしブーバーが、仏教哲学の「即」の論理を理解していたら、右のような仏教観になるはずもなかろう。仏教は、世界を自己の中に呑み込むための教えではない。自己と世界が、断絶しながら断絶しない、すなわち相即して不二であると説くのである。そこには二元対立的に自己と断絶した世界、そして他者の存在も、厳として認められている。

池田思想で「生かす」と言うのも、「他者」なき「自己」の拡大などではない。それは「自己」即「他者」の拡大である。ここに至って、もはや生かす者と生かされる者との区別もなくなる。自己が他者を生かすのは、他者が自己を生かすのと同じである。

それゆえ、池田会長は、まったく異なる主義信条の持ち主に対しても、その立場を最大限に尊重しようとする。もっぱら他者を通して自己を語る。池田会長は、そうした対話を世界的に展開してきた。無限と言ってよいほど多様な主義主張を持った世界の人々が、その主義主張のまま喜んで参加できるような対話の場を、一つの揺るがぬ信念の下で創出《そうしゅつ》したのが池田会長である。事実として、それはイデオロギーや宗教で分断された二十世紀の人類をつなぎ合わせることに貢献したと言ってよい。

生活者の対話

人間主義者の「相手を生かす対話」は、生活者の対話でもある。池田会長は、世界屈指の知識人や実力者たちを前にしても、必ず日常的な話題を持ち出す。大統領であれ、世界的な経済学者であれ、彼らの生い立ちに始まって父母、兄弟、妻、子供たちの話などを決して忘れない。これはただ、相手の機嫌を取っているのではなく、それ相応の意味があるように思う。と言うのも、その人の日常生活に中道の真実が現れているからである。

すでに述べたが、生活者は一切に先立つ。この生活者は、まさに日々中道を生きている。生活者は常に智慧を使い、すべてを生かそうとする自由な主体に他ならない。私たちは、かりに理屈の世界で許せない同僚がいても、実生活では何とか一緒に仕事をしようとする。そのうちに、意外に良い面があるなと気づいたりもする。なぜ良い面が見えるのかと言うと、生きた人間は不断《ふだん》に変化し、善悪様々な面を示すからである。人間だけに限らない。万物は変化の連続である。決して静止的に捉えられない。本当は可能性の宝庫である。生活者はそのことをよく知っている。だから、すべてを生かそうとする。人間関係においても、相手を否定したり肯定したりしながら、ごく自然に中道を歩む。

もちろん、現実には中道を歩まない自己中心的な生活者もいよう。だが、それはむしろ生活者本来のあり方から逸脱《いつだつ》した姿なのである。そこには、生活から遊離《ゆうり》した観念的な執着が見られる。本来の生活者は、他者と相互依存し、互いに助け合うことで最も安定した自己を保つ。動物の利他的行動が利己的な遺伝子の仕業《しわざ》である、と唱えたのはR・ドーキンスだった。生命の本来性において、利己と利他は逆説的に一致する面があろう。自己中心性は、そうした本来的な生命の志向に背《そむ》き、安定した自己の基盤を損《そこ》なう。結局は生活者の非本来的な姿なのである。

以上の点を踏まえ、池田会長が世界の識者と互いの生活史を忌憚《きたん》なく語り合う背景には、生活者の実像に中道の真実を見るという、仏法者の信念があるのではないかと、私は推察する。池田会長は、どんな人に対しても、まず同じ生活する人間として語り合おうとする。池田会長の人間主義の信奉者となったゴルバチョフの言を借りるなら、「人生の意義は、現実生活を無視した弁証法的奇行《きこう》や、頭脳ゲームをしている人々のなかに、求めることはでき」ず、「自分と家族の生活を営々《えいえい》と支えてきた、また今、支えている大勢の庶民のなかにこそ、人生の意義を見いだすべき」なのである（『池田大作全集』第一〇五巻、四九七頁）。生活者と生活者とが織りなす率直な対話——新しい人間主義は、そこに人生の真理を見出す。

日蓮の他宗批判

日蓮は戦う寛容主義者

池田会長は人間主義の宗教観に立ち、他の宗教やイデオロギーを信奉する人たちと生活者の次元で接し、どこまでも相手を生かす対話を推進する。このことを述べてきた。しかし、ここでまた、執拗《しつよう》なまでに例の疑問が浮かんでくる。創価学会が日本国内の諸宗教に対して排他的と見られる「折伏」の態度を取ってきたのはなぜか、との疑問である。

折伏とは、大乗仏教において衆生を教化する方法とされ、摂受《しょうじゅ》と対比される。折伏が相手の誤りを責めて伏《ふく》させ《せ》るのに対し、摂受は相手の主張を寛大《かんだい》に認めて包容《ほうよう》する教化方法である。創価学会の言う折伏は、日蓮の教えに立脚する。日蓮によると、正しい真理（正法）に無知な人々には穏和《おんわ》な摂受の方法を取るべきだが、正法を非難する「謗法」の者に対しては負けずに論破《ろんぱ》し、折伏しなければならない（『開目抄』、御書二三五頁、要旨）。そして、日蓮は同時代の念仏宗、禅宗、真言宗、律宗《りっしゅう》等の教えがことごとく『法華経』の正法を誹謗《ひぼう》しているとして、諸宗折伏の論戦に打って出た。

この日蓮の折伏行は、他の仏教諸派から見れば、まさしく排他主義と映《うつ》る。日蓮仏法は排他的であるとのイメージが日本社会に広がり、日蓮の思想に忠実な創価学会もまた、排他主義の宗教というレッテルを貼られてきた。この問題はすでに第二章で詳しく論じたが、創価学会をめぐる排他主義論争の本質を解きほぐすために、日蓮仏法における他宗批判の論理構造を今、改めて示しておく必要性を感じる。

本書で述べてきたように、仏教的実践の真髄《しんずい》は自由自在の真理に立ってすべてを生かすことにある。そこには、自他の差別もなく一切が尊重される、真に平等な世界が開けている。『法華経』の信仰こそが、真の平等を可能にする。日蓮はそう固く信じていた。だから、徹して『法華経』を信奉したのである。

すると、日蓮が他宗を激しく批判した真意も、自ずと明らかになる。日蓮は何も、他宗の教えを排斥したかったのではない。反対に、他宗の教えも含め、あらゆる善論を真に生かそうとした。ただ、そのためには一切平等を説く唯一の経典『法華経』を世に立てねばならない。現実を見ると、当時の念仏者や真言師等が『法華経』の教えを「理深解微《りじんげみ》」「千中無一《せんちゅうむいち》」「三重の劣《れつ》」「戯論《けろん》の法」などと言い、あからさまに非難していた。一切平等の教えの否定は、いかなる理由であれ、結果的に非寛容へと通じていく。だから、寛容の信念に生きる者は、これらに敢然《かんぜん》と反駁《はんばく》し、すべてを生かす『法華経』の真理を再び輝かせなければならない。日蓮の折伏思想からは、そのような護法の自覚が強く感じ取られる。

要するに日蓮は、諸宗の『法華経』批判への反批判によって、かえって宗教的寛容の信念を貫《かん》徹《てっ》しようとしたと言える。日蓮の実像は、戦う寛容主義者であった。「他の宗教にたいして寛容であるところのすべての宗教にたいして、寛容であるべきだ」(『社会契約論』岩波文庫、一九四頁)とは、味わうべきルソーの言葉である。日蓮は、『法華経』を受け入れる者を決して排斥しなかった。彼が真っ向から戦った相手は、陰《いん》に陽《よう》にと『法華経』を誹謗する非寛容な仏教思想だったのである。

法然の排他主義と戦う

そうした戦いの代表例として、日本浄土宗の開祖・法然《ほうねん》の諸宗批判に対する、日蓮の反批判を取り上げてみよう。日蓮から見て、念仏以外のすべての仏教を「捨てよ」「閣《さしお》け」「抛《なげう》て」などと説き勧めた法然は、極端な排他主義者であった。法然の主著『選択本願念仏集《せんちゃくほんがんねんぶつしゅう》』をひもとくと、なるほど徹底した排他主義が見て取れる。法然はそこで、真言宗、禅宗、天台法華宗、華厳《けごん》宗、三論《さんろん》宗、法相《ほっそう》宗、地論《じろん》宗、摂論《しょうろん》宗、倶舎《くしゃ》宗、成実《じょうじつ》宗、律宗といった当時の仏教宗派をことごとく「聖道門《しょうどうもん》」と呼んで巧妙に無用視し、自らの「浄土門」のみが救いへの道であると訴えた。「すべからく聖道を棄《す》てて浄土に帰すべし」(岩波文庫、二一頁)、「速《すみ》やかに生死を離れむと欲《おも》はば、二種の勝法《しょうぼう》の中に、しばらく聖道門を閣いて、浄土門に選入すべし」(同前、一七七~一七八頁)。「選択」の名の下に、諸経排斥の言は枚挙《まいきょ》に暇《いとま》がないほどである。

法然は、自分が選んだ経典以外はすべて捨てよと説き、後はまったく顧《かえり》みない。そこが、方便の教えを捨てながらも生かす『法華経』の一仏乗思想との決定的な違いである。『法華経』方便品では「正直に方便を捨てて、ただ無上道《むじょうどう》を説く」と方便の教えの排除が宣言されている。だが、それは「ただ一乗の法のみがあって、二は無く、また三も無い」とあらゆる方便の教えを開き、真実と方便の差別を排した一切平等の世界を開示するためであった。ところが法然の選択主義においては、ただ聖道門の教えを棄てよと勧められるばかりで、一切の教えを平等に開く意図がない。むしろ徹底した排他主義の表明であり、日蓮はこれに断固反対したわけである。

日蓮とて、もとより念仏の価値自体を全面否定するつもりなどなかっただろう。『法華経』の薬王品《やくおうぼん》では、阿弥陀仏（アミターユス）の住む安楽《あんらく》世界への往生《おうじょう》が示される。『摩訶止観《まかしかん》』にも、四種三昧《ししゅざんまい》（種々の経典に説かれた修行法を四種に分類し、総合化したもの）の一つとして阿弥陀仏の周りを歩行しながら念仏を行う常行《じょうぎょう》三昧が説かれる。日蓮がこれらの言説に否定的であった形跡は認められない。日蓮は、釈尊の分身としての阿弥陀仏なら承認していたと見られる。所詮、法華経の心に立ってすべてを生かすのが日蓮の立場であった。彼は、あくまで法然の思想のごとき、すべてを生かす教えを拒否する排他的な念仏主義に反対したのである。

こう述べると、「日蓮自身は排他主義と戦ったつもりでも、客観的に見れば、それもまた排他主義ではないか」などと言い出す人が必ず出てくる。しかし、それこそ客観性を欠く議論ではないだろうか。諸経典を捨てよ、との法然の主張が、現実として排他主義にあたるのは自明である。日蓮は、この自明な排他主義と戦った。排他主義者は攻撃者であり、排他主義と戦う者は護衛者である。よって、法然と日蓮とを同列に論ずるのは現実の自明性に反する。極端な譬《たと》えを用いると、ギャングと警察官が銃で撃ち合った事件について、裁判官が「両方とも銃を使ったから悪い」と判決を下すようなものである。

日蓮は、法然一派の排他的な動きを座視《ざし》しなかった。その折伏は、ひたすら法を謗《そし》る者（謗法者）に向けられていた。日蓮にとって、折伏とは正法への攻撃に対する護衛以外の何ものでもない。加えて、その護法の戦いは非暴力的でもあった。日蓮教団は、存命中に何度も暴力的な襲撃を受けたが、彼らの側から報復的な暴力を行使した形跡は見当たらない。歴史学的な認識として、日蓮は終生、暴力の加害者でなく被害者の側にいた。すなわち、言論戦に徹していたと見てよい。

反人間主義との戦い

人間を否定的に捉えた諸宗

そしてまた、日蓮の言論戦は、生命の本質を否定する思想との戦いだったとも言い換えられよう。『法華経』は、永遠の仏による自在な教化の姿を通して、自由自在の生命を説き教えている。

この自由自在の生命は、宇宙の本質にして人間生命の本源《ほんげん》でもある。よって、『法華経』の真理への反対は人間生命の本源の否定につながり、端的に「反人間主義」と見なし得る。なるほど法然の教説などは、末法《まっぽう》の悪人や愚人《ぐにん》が仏のごとき自由自在の境地に立つのは無理だと言っているに等しい。日蓮が戦った相手は、ある意味では人間の本源的な主体性を否定する思想であった。

日蓮の諸宗破折に関しては、このように人間を基軸に置いた新しい解釈もできるかと思われる。念仏の他力《たりき》主義は人間の自由自在の主体性に懐疑的《かいぎてき》な点で、真言宗の神秘主義は超人的な仏を中心に置く点で、禅宗の超俗《ちょうぞく》主義は人間の日常性を軽視する点で、律宗の戒律《かいりつ》主義は他律性を重んずるがゆえに、法華経的な見地からは、それぞれ人間を否定的に捉えているように映る。日蓮は、そうした人間否定の思惟傾向に抗《こう》して現世《げんぜ》成仏の信仰を掲げたとも言い得るだろう。

ただ、繰り返すようだが、日蓮が諸宗の教えを全面的に否定したと見るのも大きな誤りである。日蓮の諸宗批判の言説を具《つぶさ》に調べると、他宗の教えにも明らかに肯定的な意義を認めていたことがわかる。諸宗の仏は『法華経』の仏の分身であり、諸宗の真理は『法華経』の真理に人々を誘《ゆう》引《いん》する手段的価値を持つとされる。そして最終的に、一切が『法華経』そのものとして、すなわち目的それ自体として生かされていく。他力主義にせよ、神秘主義にせよ、超俗主義にせよ、戒律主義にせよ、日蓮は、そうした諸宗の教えが自由自在という中道の真理を蔑《ないがし》ろにして何かに偏執し、結果として「反人間主義」に陥ったがゆえに警鐘を鳴らし、諸宗批判を行ったのである。

反人間主義の日蓮正宗

これと同じことが、創価学会の他宗折伏についても言えると思う。近年の創価学会は、日蓮正宗のあり方に強く異を唱えている。周知のごとく、創価学会は創立以来、信徒団体として日蓮正宗に所属していたのだが、六十七世の法主《ほっす》を自称する阿部日顕《あべにっけん》の代になって正宗側が僧侶中心主義を唱え始め、従来の僧俗平等路線に深刻な亀裂が生じた。日顕は一九九一年十一月、「法主を軽視した」として創価学会を「破門《はもん》」し、以後、両者の対立が続いている。

その一連の経過において、正宗の僧だった私は、宗門に非があると訴えて宗派離脱をした。ここで読者諸氏に知ってもらいたいのは、創価学会が日顕らを批判する重大な理由の一つに反人間主義がある、という点である。

創価学会が日蓮正宗への抗議を「反人間主義との戦い」と意義づけることを示す適例として、二〇〇五年一月に池田会長が発表した平和提言「世紀の空へ　人間主義の旗」（第三十回「SGIの日」記念提言）を見ておこう。その中で池田会長は、人間精神の劣化《れっか》や弱化《じゃっか》をもたらす過激主義、教条主義を「反人間主義」と規定し、「私どもがここ十数年来続けている邪悪《じゃあく》な宗教的権威との戦い、〝平成の宗教改革〟運動も、そうした反人間主義に対する人間主義の戦い以外の何ものでもない」（『池田大作全集』第一五〇巻、一〇六頁）と述べている。「邪悪な宗教的権威」とは、法主の権威と宗派のドグマを使って学会を破門した日蓮正宗の日顕らを指す。この文脈から言えば、創価学会は日蓮正宗を批判しているというより、日蓮正宗からの不当な攻撃に応戦していることになろう。ゆえに、池田会長は続けて「それ（＝日顕らによる宗教的権威とドグマの濫用）に怖《お》じ気《け》づいたり、屈服《くっぷく》したりするのは、人間性の敗北」（同前、一〇七頁）であるとし、一宗一派の問題を超えて、人間の尊厳という普遍的な心情に立って宗教的権威と戦う決意を述べるのである。

では、いったいそのどこが反人間主義なのか。日顕らによると、日蓮正宗の現法主は先代法主からの「血脈相承《けつみゃくそうじょう》（祖先から子孫へと血統が伝わるように、仏法が師から弟子へと相続されること）」を通じて究極の実在――彼らはそれを「法体《ほったい》」「法魂」などと呼ぶ――を譲り与えられているので、現法主に服従しないと信徒は救われないのだという。かくのごとき法主依存の信仰は、あたかも念仏の他力主義と同じく、人間の自由自在の主体性を疑う見解と言ってよい。反法華経的であり、それゆえに反人間主義である。

また現日蓮正宗は、かつて「本質的に僧俗平等、僧俗対等などと主張することは、信徒として仏法の位階《いかい》をわきまえない大増上慢《だいぞうじょうまん》者と断ぜざるをえません」（一九九一年一月十二日付、同宗宗務総監から創価学会に宛てた文書）と述べていた。彼らは、僧侶と信徒との間に本質的な差別（仏法の位階）があると公言してはばからない。これは明らかに『法華経』の一切平等の理念、すなわち現象面の差別に即した本質的な一切平等の理念に反する。やはり反人間主義と呼ぶしかない。

こうしたことから、池田会長が現日蓮正宗を反人間主義と断罪するのは、長年の信頼関係を一方的に打ち切った日顕らへの道義的な指弾《しだん》にとどまらず、宗教的権威を利用した人間否定の思想に対する応戦でもあると言えよう。思えば、『法華経』に説く不軽《ふきょう》菩薩の物語は、人間をその尊厳性ゆえに礼拝《らいはい》し続ける一人の菩薩が、人間を軽《かろ》んじ、暴力を振るってくる人々に対し、どこまでも人間尊重の精神で立ち向かう姿を描き出していた。反人間主義との戦いは、『法華経』の精神でもある。日蓮は、不軽菩薩の実践の継承を誓って折伏行に励んだ。そして今、日蓮の後継者たらんとする創価学会が、同信の聖職者からの容赦《ようしゃ》ない迫害にも果敢に応戦し、広く世界に反人間主義との戦いを宣言しているのである。

思想に厳格、人間に寛容

このように、日蓮仏法においては、非寛容、排他主義への応戦が必然的に反人間主義との戦いを含意《がんい》している。要言《ようげん》するなら、人間尊重のための戦いであり、日蓮、創価学会が唱道《しょうどう》する折伏の実践の基調もそこにある。すると当然ながら、戦うべき敵といえども人間としては尊重する態度が、折伏の基本精神とならねばならない。戸田第二代会長が「われらが折伏を行ずるは、慈悲《じひ》の行である」(『戸田城聖全集』第一巻、九六頁) と述べたゆえんである。

具体的に言えば、日蓮仏法者が排他主義者と戦う時には、排他主義という思想性に戦いを挑むのであって、排他主義に固執する人間を排除するものではない。人間自体は本源的に自由自在の生命を持つからである。池田会長はそこで、「思想に厳格、人間に寛容」という態度が『法華経』の精神に他ならないと指摘する。次に引用するのは、インドの著名な思想家K・シンと対談する中で、池田会長が『法華経』の人間主義を説明したくだりである。

『法華経』はカースト制度による人間差別の考え方を排撃《はいげき》したのみならず、仏教教団のなかにあっても、小乗・大乗両教団を打ち破っているのです。このため『法華経』は排他的な教えであるかのように悪口をいわれたのですが、偏頗《へんぱ》な教えに対して排撃的であるのであって、人間については、すべての人を平等に包容している教えであることを忘れてはならないでしょう。

(『池田大作全集』第一〇九巻、一七三〜一七四頁)

中道の法華経哲学は、何かに執着して偏向《へんこう》し、それゆえに排他性を帯びた諸思想には敢然として反撃するけれども、人間についてはすべて平等に包容する。そうして思想面でも、人間存在においても、実質的に寛容の側に立とうとする。これが、池田会長の考える法華経的寛容であろう。

しかしながら、果たして思想と人間とをそうはっきり立て分けることはできるのだろうか。〈考える私〉を発見したのはデカルトだったが、思想信条を抜きに人を見ることなど、現実的には不可能に思える。善良とされる人は善き考え方を持ち、悪人と非難される者は善からぬ思想に取りつかれている場合が多い。こう考えると、池田会長の宗教的寛容論が、一転して非現実的で空疎《くうそ》にも見えてくる。

池田会長が示した「思想に厳格、人間に寛容」は、現実を無視した観念の世界の話にすぎないのか。そうではない。私に言わせれば、ある特定の思想とそれを支持する個人とを一体視する方が、よほど観念的で非現実的なのである。現実の人間は変化してやまない。今日は悪《あ》しき思想に染まって悪事を働いた者も、明日には善き思想に目覚めて善行《ぜんこう》に及ぶことがある。人間は自由自在に変化する主体であり、無限の可能性そのものと言ってよい。悪思想と悪人は一体とする意見は、この無限の可能性を無視して人間を固定化するから、まったく現実に反している。

『涅槃経』の仏性論

仏法者は元来、人間の変化を信じて疑わない。第一章で言及した「変化の信仰」を有する。原始仏典の『スッタニパータ』が記すように、人間は行為によって賤《いや》しい人にもなれば高貴なバラモンにもなる、と釈尊（ブッダ）は考えた。カースト制の桎梏《しっこく》を思想的に突き抜け、人間の変化の可能性を平等に認めた。この変化の信仰は、大乗仏教になると「如来蔵《にょらいぞう》」や「仏性《ぶっしょう》」の思想として主題化される。

とりわけ『涅槃経』の仏性論は、私たちに仏教の人間主義の深奥《しんおう》を垣間《かいま》見させてくれる。四十巻にも及ぶ同経の仏性論を丹念に追っていくと、まず基本として一切衆生に仏性ありと示しながら、他方では仏教上の非道者とされた「一闡提《いっせんだい》」の成仏を断固否定し、それでも結論的に一闡提も改心《かいしん》すれば必ず成仏できると唱えていく展開が読み取れる。

『涅槃経』によれば、一闡提は「焦《こ》げた種子」であり地獄に永久に住む者とされる。だから、極悪人の一闡提を殺しても罪にならないとさえ言われる。だが半面、この経典に見える釈尊は、一闡提にも変化の可能性すなわち仏になる可能性があると説いている。——確かに一闡提には善はない。しかし仏性は未来に顕現《けんげん》する善の可能性であるから、可能性という面で一闡提にも仏性はある。およそ心のある者ならば、必ず仏の悟りを得ることができる——。同経の師子吼《ししく》菩薩品において、釈尊はこう説き示す。釈尊が強調する「心」とは、自由自在に変化する中道実相の生命のことであろう。心の自由自在を知り、人間の変化を確信する者として、『涅槃経』の釈尊は一闡提の仏性を認め、変化の信仰を高揚《こうよう》する。

ただ、極悪の一闡提である限りは善が皆無《かいむ》なのだから、絶対に成仏などできず、したがって仏性もないとされる。結局、一闡提の仏性は有るわけでも無いわけでもない、とする自由自在の見方が同経の結論と見られる。

私は、これ以上徹底した形で、人間を尊重かつ断罪した思想書を他に知らない。最終的に印象づけられるのは、自由自在という無限の変化の可能性である。人間は、心一つで極悪にも極善にもなれる。実際、人類の歴史はこの真理を、嫌《いや》と言うほど私たちに見せつけてきたのではあるまいか。

人間革命の信仰

大乗仏教の生命線は、人間の変化への信仰にある。『法華経』に目を転じても、釈尊を迫害し抜いた提婆達多《だいばだった》の未来成仏が予言されたり、過去に不軽菩薩を軽毀《きょうき》した僧俗男女が今は『法華経』の会座《えざ》に現れて釈尊の教えを聞いているとされたりと、悪人の変化が随所に示される。また「法華経の行者」をもって任じた日蓮は、自分を社会的に抹殺《まっさつ》しようとする聖職者や権力者たちを仏道修行の味方であると述べ、「願わくば、自分を損《そん》する国主等を最初に導こう」（『顕仏未来記《けんぶつみらいき》』、御書五〇九頁、通解）と敵対者救済の思いを吐露《とろ》している。これなども、変化の信仰に徹しなければ出てこない態度だろう。

創価学会では、釈尊から大乗仏教、そして日蓮へと流れ通ってきた、変化の信仰を、さらに「人間革命」という言葉で現代に提示している。この言葉の意義については第一章で少しばかり説明した。仏教の社会哲学を論じる上で重要な概念と言えるが、本格的な議論は別の機会に譲るとして、今は創価学会が変化の信仰、すなわち人間革命の信仰を人間主義の基盤に置くことを指摘したい。

池田会長は、西洋的なヒューマニズムと仏教の人間主義との違いについて問われた際、「仏法の人間主義は、理性とか神の似姿《にすがた》というような固定的な根拠に基づく人間主義ではなく、『仏性』の開発による人間革命の可能性を根拠にしたものです」（『池田大作全集』第三二巻、一八頁）と答えている。人間は現に尊いから尊重すべきだ、という主義にはまだ問題がある。現に尊くない人間は尊重しなくてよい、との理屈も成り立つからである。特定の神を信じない人々を人間扱いせず殺戮《さつりく》したり、理性的でない人々を差別的に蔑《さげす》んだり、といったことが容易に起きる。また現実に起きた。そうではなく、いかなる人にも尊くなる可能性を認めて人間を尊重すべきではないか。池田会長は、そう強く訴える。

たとえ人間性のカケラも感じられないような人間がそこにいたとしても、池田会長のような仏法者はその人が変化する可能性を固く信じる。だから、時には忍耐強く励まし、時には厳しく叱責《しっせき》しながら、何とかその人を善く変化させよう、人間革命させようと努める。人間革命を前提とする人間主義にとって、最も忌《い》むべきは不干渉と抹殺であろう。池田会長はそれゆえ、政治、経済、教育、文化等々のありとあらゆる人間の営みに、仏法者の立場から積極的にかかわりを持った。とともに、戦争、核兵器、死刑といった人間抹殺の所業《しょぎょう》にも徹底して反対を唱えてきた。

仏法者は、決して人間を固定化して見ない。悪人に対し、永遠の地獄行きを宣告する宗教もある。だが、仏教は少し違う。永遠の地獄に堕《お》ちる、と悪人を断罪しつつ、その悪人も悔悟《かいご》すれば救われると説くのである。

ある宗門僧侶の悔悟

実例として、創価学会にまつわる一つの事件を紹介したい。第二次世界大戦の時期、日本の軍国主義に加担して国家神道のイデオロギーを日蓮仏法に持ち込み、伝統的な日蓮正宗の信仰を改変しようと企《くわだ》てた小笠原慈聞《おがさわらじもん》という僧がいた。結局、彼は当時の宗門から追放されたが、戦後になると、いつの間にか宗門に復帰した。

戦時中、軍部政府によって二十人を超える創価教育学会の幹部が逮捕、投獄され、牧口会長は獄死《ごくし》した。この学会弾圧の遠因《えんいん》を作ったのが小笠原であった。にもかかわらず、その悪僧が真摯な反省もなく宗門復帰を果たしている。創価学会としては、到底看過《かんか》できないことであった。一九五二年四月、学会は小笠原に対し、明確な謝罪を要求する行動に出る。緊迫したやり取りが続いた後、小笠原は非を認め、牧口会長の墓前《ぼぜん》で謝罪文を書いた。

ところが、まもなくすると、その小笠原が学会に暴力を受けたなどと騒ぎ出し、戦時中の教義改変についても自己正当化の発言を弄《ろう》するようになった。ここに至って当時の戸田会長は、小笠原を「仏法破壊の天魔《てんま》」と断じ、徹底闘争を開始する。一方、小笠原を抱える正宗側では宗議会を開いて戸田会長への処分を決定した。これに対して学会青年部が各宗会議員への説得を行うなどの応酬《おうしゅう》があったが、最後は宗門法主が戸田会長に形式上の「誡告文」を出し、実質的に一切を不問に付したことで、騒ぎは一応決着した。一応というのは、小笠原の策動《さくどう》がなおも続いたからである。

すなわち小笠原は、今度は戸田会長以下の幹部に対する告訴《こくそ》を行い、戸田会長らが事情聴取のために出頭、丸一日留置される事態になった。さらに宗門法主にも「人権蹂躙《じゅうりん》」であるとして告訴を匂《にお》わせるなど、あくまで反抗的態度を改めなかったという。

このような小笠原であったが、自坊の寺の檀《だん》信徒から責められるようになると徐々に孤立感を深め、ついには謝罪して一切の告訴を取り下げた。それからやっと自らの所業を省《かえり》みるようになり、驚くことに、晩年は創価学会の折伏を賛嘆するほどに変わっていった。一九五五年に出された彼の著『日蓮正宗入門』の前書きには「自分は不徳にして一時調子に乗りその為《ため》に学会と争論《そうろん》の不幸を醸《かも》した事のありました事は、誠に遺憾《いかん》の至りでありました」(二頁)などと反省の意が記された。それからまもなく、彼は八十歳で世を去っている。

戦時中は軍部権力におもねって宗門伝統の信仰を歪曲《わいきょく》、牧口会長が獄死するきっかけを作り、戦後は無反省なまま創価学会に反抗し、戸田会長を告訴して再び留置させた。それが小笠原という悪僧であった。最後に深く反省したとはいえ、戸田会長率いる創価学会にとって、これ以上の怨敵《おんてき》はなかったと考えてよい。ところが戸田会長らは、晩年の小笠原が苦境《くきょう》に陥っているのを見るや、種々に助けの手を差し伸べた。小笠原自身が記すところによると、先の『日蓮正宗入門』の出版は、小笠原の懇願《こんがん》を容《い》れた戸田会長等が多額の資金援助をした結果、実現したのだという。また小笠原が死去した際にも、その葬儀にあたって創価学会の青年部が当時の額で一万円の香典《こうでん》を送っている。

戸田会長は「天魔」の小笠原と徹底して戦ったが、改悛《かいしゅん》後の小笠原に対しては温かく包容した。まさしく変化の信仰、人間革命の信仰に生きる者の姿である。私は、ここに「思想に厳格、人間に寛容」という、池田会長の寛容論の原型を見る思いがする。

近代ヒューマニズムと人間主義

この章の論述は、やや冗長《じょうちょう》だったかもしれない。最後に、今までの議論を確認して、稿を閉じることにする。

本章では、現代の宗教多元主義者が用いる排他主義・包括主義・多元主義という宗教理解の三類型を紹介した。そして、池田思想の立場がそのいずれにも該当せず、結局は「多一主義」「人間主義」と呼ぶ以外にないような特徴を有することを述べた。池田会長の宗教理解を説明するのに最も適切と思われる言葉は、会長自身が長年提唱してきた「人間主義」であろう。この「人間」は、本質的に宇宙と人間を貫く自由自在の生命を指すものと、私は理解している。

西洋近代のヒューマニズムとの違いを大まかに言うなら、第一に近代ヒューマニズムがおよそ理性的存在者としての人間を世界の中心に位置づけるのに対し、池田会長の人間主義は一切の思想・宗教に先立つ自在な生活者、いわば生命的存在者としての人間を中心に世界を考える立場を取る。第二に、近代のヒューマニズムでは人間尊厳の根拠を固定的に捉えようとする傾向が見られるが、人間主義にあっては変化の可能性への揺るがぬ信仰に基づき人間の尊厳を承認している。第三に、近代ヒューマニズムは人間と他の存在者（動植物・自然等）との区別に立脚するが、人間主義は動物にも植物にもなる自由自在な生命を信奉するのでそうした区別から離れている。

以上のような人間主義の文明論的意義については、これから徐々に議論が深まっていくだろう。池田会長等の努力によって、人間主義はすでに現代文明の一角を占めつつある。残されたのは、その哲学の解明である。ミネルバの梟《ふくろう》は夕暮れを待って飛び立つ、とヘーゲルが述べたように、これは現実の後に始まることが宿命づけられていよう。人間主義の思想的探究は、今、ようやくその端緒《たんしょ》についたばかりである。

創価学会は、現在、世界宗教として発展途上にある。SGI（創価学会インタナショナル）の名前は聞いたことがあっても、その実態について明確なイメージが浮かばない人が、創価学会のメンバー以外では大多数と思う。創価学会は、二〇一七年十一月十八日に「会憲《かいけん》」を施行した。その前文にはこう記されている。

〈第三代会長池田大作先生は、戸田先生の不二《ふに》の弟子として、広宣流布《こうせんるふ》の指揮をとることを宣言され、怒濤《どとう》の前進を開始された。

日本においては、未曾有《みぞう》の弘教拡大を成し遂げられ、広宣流布の使命に目覚めた民衆勢力を築き上げられた。ともに、牧口先生と戸田先生の御構想をすべて実現されて、大聖人の仏法の理念を基調とした平和・文化・教育の運動を多角的かつ広汎《こうはん》に展開し、社会のあらゆる分野に一大潮流を起こし、創価思想によって時代と社会をリードして、広宣流布を現実のものとされた。

会長就任直後から、全世界を駆け巡り、妙法の種を蒔《ま》き、人材を育てられて、世界広宣流布の礎《いしずえ》を築かれ、1975年1月26日には、世界各国・地域の団体からなる創価学会の国際的機構として創価学会インタナショナル（SGI）を設立された。それとともに、世界においても仏法の理念を基調として、識者との対談、大学での講演、平和提言などにより、人類普遍のヒューマニズムの哲学を探求され、平和のための善の連帯を築かれた。池田先生は、仏教史上初めて世界広宣流布の大道を開かれたのである。

牧口先生、戸田先生、池田先生の「三代会長」は、大聖人の御遺命である世界広宣流布を実現する使命を担って出現された広宣流布の永遠の師匠である。「三代会長」に貫かれた「師弟不二」の精神と「死身弘法」の実践こそ「学会精神」であり、創価学会の不変の規範である。日本に発して、今や全世界に広がる創価学会は、すべてこの「学会精神」を体現したものである。

池田先生は、戸田先生も広宣流布の指揮をとられた、「三代会長」の師弟の魂魄《こんぱく》を留《とど》める不変の根源の地である信濃町に、創価学会の信仰の中心道場の建立《こんりゅう》を発願され、その大殿堂を「広宣流布大誓堂《だいせいどう》」と命名された。

2013年11月5日、池田先生は、「大誓堂」の落慶入仏式を執り行なわれ、「広宣流布の御本尊」を御安置され、末法万年にわたる世界広宣流布の大願をご祈念されて、全世界の池田門下に未来にわたる世界広宣流布の誓願の範を示された。

世界の会員は、国籍や老若男女を問わず、「大誓堂」に集《つど》い来り、永遠の師匠である「三代会長」

と心を合わせ、民衆の幸福と繁栄、世界平和、自身の人間革命を祈り、ともどもに世界広宣流布を誓願する。

池田先生は、創価学会の本地と使命を「日蓮世界宗創価学会」と揮毫《きごう》されて、創価学会が日蓮大聖人の仏法を唯一世界に広宣流布しゆく仏意仏勅《ぶついぶっちょく》の教団であることを明示された。

そして、23世紀までの世界広宣流布を展望されるとともに、信濃町を「世界総本部」とする壮大な構想を示され、その実現を代々の会長を中心とする世界の弟子に託された。

創価学会は、「三代会長」を広宣流布の永遠の師匠と仰ぎ、異体同心の信心をもって、池田先生が示された未来と世界にわたる大構想に基づき、世界広宣流布の大願を成就しゆくものである。〉

この会憲に記された世界宗教として発展しつつある創価学会＝ＳＧＩの思想について、創価学会内部の人たちのみでなく、外部の人にも通用する普遍的表現で解き明かそうとする試みが本書『日蓮仏法と池田大作の思想』だ。

私は本書の著者の松岡幹夫氏に人間的に特別の共感と敬意を抱いている。それは、松岡氏が常に境界線の上で、思考し、行動する人だからだ。松岡氏は本書を執筆した動機についてこう述べる。

〈筆者の私は、僧籍を持ち、長年創価学会と共に歩んできた。創価学会について、「内側」と「外側」の双方を感じ取る立場にあった。痛感したのは、学者の論も含めて、世間の学会評があまりに「内側」に無知であることだ。（中略）創価学会の「内側」の論理をきちんと捉え、なおかつそれを仏教用語でなく普遍的な言葉で表現し、社会に説明しなければならない。それでこそ、社会と学会が共に語るための真の足場となる。私は、そう強く思っていた。こうして三十代も半ばになった頃、一度は出家のために断念した研究者の道に戻り、再び大学院で学び始めたのである。

現代の学問は高度に細分化されている。その中で、私は周囲からの謗《そし》りを覚悟しつつ、あえて自分の専攻を狭く限定しなかった。創価思想の本格的な研究を可能にするため、幅広く基礎を固める必要があった。学問人として、仏教、日蓮仏教、日蓮正宗論、日本思想史、社会哲学の各分野で、一定の専門性を持った論考を発表してきたつもりである。

そうしたプロセスを経て、私の創価思想論を初めて世に問うたのが、二〇一〇年に出版された本書であった。このたび、改訂の機会に恵まれ、その後の成果を加味できたのは望外の喜びである。版元である第三文明社の関係者各位に心より御礼を申し上げたい。〉（本書七〜八頁）

松岡氏が僧籍に入ったのは、第一次宗門事件が起きて、創価学会と宗門の関係が緊張していた時期だ。その時期に、宗門を内側から変えることを考えて、松岡氏はあえて苦難の道を選んだのだ。

第二次宗門事件で、創価学会と宗門が最終的に訣別《けつべつ》したときに松岡氏は大石寺を追われた。その際に大石寺の僧侶に暴力を振るわれた。殴られたときに歪《ゆが》んだ眼鏡を松岡氏は今も持っているという。さらにその後、東京大学大学院で日蓮仏法に関する論文を書き、博士号を得た。松岡氏の博士論文は東京大学出版会から『日蓮仏教の社会思想的展開』というタイトルで刊行され、アカデミズムで高く評価されたが、松岡氏は同書のあとがきに池田大作氏への謝辞を記している。永遠の師である池田大作SGI会長に導かれながら学術活動を行う姿勢を松岡氏は鮮明にしている。同時に松岡氏は僧籍を離脱しない。創価学会が世界宗教化する過程で、僧籍を持った創価学会員が果たす役割があると松岡氏は考えているのだと思う。アカデミズムや僧侶の世界という境界線に立ちながらも、創価学会の善きメンバーとして、池田思想を基点として思索し、行動する松岡幹夫氏だからこそ、キリスト教神学を基礎教育とし、現在も同志社大学神学部で客員教授として教壇に立っているが、牧師資格を持たない平信者で、しかも、かつて外交の世界に身を置き、政治事件に連座し、投獄体験のある私のような人間とでも、腹を割って本質的な話をすることができるのだと思う。松岡氏との出会いは、私のキリスト教信仰を深める意味でもとても重要な出来事である。

本書の文章は明晰で、特に難解な箇所はないので、この場で屋上屋を架すような解説はしない。その代わり、私が強く感銘を受けた二カ所についてコメントを記すことにしたい。

第一は、いかなる状況においても平和を実現する存在論的平和主義が池田大作氏の思想の根幹に据えられているという事実だ。

〈智慧の自在性には限界がない。だから、道徳だけでなく、ありとあらゆる現象を反戦平和の方向に生かしていけるはずだと、活用の仏法者は信じて疑わない。極端に言えば、戦争の現実すらも反戦に変えられると信じる。「魔界（＝魔の世界）・見界（＝誤った考えをもつこと）は即ち是れ仏界なり……非道を行じて、仏道に通達す。一切の法に於いて、是れ妙ならざること無し」（『法華玄義（中）』、第三文明選書、六三七頁）というのが、活用の仏教の真髄である。前掲の『新・人間革命』第十一巻の中に、次のようなエピソードが描かれている。

――ハワイに住む、アメリカの若き軍人の話である。戦地のベトナムに向かう駆逐艦《くちくかん》が日本に寄港した際、彼は池田会長に面会を求め、「人を殺すかもしれませんし、自分が殺されるかもしれません」と悲痛な声で訴えた。池田会長は彼を励ましながら、「御本尊はすべての願いを叶《かな》えてくれます。だから、どんな状況でも、題目だけは忘れてはいけない。私も、あなたが無事にハワイに帰るまで、お題目を送り続けます」と答えたと言う。青年軍人は、この会長の指導を胸に「必ず生きて帰れますように。また、どうか、一人の敵も殺さないですみますように」と懸命に戦地で祈った。そして戦闘の時が来た。青年は駆逐艦の砲手《ほうしゅ》となり、上官の「撃《う》て」という指示に従い、やむなく発射スイッチを押した。ところが大砲は故障していた。青年はその修理を命じられ、日々を送るうちに一度も砲弾を撃つことなく帰国できた――。

エピソードが暗《あん》に訴えているのは、戦地にあっても不殺生の実践はできる、ということであろう。客観的に考えると、この軍人が殺しも殺されもしなかったのは偶然の産物にすぎない。また、他に多くの人々が死傷したのなら反戦と言えない、などと難ずる人もいよう。そうした見方を安直に退《しりぞ》けるつもりはない。ただ、ここで強調したいのは、活用の仏法者ならば、戦争という残《ざん》虐《ぎゃく》の中に飛び込んで反戦を行う場合もあり得る、ということなのである。「蓮子《れんし》（＝ハスの実）の泥《でい》に堕《だ》するは、諸悪に同《どう》じて更《さら》に病行を修するを譬う」（第三文明選書版（下）、七五二頁）と『法華玄義』に説かれる。蓮華が泥の中で清浄無垢《むく》な花を咲かせるごとく、活用の仏法者は泥沼《どろぬま》のごとき戦争の現実から寸分《すんぶん》も離れずに反戦平和の道を切り開こうとする。それゆえ、戦禍《せんか》に苦しむ民衆と同苦しながら反戦の声を上げることもあれば、兵士たちと苦しみを共有しつつ戦場の平和を祈り続ける場面も出てくるのである。

ベトナム戦争の頃、アメリカの創価学会では、仏教の平和主義を信じて良心的兵役拒否を試みる青年部員が出る一方で、どうしてもベトナムに行かねばならない学会員もいた。そのような事情下で、池田会長は彼らの取るべき行動をたった一つの原則で縛《しば》ろうとはしなかった。また、個人の自由な意志に任せたわけでもなかった。池田会長が望んだ反戦の道、それは各人が信仰の智慧によって「殺すなかれ」という黄金律を自在に使い、いかなる状況下にあっても主体的に反戦を貫くことだった。兵役拒否で社会に反戦を訴えかける勇気の行動も、戦地で銃撃の渦中にありながら必死で不殺を祈り続けることも、信仰の智慧の結果である限りはどちらも正しい。自由自在の主体性による反戦行動に、正邪優劣はない。正邪優劣をつけるのは道徳や知識の次元である。〉（本書二一六～二一八頁）

創価学会員の生き方そのものに平和が内在している。それぞれの人々が自分が置かれている場で、平和に向けて努力することの結集が、算術的な総和を超《こ》えた大きな力をもたらす。いわゆる集団的自衛権を部分的に認め、平和安全法制ができたことによって、自衛隊を恣意的《しいてき》に動かすことは難しくなった。南シナ海に中国は人工島を作り、米海軍のイージス艦が横須賀から「海洋の自由」作戦を遂行するために出航したが、日本の海上自衛隊は何もしなかった。平和安全法制によって自衛隊の出動に以前よりも厳しい縛りがかかったからだ。客観的に見て、平和安全法制によって、日本が戦争を始める国家になったという言説は間違っている。現在、自民党と連立し与党である公明党の支持母体は創価学会だ。創価学会の平和主義という価値観が、公明党の国会議員の一人一人に身体化されている。それだから平和が担保されているのだ。この現実を見ずに、「戦争法に公明党が荷担し、創価学会の現執行部はそれを容認している」などと予断に基づいた批判をする人は、本書を読んで池田思想の平和主義をきちんと学ぶ必要があると思う。

第二は、「人間」重視の思想だ。

〈池田会長の視線の先には、いついかなる場合も「人間」がいる。イデオロギーの是非よりも、人間の幸福の如何《いかん》を問い続ける。これは、池田会長の師である戸田第二代会長の姿勢でもあった。戸田会長は、一九五〇年に勃発《ぼっぱつ》した朝鮮戦争について、「戦争の勝敗、政策、思想の是非を吾人《ごじん》は論ずるものではない」と前置きした上で、「この戦争によって、夫を失い、妻をなくし、子を求め、親をさがす民衆が多くおりはしないかと嘆《なげ》くものである」（『戸田城聖全集』第三巻、七四頁）と述べている。

世界平和を願う池田会長の行動は、時に深刻な誤解を生むことがある。その原因は、批判者たちが概《がい》してイデオロギーの次元で正義を論じるからだ。池田会長はあらゆるイデオロギーを生み出した人間の生命に焦点を当てて人道的な行動を取る。だが、批判者たちの多くはイデオロギーの次元で人道や正義を判断しようとする。

一九九〇年五月、池田会長は、その前年に起きた「天安門事件《てんあんもんじけん》」によって国際社会から集中砲《ほう》火《か》を浴びていた中国を、三百人の団員を引き連れて訪れた。当然のごとく、会長の行動は内外からの非難に晒《さら》された。「学会は人道主義の団体じゃないのか。中国に加担《かたん》するつもりか」。学会の内部からさえ、反対意見が上がった。しかし、会長は「困った時に行くのが、本当の友情だ」と言って一歩も譲《ゆず》らなかったという。

池田会長がどんな非難を受けても助けたかったもの、それは第一に十億人を超える中国の民衆だったに違いない。天安門事件の是非よりも、地球上の数分の一を占《し》める数の民衆の生活を守ることこそ真の正義ではないか――そうした叫びが聞こえてくるような、覚悟の行動であったと言えよう。近年も、戦後イラクの支援をめぐって創価学会の対応を批判する人がいた。イデオロギーを超えて人間を見つめる創価学会の人間主義を理解しない限り、学会の社会的行動を正当に評価するのは難しいだろう。

知性的な人々から様々に批判されたとしても、目の前に苦しむ人々がいるならば、とにかく助けに行く。まず食糧と安全を与える。これかあれかの二者択一にこだわらず、敵と味方とを問わず、ただ人間を助けようとする。アメリカの味方でもなく、イラクの味方でもなく、生きた人間の味方であろうとする。それゆえに、結局は万国の味方である。たとえおめでたい理想主義者と言われようとも、智慧を尽くし、祈りに徹して、不可能を可能に変えゆく信念に生き切る。創価学会は、そのような意味における人道主義を目指すのである。〉（本書二五九～二六〇頁）

重要なのは、イデオロギーではなく、目の前に存在する人間そのものなのである。「生きた人間の味方である」ことが何よりも重要だ。それだから、北朝鮮情勢が緊張している現在も、あの国に民衆がいるという現実を創価学会員は忘れないのである。

私が尊敬するチェコのプロテスタント神学者ヨゼフ・ルクル・フロマートカは、キリスト教徒が神の前で悔い改めることは同時に隣人の前で悔い改めることであると説いた。「人間とは何か」というテーマで、互いが信じる宗教が異なっても、真の相互理解は可能である。あるいは、相手が宗教を信じない旧ソ連や中国の唯物論者《ゆいぶつろん》であっても、人間という切り口で相互理解に達することは可能であるという真実を池田大作氏は自らの行動を通じて明らかにした。松岡氏は、池田大作氏の思想と行動の真実を、さまざまな表現で語っているのである。

神学においては、同じ事柄を別の言葉で表現するパラフレーズ（敷衍《ふえん》）がとても重要になる。松岡氏もパラフレーズの技法を体得している。会憲は、三代会長についてこう定めている。

〈（三代会長）

第3条　初代会長牧口常三郎先生、第二代会長戸田城聖先生、第三代会長池田大作先生の「三代会長」は、広宣流布実現への死身弘法の体現者であり、この会の広宣流布の永遠の師匠である。

2．「三代会長」の敬称は、「先生」とする。〉

私の理解では、本書『日蓮仏法と池田大作の思想』は、〈初代会長牧口常三郎先生、第二代会長戸田城聖先生、第三代会長池田大作先生の「三代会長」は、広宣流布実現への死身弘法の体現者であり、この会の広宣流布の永遠の師匠である。〉という真実を別の言葉で表現しているのである。永遠の師匠である「三代会長」の宗教的、思想的意義が本書を読むとよくわかる。増上慢《ぞうじょうまん》にとりつかれた一部の知識人が「ポスト池田時代」などという言葉を用いている。しかし、「三代会長」が永遠の師匠であることを真っ向から否定する「ポスト池田時代」などという概念は、創価学会にもＳＧＩにも成立し得ないと私は考える。

創価学会の内外にかかわらず、日本発で世界宗教が形成されているという歴史的現実に関心を持つすべての人に本書を薦《すす》める。

二〇一八年四月二日

佐藤　優

（作家、同志社大学神学部客員教授、元外務省主任分析官）

■主な参考文献

アダム・スミス『道徳感情論（下）』水田洋訳、岩波文庫、二〇〇三年。

アリストテレス『ニコマコス倫理学（上）』高田三郎訳、岩波文庫、一九七一年。

A・T・アリヤラトネ『東洋の呼び声』山下邦明他訳、はる書房、一九九〇年。

B・R・アンベードカル『ブッダとそのダンマ』山際素男訳、光文社新書、二〇〇四年。

池田大作『会長講演集』第一巻・第四巻、創価学会、一九六一年。

池田大作『御義口伝講義上（一）』聖教文庫、一九七四年。

『池田大作全集』全一五〇巻、聖教新聞社、一九八八〜二〇一五年。

池田大作『新・人間革命』聖教新聞社、一九九八年〜。

池田大作『箴言集　四季の語らい』聖教新聞社、二〇〇二年。

池田大作『「生老病死と人生」を語る』聖教新聞社、二〇〇六年。

池田大作、フェリックス・ウンガー『人間主義の旗を――寛容・慈悲・対話』東洋哲学研究所、二〇〇七年。

池田大作『詩集　平和の旗』聖教新聞社、二〇〇八年。

池田大作『池田大作　名言100選』中央公論新社、二〇一〇年。

池田大作『御書と師弟1』聖教新聞社、二〇一〇年。

池田大作、アブドゥルラフマン・ワヒド『平和の哲学　寛容の智慧――イスラムと仏教の語らい』潮出版社、二〇一〇年。

『ウィトゲンシュタイン全集』第八巻、大修館書店、一九七六年。

上田閑照編『自覚について他四篇―西田幾多郎哲学論集Ⅲ―』岩波文庫、一九八九年。

小笠原慈聞『日蓮正宗入門』興門資料刊行会、二〇〇五年覆刻版。

カント『実践理性批判』波多野精一・宮本和吉・篠田英雄訳、岩波文庫、一九七九年。

榊利夫・中川一編『公明党・創価学会批判』新日本出版社、一九七〇年。

執行海秀『御義口伝の研究』山喜房佛書林、二〇〇六年。

島田裕巳『創価学会の実力』朝日新聞社、二〇〇六年。

ジョン・B・カブ・Jr『対話を超えて』延原時行訳、行路社、一九八五年。

ジョン・ヒック『宗教多元主義』間瀬啓允訳、法蔵館、二〇〇八年増補新版。

鈴木貞美『大正生命主義と現代』河出書房新社、一九九五年。

鈴木大拙『禅と日本文化』岩波新書、一九四〇年。

創価学会教学部編『妙法蓮華経並開結』創価学会、二〇〇二年。

高瀬広居『人間革命を目指す池田大作―その思想と生き方―』有紀書房、一九六五年。

高山樗牛『樗牛全集』第四巻、博文館、一九二七年。

ダライ・ラマ『新版　チベットわが祖国』木村肥佐生訳、中央公論新社、二〇一五年改訂版。

ダライ・ラマ14世テンジン・ギャツォ『ダライ・ラマ　愛と非暴力』三浦順子訳、春秋社、一九九〇年。

ティク・ナット・ハン『あなたに平和が訪れる禅的生活のすすめ』塩原通緒訳、アスペクト、二〇〇五年。

東洋哲学研究所編『世界が見た池田大作』第三文明社、二〇〇七年。

東洋哲学研究所編『世界市民　池田大作』第三文明社、二〇〇八年。

『戸田城聖全集』全九巻、聖教新聞社、一九八一〜一九九〇年。

中村元編『大乗仏典』筑摩書房、一九七四年。

中村元『原始仏教――その思想と生活』NHKブックス、一九七〇年。

西川潤・野田真里編『仏教・開発・NGO――タイ開発僧に学ぶ共生の智慧』新評論、二〇〇一年。

『日淳上人全集（上）』日蓮正宗仏書刊行会、一九八二年改訂版。

日隈威徳『戸田城聖―創価学会―』新人物往来社、一九七一年。

フィリップ・E・ハモンド、デヴィッド・W・マハチェク『アメリカの創価学会――適応と転換をめぐる社会学的考察』栗原淑江訳、紀伊國屋書店、二〇〇〇年。

藤原弘達『この日本をどうする・2 ―創価学会を斬る―』日新報道、一九六九年。

ブライアン・ウィルソン、カレル・ドブラーレ『タイム トゥ チャント――イギリス創価学会の社会学的考察』中野毅訳、紀伊國屋書店、一九九七年。

プラトン『国家（上）』藤沢令夫訳、岩波文庫、一九七九年。

R・ブルトマン『新約聖書と神話論』山岡喜久男訳、新教出版社、一九八〇年。

法然『選択本願念仏集』大橋俊雄校注、岩波文庫、一九九七年。

ホッブス『リヴァイアサン（一）』水田洋訳、岩波文庫、一九五四年。

堀日亨編『富士宗学要集』全一〇巻、創価学会、一九七四～一九七九年。

前原政之『池田大作 行動と軌跡』中央公論新社、二〇〇六年。

『牧口常三郎全集』全一〇巻、第三文明社、一九八一～一九九六年。

松本三之介編『近代日本思想体系30 明治思想集I』筑摩書房、一九七六年。

マルティン・ブーバー『我と汝・対話』植田重雄訳、岩波文庫、一九七九年。

丸山照雄編『近代日蓮論』朝日新聞社、一九八一年。

J・S・ミル『自由論』塩尻公明・木村健康訳、岩波文庫、一九七一年。

山崎元一『インド社会と新仏教』刀水書房、一九七九年。

ルソー『社会契約論』桑原武夫・前川貞次郎訳、岩波文庫、一九五四年。

ロラン・バルト『物語の構造分析』花輪光訳、みすず書房、一九七九年。

『コーラン（上）』井筒俊彦訳、岩波文庫、一九五七年。

『国訳一切経』印度撰述部（全一五五巻）、大東出版社、一九三〇～三六年。

『新約聖書 福音書』塚本虎二訳、岩波文庫、一九六三年。

『世界の名著38 ベンサム J・S・ミル』中央公論社、一九六七年。

『荘子I』森三樹三郎訳、中公クラシックス、二〇〇一年。

『中論――縁起・空・中の思想』全三巻、三枝充悳訳注、レグルス文庫（第三文明社）、一九八四年。

『ブッダの真理のことば 感興のことば』中村元訳、岩波文庫、一九七八年。

『ブッダのことば』中村元訳、岩波文庫、一九八四年。

『ブッダ 悪魔との対話』中村元訳、岩波文庫、一九八六年。

『法華経』全三巻、坂本幸男・岩本裕訳注、岩波文庫、一九六二～六七年。

『法華玄義』全三巻、菅野博史訳注、第三文明選書、二〇一六年。

『法華文句』全四巻、菅野博史訳註、第三文明選書、二〇一六～一七年。

『老子』小川環樹訳、中公クラシックス、二〇〇五年。

『論語』金谷治訳注、岩波文庫、一九六三年。


本書は二〇一〇年十一月に刊行された『日蓮仏法と池田大作の思想』を加筆・修正したものです。

松岡幹夫（まつおか・みきお）
1962年、長崎県生まれ。東日本国際大学教授、同大学東洋思想研究所所長、公益財団法人東洋哲学研究所研究員。創価大学教育学部卒。東京大学大学院総合文化研究科博士課程修了。博士（学術・東京大学）。主著に『日蓮仏教の社会思想的展開』（東京大学出版会）、『法華経の社会哲学』（論創社）、『平和をつくる宗教』（第三文明社）、『創価学会を語る』（佐藤優氏との共著／第三文明社）など。

［新版《しんぱん》］日蓮仏法《にちれんぶっぽう》と池田大作《いけだだいさく》の思想《しそう》

2018年 7 月 3 日　初版第 1 刷発行
2019年 7 月 3 日　初版第 3 刷発行

著　者　松岡幹夫《まつおかみきお》
発行者　大島光明
発行所　株式会社　第三文明社
東京都新宿区新宿 1-23-5　〒 160-0022
03-5269-7144（営業代表）
03-5269-7145（注文専用）
03-5269-7154（編集代表）
振替口座 00150-3-117823
https://www.daisanbunmei.co.jp

印刷・製本　藤原印刷株式会社

ISBN 978-4-476-06236-6